Cannabis
y
espiritualidad

"Advertencia: La lectura de este libro cambiará para siempre tu relación y tu opinión sobre el cannabis. Como muchos otros, yo también subestimaba la efectividad espiritual del cannabis. ¡Pero, ya no! Este maravilloso libro, a menudo poético y sumamente práctico, te introduce a sus diversos usos espirituales, prácticas actuales y los posibles resultados cuando se honra y respeta a la planta, al espíritu de la planta y a ti mismo".

JAMES FADIMAN, PH. D., INVESTIGADOR DE MICRODOSIS Y AUTOR DE
GUÍA DEL EXPLORADOR PSICODÉLICO

"Los seres humanos han mantenido una relación con el cannabis desde hace miles de años, ya sea con fines médicos, recreativos o por adicción. Este libro ofrece un estudio sucinto pero amplio de un aspecto fascinante de esa relación: la eterna búsqueda de trascendencia por parte de la gente".

GABOR MATÉ, M.D., AUTOR DE *IN THE REALM OF HUNGRY GHOSTS*

"La marihuana ha resurgido masivamente en la última década con la flexibilización de las restricciones legales y la demostración de sus beneficios medicinales. Este libro proporciona un contexto más profundo, examina el valor de la planta de cannabis en la exploración espiritual y la creatividad. Espero que impulse una nueva conciencia en la manera en que la abordamos y hacemos uso de ella".

DANIEL PINCHBECK, AUTOR DE *BREAKING OPEN THE HEAD*

"Inspirador, informativo y esclarecedor, *Cannabis y espiritualidad* logra con creces su misión de contribuir a que la planta de cannabis ocupe el lugar que le corresponde como uno de nuestros más sabios y honrados aliados del espíritu de las plantas".

ROBYN GRIGGS LAWRENCE, AUTOR DE *THE CANNABIS KITCHEN COOKBOOK*

"Es un libro importante, lleno de ideas y conocimientos útiles. Una lectura obligada para quien quiera trabajar seriamente con nuestras increíbles plantas aliadas".

GRAHAM HANCOCK, AUTOR DE *FINGERPRINTS OF THE GODS*

"Gray ofrece un argumento convincente a favor del cannabis como medicina del espíritu y proporciona elementos para la reflexión que tal vez se aprecien mejor al disfrutar de un *bhang lassi* o una pipa de buen hachís".

CHRIS KILHAM, CAZADOR DE MEDICINAS Y AUTOR DE
THE AYAHUASCA TEST PILOTS HANDBOOK Y LOS CINCO TIBETANOS

"Con un elenco estelar de expertos colaboradores, *Cannabis y espiritualidad* es una antología de ensayos muy bien escritos, rebosante de fascinantes hechos históricos, singulares conocimientos de botánica y sabiduría chamánica sagrada sobre la hierba favorita de todos".

DAVID JAY BROWN, AUTOR DE *DREAMING WIDE AWAKE*

"Este libro ofrece a los lectores un enfoque empoderador para sanar la relación con el gran entramado de la vida y sanarse a sí mismos mediante la descripción de los usos etnobotánicos, espirituales y médicos de esta importante planta".

ERICA L. WOHLDMANN, PH. D., PROFESORA DE PSICOLOGÍA
DE LA UNIVERSIDAD DE CALIFORNIA, NORTHRIDGE

"Al describir los usos enteógenos de la planta de cannabis en *Cannabis y espiritualidad*, Gray y sus coautores establecen el importante papel de la planta en la reforma enteógena (movimiento religioso actual), que ha pasado de basarse en palabras y textos sagrados a basarse en la experiencia espiritual personal".

THOMAS B. ROBERTS, PH. D., AUTOR DE
THE PSYCHEDELIC FUTURE OF THE MIND

"En definitiva, este libro encarna una perspectiva de libertad cognitiva/religiosa muy apasionada que resultará persuasiva incluso para los no consumidores de cannabis o los no creyentes. Se trata de un libro informativo, convincente y oportuno".

NEAL M. GOLDSMITH, PH. D., AUTOR DE *PSYCHEDELIC HEALING*

"El cannabis tiene una larga historia como sacramento utilizado para mediar en nuestra relación con lo sagrado. Este libro nos recuerda el gran poder de esta planta ¡y la mejor forma de aprovecharlo!".

JASON SILVA, PRESENTADOR (NOMINADO AL EMMY) DE LA EXITOSA SERIE
TELEVISIVA *BRAIN GAMES* DE *NATIONAL GEOGRAPHIC*

"Las ideas exploradas en este libro constituyen un importante paso hacia delante en la evolución del entendimiento de nuestra sociedad sobre drogas ilegales en la actualidad".

MARK HADEN, PROFESOR ADJUNTO DE POBLACIÓN Y SALUD DE LA
UNIVERSIDAD DE COLUMBIA BRITÁNICA, FACULTAD DE POBLACIÓN
Y SALUD PÚBLICA

Cannabis
y
espiritualidad

Guía para el explorador
de un aliado vegetal ancestral

Editado por Stephen Gray
Traducción por Carlos Iván Rojas

Inner Traditions en Español
Rochester, Vermont

Inner Traditions en Español
One Park Street
Rochester, Vermont 05767
www.InnerTraditions.com

Inner Traditions en Español es un sello de Inner Traditions International

Nota para el lector: *Este libro pretende ser una guía informativa y no debe sustituir a
la atención o tratamiento médico profesional. Ni el autor ni la editorial asumen responsabilidad alguna por las consecuencias físicas, psicológicas, legales o sociales derivadas de
la ingestión de cannabis y/o sustancias psicodélicas o sus derivados.*

ISBN 979-8-88850-197-9 (impreso)
ISBN 979-8-88850-198-6 (ebook)

Impreso y encuadernado en China por Reliance Printing Co., Ltd.

10   9   8   7   6   5   4   3   2   1

Diseño de Priscilla Baker y maquetación por Alfonso Reyes Gómez.
Este libro fue tipografiado en Garamond Premier Pro con Calcite y Futura como tipos de
visualización.

Para enviar correspondencia al autor de este libro, envía una carta c/o Inner Traditions • Bear
& Company, One Park Street, Rochester, VT 05767, y le reenviaremos la comunicación o
visite **www.cannabisandspirituality.com.**

Escanea el código QR y ahorra un 25 % en InnerTraditions.
com. Explora más de 2.000 títulos en español e inglés sobre
espiritualidad, ocultismo, misterios antiguos, nuevas ciencias,
salud holística y medicina natural.

Índice

Prólogo

Julie A. Holland, M.D.

ES UN HONOR escribir el prólogo de un libro tan necesario sobre cannabis y espiritualidad. Debo admitir que me encanta que se haya prestado tanta atención últimamente a los efectos terapéuticos del cannabis medicinal, ya sea para eliminar células cancerosas o para tratar el trastorno de estrés postraumático. Y me animan los avances conseguidos en la reforma de la política de drogas para acabar con las encarcelaciones masivas y aplicar estrategias de reducción de daños. Es un gran avance y deberíamos estar orgullosos. Pero no se ha hablado mucho sobre lo que el cannabis puede aportarnos en el aspecto espiritual: alimentar nuestras almas, trascender y conectarnos en un plano superior.

Hasta hoy.

El escritor, editor, organizador de eventos sobre enteógenos y líder de talleres, Stephen Gray, ha reunido a un importante grupo de escritores que te introducirá al uso espiritual del cannabis a través de todas las culturas y épocas del mundo. Desde los *sadhus* de la India hasta los rastafaris de Jamaica, el empleo ritual de esta planta ancestral es una pieza clave en el camino a la iluminación para muchas tribus y colectivos indígenas.

El cannabis ha evolucionado con nosotros en la Tierra durante milenios; es uno de los regalos más maravillosos de nuestro planeta, una medicina para el cuerpo y el alma. No es de extrañar que tantas religiones lo hayan elegido como parte central de sus dogmas. Como la música o las matemáticas, es un lenguaje universal.

Por estos días, en los Estados Unidos, nuestro dogma parece ser el materialismo. Amasamos, acaparamos, rendimos culto a nuestras posesiones para prevenir el miedo, para sentir que somos parte de algo. El capitalismo activa el deseo de adquirir y reaviva los fuegos del alarmismo, que más bien requieren de la calma. Compramos, gastamos y trabajamos para hacer frente a todo esto. Hay mucha gente adicta a la codicia, al poder, a lo más nuevo, a tener más. Para algunos nunca es suficiente.

Y aquí entra la marihuana: es una manera de optar por no participar, temporalmente, en la llamada carrera de ratas. El cannabis nos puede sacar de nuestra forma habitual de hacer las cosas y, más importante aún, de pensar en cosas. Nos cambia el paso, nos anima a dar marcha atrás y a esperar un poco, y a ver cómo sentimos las cosas antes de apresurarnos en algo. Nos pone en contacto con nuestros deseos más profundos y nuestros sentimientos más sinceros. Nos hace contemplar y reflexionar.

Plantar una semilla y esperar a que crezca nos enseña a vivir en el tiempo del planeta, no en el tiempo del reloj. La jardinería es terapéutica para el cuerpo y la mente. Cultivar esta planta puede calmar no solo las náuseas y el dolor, sino también el vacío, la desconexión, uno de los muchos síntomas que aquejan a nuestra población. Ella "hace el trabajo del Señor", por así decirlo. Tenemos que regresar al jardín. "Cultivar y dar" es el acto más subversivo contra el capitalismo. Esto es *shareware* en su máxima expresión. No hay manera de patentar una flor.

¿Cómo puede una planta facilitar el trabajo en grupo, el yoga, el chamanismo y la meditación? ¿Cómo puede despertar la creatividad, estimular la expresión artística y hacer que la gente se conecte con sus verdades más profundas? La flor que emerge de esta planta femenina desbloquea el *yin*, la energía receptiva que todos tenemos. Nos ayuda a sentir conexión con la naturaleza, con los demás y más importante aún, con nosotros mismos. Abre tu corazón y tu mente y tómate tu tiempo. Asimílalo todo. Maravíllate ante la gloria de la naturaleza, ante una respiración purificante, ante un buen estiramiento. Es justo lo que necesitamos para compensar el exceso de energía *yang* en el mundo actual (bombas y balas, violación, codicia empresarial: todas ellas, energías penetrantes).

¿Cómo podemos estar encarcelando a la gente por poseer las llaves del reino? ¿Por distribuir un bálsamo que sirve para aliviar lo que nos aqueja? Hasta seis de los diecisiete colaboradores de este libro han estado presos, ya sea por consumir cannabis o por su activismo en favor de este. Los prisioneros políticos en nuestra guerra cultural saben que merece la pena luchar por la libertad cognitiva y las libertades religiosas y que lucharemos para abrir corazones y mentes con empatía y amor.

Los escritores Joan Bello y Jeremy Wolff me han enseñado que las palabras **salud** y **sagrado** se derivan del concepto de sentirse pleno. Como médica, pareja y madre, sé que el equilibrio y la homeostasis nos mantienen saludables. Es lo que hace prosperar nuestras relaciones. También sé que nuestra salvación y la del planeta dependen de nuestra capacidad de sentirnos conectados con los demás, con nosotros mismos, con la naturaleza y con el entramado universal de energía y luz que nos une a este plano.

Llegar a sentirse pleno, sagrado y saludable son metas elevadas para todos nosotros. La palabra **feliz** tiene el mismo origen. Y estoy feliz de presentarles este importante libro. Disfrútenlo con buena salud.

Julie A. Holland, M.D.
Harlem Valley, Nueva York

Julie Holland es médica psiquiatra especializada en psicofarmacología y es profesora clínica adjunta de psiquiatría en la Facultad de Medicina de la Universidad de Nueva York. Es experta en drogas callejeras y estados de intoxicación. De 1996 a 2005 fue psiquiatra encargada de la sala de emergencias psiquiátricas del Hospital Bellevue de Nueva York, y aparece regularmente en el *Today Show*. Es editora de *The Pot Book: A Complete Guide to Cannabis* y de *Ecstasy: The Complete Guide*, y autora del libro superventas *Weekends at Bellevue*. Su libro más reciente es *Moody Bitches: The Truth About the Drugs You're Taking, The Sleep You're Missing, The Sex You're Not Having, and What's Really Making You Crazy*. Actualmente vive en Harlem Valley, Nueva York.

Agradecimientos

ESTE PROYECTO EVOLUCIONÓ casi por sí solo. Las piezas encajaron con relativa facilidad en el momento oportuno. Me gusta pensar que ha estado recibiendo el apoyo en todo momento de una visión que busca revindicar y volver a honrar a la sagrada planta de cannabis.

Estoy muy agradecido con las diecisiete personas que contribuyeron con el libro por aceptar mi invitación enseguida y con quienes ha sido fácil trabajar en todo momento. Entre todos los que colaboraron, hay uno que merece un agradecimiento especial. Sentados en mi automóvil estacionado bajo la lluvia de Vancouver en octubre de 2012, le dije a Kathleen Harrison que contemplaba la posibilidad de crear este libro pero que aún seguía un tanto indeciso al respecto. Ella dijo que le parecía un libro importante y que contribuiría con un capítulo. Ese fue el punto de inflexión. Muchas gracias por eso y por tu continuo apoyo en el proyecto, Kat.

De forma más general, deseo expresar mi gratitud y respeto a todas las personas que han trabajado como partidarios y activistas en el reconocimiento legal y cultural del cannabis. Algunas de las personas más importantes en esa labor han contribuido con este libro e incluso han llegado a pagar un alto precio por su valentía y compromiso. Sus esfuerzos han ayudado a crear un terreno fértil para este oportuno mensaje.

Inner Traditions/Bear & Company es una editorial excepcional que respalda a buena parte de la mejor literatura en el campo de los enteógenos. Todas las personas con las que me he encontrado han sido muy amables y me han apoyado. Quiero expresar mi gratitud y reconocimiento en especial al editor de adquisiciones Jon Graham, por reconocer oportunamente la importancia de este tema. Patricia Rydle, asistente del redactor jefe, y Jennie Marx, editora del proyecto, fueron cordiales, serviciales y diligentes durante todo el proceso, al igual que Erica Robinson, Nicki Champion, Manzanita Carpenter Sanz y Kelly Bowen. Muchas gracias también a los responsables de producción, publicidad y marketing, y a todos los departamentos que han trabajado con tanto ahínco para hacer llegar este libro al público. Además de la gratitud que siento por muchos amigos, colegas y profesores del pasado y del presente, hay dos que sobresalen claramente. Una es mi mujer, Diane, quien me acompañó amablemente a lo largo de este proyecto, a veces incomprensible, y siempre hizo más de lo que le correspondía para que nuestra casa siguiera siendo un oasis de paz y cordura. El segundo es Jim Fadiman, otro autor de Inner Traditions/Bear & Company, cuyos reiterados estímulos me infundieron confianza y ánimo.

El renacer de la planta del pueblo

Stephen Gray

En el éxtasis del bhang, *la chispa de lo eterno en el hombre convierte en luz la oscuridad de la materia o la ilusión... El alma en la que el espíritu del* bhang *encuentre un hogar, se deslizará en el océano de los seres libres, dejando el agotador andar del yo cegado por la materia.*

J. M. CAMPBELL, "ON THE RELIGION OF HEMP"[1]

En esta era de contaminación y plástico, es lógico que el gurú que nos bendiga con "shaktipat" llegue en forma de una antigua planta amante del sol que tiene, como atributo más intrínseco, el poder de elevar la conciencia.

JOAN BELLO, *THE BENEFITS OF MARIJUANA*

◆ ◆ ◆

LOS MÚLTIPLES ROSTROS Y USOS DEL CANNABIS

Las citas anteriores contienen palabras contundentes, son audaces afirmaciones que tal vez resulten difíciles de creer. ¿En verdad estamos hablando del cannabis, del suave relajante y euforizante? ¿Es esta la planta cuyo dedo suele señalar la puerta de escape o al animador que lanza escarcha sobre los espectadores? ¿Qué hay del cannabis como factor desencadenante de bobadas y risitas o despistes?, en plan "¿Ah, de qué estábamos hablando?" ¿O nos referimos al que a veces nos desconecta? ¿Y qué decir de su tendencia a intensificar el ensimismamiento, la hipersensibilidad y hasta la paranoia?

Pero tal como indican las dos citas iniciales, hay algo con el cannabis que no deja que se le acabe de reconocer totalmente en la actualidad. Cuando se establezca una relación hábil, respetuosa y recíproca y las personas puedan tener encuentros con la planta en condiciones internas y externas adecuadas (quienes trabajan con enteógenos hablan de un buen "contexto interno y externo"), entonces cannabis podrá ser una poderosa planta maestra y un aliado espiritual.

Este "otro" potencial de la planta se conoce en muchos lugares a lo largo de la historia de la humanidad. Pero a través de los siglos, y especialmente en el siglo XX, la comprensión y la aplicación de sus principales dones se han convertido prácticamente en un arte perdido.

Para hablar brevemente de la historia biológica que precede a la civilización humana, se sabe que la planta de cannabis y sus parientes cercanos existen desde hace muchísimo tiempo. Aunque no se dispone de registros fósiles de tan larga data, la inferencia científica sugiere que el linaje de las cannabáceas pudo haberse iniciado en el planeta hace unos treinta y cuatro millones de años[2]. Claro está que las mediciones pueden implicar cierto margen de maniobra, pero si le quitamos unos cuantos millones de años, seguimos hablando de una gran cantidad de tiempo en términos de escala humana.

Aunque se podría esperar que la planta y el planeta se hayan relacionado mucho antes de que los bípedos entráramos en escena, las pruebas indican que los seres humanos también han mantenido un vínculo largo y fructífero con la planta. Algunos investigadores sugieren que una estimación conservadora de los inicios del consumo humano (Homo sapiens) de cannabis podría situarse unos doce mil años atrás[3]. Sólidas evidencias arqueológicas sobre esta relación, incluyendo el uso chamánico, indican que se remonta al Neolítico, hace unos 7.500 años. Algunos investigadores han llegado a sugerir que hemos evolucionado junto con la planta de cannabis durante milenios.

Tenemos constancia de que, al menos durante los últimos milenios, sus usos han sido muy amplios. Entre ellos destaca su aplicación como alimento, medicina, combustible para calefacción, productos domésticos, materiales de construcción, productos de papel cuerdas, redes, ropa, base de pinturas y cosméticos, para inspirar placer y creatividad, y lo que es más relevante para el tema de este libro: para liberarnos "del agotador andar del yo cegado por la materia".

El cannabis es la planta del pueblo o, como la llama el colaborador de este libro, Jeremy Wolff, "la droga psicodélica del pueblo". Siempre nos acompañará a pesar de las repetidas campañas que han buscado denigrarla y suprimirla en distintas regiones del planeta por milenios. Y hoy, al escribir estas palabras, existe un renacimiento fenomenal, con indicios cada vez mayores de que nosotros, el pueblo, viviremos una nueva era de conocimiento y uso inteligente de nuestra planta.

El concepto de cannabis como planta del pueblo se sincroniza con el desarrollo de este renacimiento. Uno de los componentes de este renacer es lo que llamaríamos el proceso de "ser realistas". Un número creciente de personas está descubriendo patrones de condicionamiento arraigados que no nos han beneficiado ni a nosotros ni a la Tierra. Aunque solo el tiempo lo dirá, parece que la liberación de la planta de cannabis del control erróneo y restrictivo de las autoridades seculares y religiosas está íntimamente ligada a este gran cambio de conciencia.

> *Abrir tu corazón es reducir tu ego, y esta es la única magia*
> *que se requiere para experimentar la verdad desnuda.*
>
> Tony Vigorito, *Nine Kinds of Naked*

CANNABIS COMO CATALIZADOR DEL RENACIMIENTO ACTUAL

Un elemento clave para el cambio de conciencia es la transición de la percepción y la inteligencia de la cabeza al corazón. El dominio de la cabeza es una percepción de segunda mano, una interpretación conceptual de la información sensorial y, por consiguiente, imaginaria, un laboratorio de ilusiones. Tal como describen las sabias enseñanzas del budismo y el hinduismo, entre otras, el corazón y la mente no son entidades separadas. Por ejemplo, la palabra sánscrita *bodhicitta* significa "corazón y mente despiertos"; *bodhi* significa "despierto" y *citta* significa "corazón y mente unidos".

El funcionamiento con predominio de la cabeza carece de la inteligencia de la percepción directa potenciada por un corazón despierto. Las tradiciones de sabiduría utilizan los términos "realidad no condicionada", "lo que es" y "Tao", entre otros, para describir esa inteligencia innata.

¿Qué tiene que ver esto con el cannabis? En pocas palabras, cuando utilizamos la planta con intenciones y prácticas como las descritas en este libro, ella puede ayudarnos a disolver las creencias contenidas en la mente y a relajarnos en la percepción directa e intuitiva del corazón, y en la sabiduría del cuerpo. Espero que el lector vea en este libro cómo la planta de cannabis puede hacernos entrar profundamente en el presente. Si se utiliza adecuadamente, puede ayudarnos a despertar de la ilusión de separación que ha impregnado la vida de la inmensa mayoría de las personas, en muchas culturas y durante un largo periodo de prisión grupal compartida.

> *La hierba es la clave para una nueva comprensión del yo, del universo y de Dios. Es el vehículo a la conciencia cósmica, nos introduce en niveles de realidad que comúnmente no percibimos... y desarrolla cierta sensación de fusión con todos los seres vivos.*
> LEONARD E. BARRETT SR., *THE RASTAFARIANS*

La transformación de la conciencia que asumirán quienes estén dispuestos y tengan la capacidad implica un cambio radical de lealtades. No se trata de sentimientos como felicidad, tristeza, ira, etc. Se trata de una forma de vida, un camino en el que se aprende a confiar en la inteligencia de nuestra propia experiencia directa y no condicionada.

La planta de cannabis está en hermosa armonía con este "nuevo" modo. Cuando puedas encontrarte con la planta con atención plena y relajada, ella podrá mostrarte cómo sentir y desplazarte en esta matriz energética interconectada, sin la muleta de los patrones habituales y las conjeturas de segunda mano de la mente conceptualizadora del ego.

♦ ♦ ♦

Se están realizando numerosas investigaciones sobre los beneficios medicinales del cannabis y, al ser la planta del pueblo, millones de personas tenemos nuestras propias formas de usarla. Pero los malentendidos y el mal uso son generalizados y todavía se reconoce muy poco el gran potencial de esta humilde y paciente planta como aliada en el viaje del despertar.

> *Sentí que finalmente había conectado con el potencial sanador de esta planta sagrada, a la que se le permitió, a través de la meditación consciente y la quietud de la mente, revelarse a sí misma... En cierto modo la planta parecía tímida, y solo cuando conseguí sofocar mi fuego interior, se reveló su delicada verdad.*
>
> RAINA COLE, MÉDICA NATURÓPATA[4]

EL PORTAL DE LA QUIETUD INTERIOR

Un aspecto central del trabajo espiritual con cannabis es el viaje a la relajación y el dejarse llevar hacia la quietud interior. La quietud, vacío o *shunyata* en la enseñanza budista es sinónimo de paz. La conciencia en presencia de la quietud camina de la mano del amor. Como lo entienden y describen los sabios, el viaje del despertar nos lleva de la ignorancia y el miedo al despertar, a atisbos y visitas, a una mayor familiaridad y confianza en el estado de despertar, para finalmente sentirnos a gusto con la presencia plena y pasar a la acción desde ese lugar de quietud. Me encanta lo que escribió el poeta místico del siglo XIII Jelaluddin Rumi:

> *He vivido al borde de la locura,*
> *Queriendo conocer razones,*
> *Toco una puerta.*
> *Esta se abre.*
> *He tocado desde adentro.*

Para terminar, y como base para el debate sobre cannabis y espiritualidad, Huineng, el sexto patriarca del budismo zen chino, lo tenía claro cuando escribió: "La sabiduría de la iluminación es intrínseca en cada uno de nosotros. Es debido a la ilusión en la que opera nuestra mente que no nos damos cuenta por nosotros mismos y buscamos el consejo y la guía de los iluminados antes de poder conocer nuestra propia esencia de la mente. Debes saber que en lo que respecta a la naturaleza búdica, no hay diferencia entre una persona iluminada y una ignorante. Lo que marca la diferencia es que uno la percibe, mientras que el otro la ignora"[5].

En esencia, todo lo que hacemos es espiritual, como sugiere la cita de Huineng. Al final, todas nuestras herramientas y prácticas espirituales están (o al menos deberían estar) diseñadas para llevarnos a un estado donde vivamos y respiremos diariamente en la conciencia encarnada de esa realidad amorosa y creativa. Algunas prácticas y herramientas pueden ser muy útiles para animarnos y mostrarnos el camino para salir del borde de la locura hacia el reconocimiento de nuestra presencia al otro lado de la puerta.

Y de nuevo esto nos lleva otra vez a la planta de cannabis. Es una de esas fuentes orientadoras. Según mi experiencia, aunque esta planta es intransigente a su manera, también es una aliada amable y flexible. Aunque puede ser muy poderosa, cuando te abres a ella y te relajas en sus brazos, la hierba sagrada a menudo tiene un carácter apacible. De lo contrario, si llenas el espacio con tu persona, es probable que te pierdas esa invitación. Aunque tiene la capacidad de hacerlo, la planta de cannabis no te coge por el cuello e insiste en que la sigas, como suele ocurrir con dosis considerables de plantas y sustancias como el peyote, la ayahuasca, la psilocibina y el LSD, entre otras.

Claro que también hay numerosas prácticas para el despertar que no incluyen el uso de sustancias que puedan manifestar la mente. En este libro no vamos a entrar en discusiones sobre los beneficios relativos de las drogas frente a la práctica espiritual "sin sustancias". Hay personas con opiniones distintas sobre este delicado tema y todas seguramente creen tener razón. Por un lado están quienes no pueden aceptar que una sustancia sea capaz de producir genuinas experiencias espirituales y místicas y que contribuya a llevar una vida espiritual. Por el otro están quienes insisten en que la práctica espiritual sin la ayuda de enteógenos es como una sentencia a pasar años con progresos limitados, a paso de caracol, en el camino al despertar.

Muchos de nosotros, incluidos los colaboradores de este libro, creemos que sería absurdo despreciar la ayuda potencial de la amable y astuta planta de cannabis. Las medicinas enteógenas que manifiestan la mente se han descrito como amplificadores inespecíficos. A lo largo del libro aparecen distintas referencias sobre el gran valor de establecer un buen contexto interno y externo en el momento de tener encuentros con ellas. Nuestro equipo de colaboradores *ad hoc* describirá algunas de las prácticas y puntos de vista del pasado y del presente que pueden ayudar a que las capacidades amplificadoras de la planta de cannabis invoquen el aprecio por la vida, despierten los centros imaginativos, abran el corazón y nos adentren en la quietud interior.

Mi motivación inicial para este proyecto se inspiró en un antiguo entendimiento oriental de que, para cambiar y sanar algo, no hay que oponerse firmemente a ello, ni moralizar como tan a menudo hacen los fundamentalistas y los controladores. Lo que hay que hacer es encontrar la energía donde se encuentre y hacer uso de ella en el proceso de transmutación. Dado que el impulso por alterar la conciencia es casi universal y no desaparecerá enseguida, lo más sensato es trabajar con ese impulso y, cuando proceda, ayudar a transmutarlo. Esa es la razón de ser de este libro: hacer frente al creciente y mal uso del cannabis, sin juzgarlo, y ayudar a canalizar parte de esa energía hacia su potencial para el despertar.

> *... Los usos medicinales, recreativos y sacramentales de esta planta son en realidad idénticos. Estar sano es ser feliz, es ser sagrado, todo lo cual está relacionado con el uso del cannabis.*
>
> JOAN BELLO, *THE BENEFITS OF MARIJUANA*

En este libro se expondrán debates sobre métodos de práctica espiritual que pueden ejercerse conjuntamente con el cannabis. El concepto de práctica espiritual aquí lo entendemos de forma abierta y no dogmática. Ciertamente, existen prácticas para el despertar que se describen brevemente en el libro y que se asemejan a las prácticas formales de meditación, incluyendo algunas técnicas de meditación de atención pura como se enseñan en las grandes tradiciones. (Las técnicas de atención pura son simples técnicas de meditación de atención plena, o *mindfulness*, y de conciencia). Sin embargo, hay muchas actividades que pueden llevarnos a un profundo desconocimiento. El cannabis puede amplificar ese potencial y lubricar esa entrada a cualquier actividad, desde caminar por el bosque hasta hacer el amor, bailar, escuchar o crear música, escribir y pintar y, como dirían los viejos maestros zen, preparar una buena taza de té.

¡PERO NO ES PARA TODO EL MUNDO!

A estas alturas quiero dejar claro que el cannabis no es para todo el mundo. Algunas personas son demasiado sensibles o frágiles para lidiar con los efectos amplificadores de la planta. También se presta a usos indebidos que, a la larga, pueden ser más perjudiciales que beneficiosos. Por tal motivo, algunos de los colaboradores, entre los que me incluyo, advierten en varios capítulos sobre el uso indebido y el abuso.

Un fenómeno bastante curioso es que a muchas personas inteligentes y mentalmente sanas, entre las que se encuentra un buen número que se identifica con otros enteógenos, no les gusta el cannabis y no lo consideran un aliado. No me atrevería a decir cuál es la causa. Sin embargo, uno de los puntos más importantes de este libro es que la intención y el contexto son muy importantes en el caso del cannabis. Hay una gran diferencia entre consumir cannabis sin tomar en cuenta el contexto interno y externo, y tener un encuentro con la planta con una intención disciplinada. Ese tipo de implicación efectiva requiere de una curva de aprendizaje.

Sospecho, y la experiencia así me lo ha demostrado, que la razón por la que algunas personas de carácter abierto y valiente han tenido experiencias desalentadoras con cannabis se debe al lugar donde han llevado su proceso de pensamiento durante esos estados de intensa sensibilidad. Incluso quienes tienen experiencia en el uso de otras medicinas sacramentales (enteógenos), a veces no se dan cuenta de que, igual que los enteógenos más potentes, el cannabis puede generar una energía a la que hay que entregarse. Y, al igual que en la meditación, los pensamientos, por convincentes que sean, no deben considerarse más que fenómenos inmediatos, temporales e insustanciales. La energía del cannabis puede relajar, abrir y aumentar, pero los pensamientos pueden distorsionarse y volverse exagerados y fuera de perspectiva bajo la influencia amplificadora de la planta.

❖ ❖ ❖

DIFERENTES PUNTOS DE VISTA SOBRE LA MARIHUANA

Tenemos la suerte de que haya personas con un gran conocimiento del potencial del cannabis para despertar el espíritu y enriquecer el aprecio por la vida, y por fortuna algunas de las más brillantes han aceptado colaborar con este proyecto. Aquí el lector encontrará una amplia variedad de puntos de vista. Si juntáramos a todos estos colaboradores en una sala y les planteáramos preguntas concretas sobre las formas de usar el cannabis, muchos de nosotros estaríamos respetuosamente de acuerdo en discrepar. Se ha hecho deliberadamente. El lector puede decidir por sí mismo con qué ideas se identifica.

Junto a un estudio histórico del destacado experto Chris Bennett para sustentar la autenticidad del extenso uso del cannabis como aliado espiritual, el libro también ofrece información sorprendente y esclarecedora de la escritora Joan Bello sobre su interacción farmacocinética con el organismo humano. También encontrará ideas y reflexiones personales de viejos sabios y compañeros de viaje. Entre ellos se encuentran la etnobotánica Kathleen Harrison, el escritor y artista Jeremy Wolff y los líderes en ceremonias con plantas Sean Hamman y Steve Dyer.

El cannabis se viene usando desde hace mucho tiempo en poderosas prácticas rituales. Para complementar mis propias sugerencias y las de la profesora de *ganja* yoga Dee Dussault, para la práctica personal y en grupo, he incluido contribuciones de varios expertos y practicantes de tradiciones que aún siguen vivas. Jeff Brown, un exmiembro de la iglesia rastafari con sede en Jamaica, conocida como Iglesia etíope Sión, habla de la filosofía subyacente y el enfoque de la práctica entre algunos sectores de la comunidad rastafari jamaicana. Satyen Raja nos adentra en un santuario poco común de los *sadhus* de la India. El chamán de ayahuasca brasileño Mariano da Silva comparte su experiencia de muchos años en el uso sacramental del cannabis. El popular chamán de ayahuasca y cannabis Hamilton Souther describe, entre otros temas relevantes, su forma de trabajar con los espíritus del cannabis en las ceremonias que dirige. Francisco comparte sus años de experiencia trabajando en ceremonias grupales de ayahuasca en las que a veces se incluye el cannabis. Otros líderes del pensamiento contemporáneo y personalidades influyentes de la cultura también han ofrecido generosamente sus contribuciones a estas páginas. Entre los muchos logros de Steven Hager figura el de haber sido durante mucho tiempo redactor jefe de la revista *High Times*. Roger Christie es el fundador y ministro ordenado del cuasilegendario y controvertido Ministerio THC de Hawái.

Según muchos entendidos en las sociedades tradicionales, la forma en que se trabaja con las plantas sagradas, en todas sus etapas, puede influir drásticamente en la experiencia del participante. Por eso, el cultivador de cannabis LLP escribe sobre la actitud sagrada que él aporta a todas las etapas de su trabajo. Por último, como la espiritualidad y la creatividad son inseparables en un sentido esencial y como el cannabis es bien conocido entre la gente creativa para abrir nuevas visiones y posibilidades, también encontrarás ensayos sobre cannabis y creatividad por el escritor y poeta Floyd Salas y la artista joyera Svea Vatch.

Un punto muy importante: junto a muchos otros, al menos seis de los colaboradores de este libro han pasado tiempo en prisión por sus creencias, prácticas, activismo o simplemente por su uso de la hierba sagrada. Considero a estas personas valientes guerreros de la cultura (guerreros pacíficos, claro está), que han pagado con cárcel como prisioneros políticos en una guerra contra las drogas que resulta ignorante, fracasada y sumamente destructiva.

En este punto, quiero mencionar el valor del cannabis en términos de lo que más estrictamente podría definirse como medicina. Conforme salimos del oscurantismo de la ignorancia y el control y de la arrogancia y el reduccionismo científicos de Occidente, hay una explosión de estudios alentadores que apuntan a los beneficios potenciales del cannabis en el alivio del dolor, la prevención de enfermedades e incluso la reducción y eliminación de síntomas de una gran variedad de dolencias y trastornos. Para quienes estén interesados en aprender más sobre los beneficios de esta planta, no son pocas las fuentes disponibles en internet y en la bibliografía.

Otra área de discusión que no se aborda en detalle en este libro se refiere a cuestiones relacionadas con la política de drogas y el estatus legal del cannabis. Hay muchas otras fuentes para conocer y participar en la defensa y el activismo para cambiar estas leyes absurdas, así que dejaremos esta cuestión para otros y nos ceñiremos al tipo de uso ya esbozado en esta introducción.

◆ ◆ ◆

Unos últimos puntos que mencionar antes de continuar: en primer lugar, aunque no puedo hablar en nombre de los demás colaboradores de este libro, no considero que el uso de cannabis sea un sustituto de la práctica regular de atención plena *(mindfulness)* y conciencia. Con esto me refiero a cualquier cosa, desde la manera de sentarse hasta la "práctica" de realizar la caminata diaria con una mente en paz y un corazón despierto. De una u otra manera, todos tenemos que hacer el viaje de la confusión a la sabiduría. De nuevo, cuando es tratada con gran respeto, como una aliada espiritual, la planta de cannabis puede servir de ayuda en el viaje hacia el despertar.

En segundo lugar, en algunas partes del libro he escrito algunas reflexiones derivadas del budismo tibetano. No pretendo elevar el budismo por encima de otros caminos espirituales. La razón por la que lo incluyo aquí es que hace muchos años fui alumno del gurú tibetano Chögyam Trungpa, un brillante expositor de ese acervo de sabiduría. Para mí es normal hacer referencia a algunas de esas reflexiones.

Finalmente, con la creciente legalización del cannabis, muchos nos sentimos esperanzados al ver señales del final de un periodo de ignorancia y perjuicios y algunas luces cada vez más brillantes un poco menos lejanas a lo largo de un túnel que se ensancha. Sin embargo, el cannabis sigue siendo ilegal en muchos lugares. Por esa razón tengo que hacer una clara advertencia de que este libro se ofrece con fines educativos e inspiradores para las generaciones venideras.

Diez términos
frecuentemente usados

Stephen Gray

ANTES DE SEGUIR profundizando en el tema, quiero aclarar brevemente algunas palabras y frases que aparecen de vez en cuando en el libro. Como bien saben, las palabras llevan mucha carga. Tenemos la tendencia a transmitir historias acerca de nuestras experiencias y a teñir de emocionalidad nuestros encuentros con ciertas palabras y algunas de las más susceptibles de interpretación idiosincrásica se hallan en estos capítulos.

También hay algunas palabras y frases con las que algunos lectores pueden no estar familiarizados. He aquí una lista corta de algunas de ellas, tanto de las potencialmente cargadas como de las posiblemente desconocidas.

◆ ◆ ◆

Espiritual: Puede ser una palabra muy vaga, utilizada de forma descuidada. En un estallido de razonamiento circular podría definirse como "del espíritu". Mi diccionario lo define como: perteneciente o relativo o que afecta al espíritu humano o alma, en lugar de a las cosas materiales o físicas".

Mmm... cualquiera de los conceptos citados podría ser desmontado. Dado que los sabios a veces nos dicen que aquello que se puede nombrar no es la verdad definitiva, yo uso la palabra **espiritual** como término general en conversaciones que tengan que ver con el viaje hacia la verdad definitiva, la iluminación, el despertar del corazón, la comprensión divina o cualquier otra manera de intentar describir lo indescriptible. Como dijo Alan Watts: "atornilla lo inefable y desatornilla lo inescrutable".

Espíritu: Una palabra que también resulta difícil para muchos y esencialmente imposible de reducir a una definición sencilla. En la manera en que algunos de los colaboradores la utilizamos, la palabra tiene dos acepciones que están relacionadas. En primer lugar, es un término conveniente para referirse a la inteligencia o las inteligencias creativas subyacentes en toda forma, que parecen existir más allá del tiempo y del espacio y que pueden llamarse de muchas maneras. Por ejemplo, recientemente me encontré con una frase que suena muy bien: "campo unificado de la conciencia originaria".

En segundo lugar, en el conocimiento y la experiencia de las culturas tradicionales del mundo, los seres desencarnados son comunes. En su libro sobre el chamanismo mestizo amazónico, *Singing to the Plants*, Steve Beyer se refiere a dichas entidades como "distintas a las personas humanas". Muchos exploradores contemporáneos del espacio interior han encontrado espíritus de diferentes tipos. En este libro también utilizo ocasionalmente la palabra espíritu para referirme a la energía del espíritu, ya sea simbólicamente o de hecho, que puede guiar y proteger desde los reinos invisibles. Muchas personas, por ejemplo, dicen haberse encontrado con el espíritu de una determinada planta enteógena.

Psicodélico (a): Prefiero no usar mucho esta palabra, sobre todo porque ya tengo cierta edad para haber visto cuánta carga ha llevado durante el último medio siglo. En la segunda década del siglo XXI es posible que hayamos recorrido suficiente terreno desde aquellas asociaciones como para apreciar el significado real de la palabra psicodédico.

Literalmente significa "manifestación de la mente", lo que, a su manera, describe bien y de manera sucinta los efectos de un conjunto de plantas y sustancias semisintéticas y sintéticas.

Manifestación de la mente: Las sustancias que acabamos de mencionar por lo general son descritas como amplificadores no específicos o inespecíficos. Pueden provocar experiencias profundas y poderosas. La palabra **mente** puede referirse tanto al contenido de nuestra mente individual como a alguna "mente en general" que nos conecte con el cosmos. Me gusta usar **manifestación de la mente**, pues habla por sí sola y no lleva la carga que tiene el término psicodélico para mucha gente.

Enteógeno(s): Se trata de una palabra útil y de creciente popularidad para referirse a esas sustancias psicodélicas, las que manifiestan la mente. Su significado es "generar la divinidad interior" y fue acuñada en 1979 con el fin de contrarrestar la carga problemática y distractora asociada al término.

Rausch: Como a menudo hago referencia al efecto de "subidón" del cannabis, es útil tener unos cuantos sinónimos en la mochila para evitar repeticiones interminables. *Rausch* es una bella palabra de origen alemán que se traduce al español como "intoxicación" o "embriaguez". Pero mis fuentes me advierten de que tiene una connotación diferente, que yo prefiero: también se refiere a estados de euforia, éxtasis y alegría. (Intoxicación, por otro lado, tiene sus raíces en el latín *toxicare*, que significa envenenar, y que, junto con embriaguez, o "borrachera", probablemente se ajuste mejor a los efectos del alcohol que a los de los enteógenos, incluido el cannabis).

Ego: En caso de que no estés familiarizado con la forma en que el budismo, como otras tradiciones espirituales, define el ego, quiero aclarar que no estamos hablando de ego en el sentido de ser egoísta, como cuando decimos que alguien tiene un gran ego. Desde la perspectiva espiritual, alguien que parece tener un ego pequeño, es decir, alguien que no ocupa mucho espacio, no presume de sus logros, no domina a personas y acontecimientos, etc., tiene tantas posibilidades de estar totalmente atrapado por el ego como la persona con un gran ego.

En este contexto, el ego describe la ilusión del yo separado, la vida experimentada a través de un constructo recubierto de creencias y conceptos, en lugar de la vida experimentada directamente sin filtrar conceptos. Esta forma de experimentar puede describirse con términos como iluminación, presencia auténtica, corazón despierto o, simplemente, realidad.

Son pocos los que están completamente libres del control del ego. Esa búsqueda para liberarnos del ego es nuestro viaje, la liberación, por lo general gradual, el ablandamiento y la disolución final de constructos virtuales sobre la realidad que nos permiten despertar a la realidad no condicionada, a lo que es.

Samsara: En pocas palabras, *samsara* se refiere al ciclo continuo de ilusión que atrapa a todos los seres hasta que somos capaces de liberarnos y despertar. Es una especie de sinónimo de ego en la forma en que se utiliza en este libro o, como lo describe el erudito budista David R. Loy, "*samsara* es el mundo experimentado como una pegajosa red de apegos que parecen ofrecernos algo de lo que carecemos"[1].

Cannabis: Aunque el término marihuana es el más utilizado en la literatura y el discurso contemporáneos, yo prefiero el término cannabis. El nombre marihuana, de origen mexicano-español, es relativamente reciente (tal vez de mediados del siglo XIX, históricamente ha tenido visos racistas asociados a los negros estadounidenses e inmigrantes latinoamericanos y, como señala el escritor Martin Booth, fue popularizado por Harry J. Anslinger, primer comisionado del Departamento de Narcóticos de Estados Unidos en la década de 1930, en su campaña contra las drogas. *Cannabis*, por otra parte, es un término con raíces ancestrales y numerosas variaciones lingüísticas que se remontan al menos dos mil años, al término griego *kánnabis*, y probablemente mucho más allá.

Otro término para la planta de cannabis que aparece de vez en cuando en este libro es el de Santa María. Un nombre legítimo y respetuoso que puede cobrar fuerza en los próximos años, en la medida en que la religión del Santo Daime de Brasil siga extendiendo sus alas por todo el planeta. Aunque la planta no es aprobada por todas las religiones brasileñas que usan la ayahuasca, los mayores dicen que es hora de rescatar el cannabis de malentendidos y de usos indebidos y devolverlo a su propia dueña, la Virgen María, también conocida como madre Tierra o Pachamama.

Contexto interno y externo: Verás este término descriptivo a lo largo del texto. Se trata de una frase muy útil que haría bien en tener a mano todo aquel que se involucre con el cannabis. **Contexto interno** se refiere a todo lo que llevas al encuentro con la planta: tu historia, tu personalidad, tu estructura psicoespiritual, tu intención y la preparación que realices en relación con la toma del medicamento. ¿Meditas? ¿Practicas yoga? ¿Le das uso sacramental a esta medicina?

Contexto externo es el entorno y las condiciones reales existentes en el momento del encuentro con la planta. ¿Cómo se refleja tu intención en el contexto externo? ¿Es un entorno confortable y edificante? ¿Hay una actitud de tratar el espacio como un espacio ritual y haces algo para convertir la experiencia en un ritual o una práctica? Puede ser algo tan breve y sencillo como sentarse con la espalda erguida, dar las gracias a la planta por su bondad y sus enseñanzas, expresar una intención y dedicar tu fumada al espíritu.

Ahora que te has armado de un poco de conocimiento (y no te preocupes, ¡un poco de conocimiento no hace daño!), pasemos página para empaparnos de la valiosa información sobre la maravillosa planta de cannabis que nuestros colaboradores han compartido con nosotros.

¿Quién es ella?

Personificación de la planta de cannabis en la experiencia cultural e individual

Kathleen Harrison

KATHLEEN HARRISON es una sabia con mucha experiencia en medicina sacramental y una de las figuras más destacadas del mundo en ese campo. Es etnobotánica, artista, profesora y conferencista de fama internacional sobre el conocimiento y la sabiduría de las plantas sagradas. Es directora y cofundadora, junto a Terence McKenna, de *Botanical Dimensions*, una organización sin fines de lucro cuya misión es "recolectar, proteger, entender y propagar las plantas de importancia etnomédica y su sabiduría popular".

◆ ◆ ◆

NUESTRA RELACIÓN EVOLUTIVA CON EL CANNABIS

Hay una forma de percibir el mundo en la que todo está vivo y consciente. Todas las especies de plantas, animales, hongos e incluso microorganismos son sensibles, en cierto grado, lo cual sabemos gracias a la biología. Pero en esta visión más animada del mundo, todas las especies son conscientes, interactivas, escuchan y se comunican. O podríamos decir que la esencia de cada especie es la conciencia y la autoconciencia. Algunas plantas se comunican a través de su forma, su olor o los usos que les demos. Se comunican a través del polen, los insectos y con otras especies. Se comunican en una increíble danza química de fragancias, feromonas, alcaloides, terpenos, flavonoides y otros compuestos. También se comunican para atraerse, reproducirse, repelerse, protegerse y colaborar simbióticamente con otras especies que viven a su alrededor e incluso dentro de ellas. Sin duda, es una necedad humana pensar que las plantas producían originalmente sustancias químicas para complacernos o satisfacer nuestras necesidades.

El ser humano es un ser complejo y de reciente aparición en comparación con las plantas superiores. Al principio de nuestra evolución humana descubrimos que ciertas plantas ofrecían beneficios más allá de satisfacer el hambre. Es una vieja discusión entre biólogos, mitólogos y eruditos indígenas si nuestros primeros antepasados descubrieron estos beneficios de forma lógica, por ensayo y error, por una acumulación inicial de pruebas empíricas, o si la idea de utilizar una planta determinada de forma específica surgió por inspiración divina. "Un mensaje de los dioses" es a menudo la explicación que los descendientes de los primeros consumidores brindan sobre especies de suma importancia que les transmitieron sus antepasados.

Para recibir el mensaje de una planta, en cualquiera de sus formas, podríamos comerla, beberla, olerla, frotarla en nuestra piel, hacer cosas con ella, fumarla o meditar con ella. Podríamos cultivarla. Una misma especie puede comunicarse de muchas maneras. Una especie de planta puede haber "elegido" a la especie humana como compañera de supervivencia, migración y reproducción, o los seres humanos pueden haber seleccionado a la planta en base a una o varias de sus propiedades especiales. En cualquier caso, podemos explorar la utilidad mutua de una larga relación de cooperación.

Los seres humanos advertimos ahora que estamos todos juntos en una historia muy larga, una historia que está poblada por todos los niveles de especies. Cada paso evolutivo de una especie individual es necesariamente colectivo, interdependiente; así funciona la naturaleza. Nos hacemos amigos, dependemos unos de otros, nos ignoramos, nos devoramos y nos glorificamos unos a otros. Una especie puede ser apreciada y servir de apoyo a otras especies, pero también puede caer en desgracia, ser explotada o ignorada o volverse escasa. Incluso puede llegar a extinguirse o surgir de nuevo en otro periodo dentro del protagonismo coevolutivo.

Piensa en *Homo sapiens*, la especie humana, como uno de los cientos de miles de personajes de esta historia de colaboración, dependencia y comunicación entre especies. Podemos presumir de que nuestra especie es más inteligente que todas las demás, pero quizá solo hagamos más ruido, seamos más habilidosos, más egocéntricos y menos reflexivos. *Homo sapiens* y todas las especies de *Homo* que nos precedieron o compartieron con nosotros buena parte de nuestra historia son, de hecho, mucho más jóvenes que las plantas con las que hemos coexistido. *Cannabaceae* es la ancestral familia de varias especies de cannabis: *C. sativa*, *C. indica* y *C. ruderalis* y su primo, y también querido amigo, el lúpulo *(Humulus lupulus)*.

Los orígenes de esta familia de plantas se remontan a 90 millones de años. Nuestro género, *Homo*, se remonta a 2,8 millones de años. Así pues, los antepasados de la planta de cannabis que tanto amamos estuvieron haciendo de las suyas durante mucho tiempo antes de que nosotros, los bípedos, apareciéramos para apreciar sus frondosos descendientes. Los antepasados del cannabis que ahora conocemos convivieron con los dinosaurios y con muchas formas extrañas de vida ya desaparecidas. Toda esa experiencia acumulada en la historia del cannabis está escrita en los genes de cada cogollo de nuestra querida hierba.

Algunas personas han defendido la teoría de que la autorreflexión solo es competencia de *Homo sapiens*, creyendo que las demás especies toman sus decisiones basándose exclusivamente en el instinto y el hábito. No es así como lo entendieron nuestros antepasados más recientes. Todos nosotros, independientemente de dónde procedamos, descendemos de incontables generaciones de animistas, personas que creen que todas las especies son sensibles y capaces de una comunicación en la que los seres humanos pueden participar, pero no controlar. Esta visión del mundo también ha dotado de conciencia a las rocas, al agua y a ciertos objetos hechos a mano con materiales naturales con conciencia. Muchos pueblos indígenas del mundo, incluidos los de América del Norte, aún creen en esto y actúan en consecuencia con el debido respeto y reciprocidad.

Sin embargo, en la actualidad muchos pueblos han sido desplazados o colonizados y han perdido el hilo de sus prácticas ancestrales. Aún no han aprendido de la naturaleza en sus hogares modernos, y después de varias generaciones han olvidado el tejido colectivo entre especies en el que estamos íntimamente entrelazados. Los seres humanos modernos hemos adoptado una visión reducida del mundo en la que no se considera que la mayoría de las especies tengan cualidades como la intención, la memoria y el deseo. No creemos que tengan estrategias de supervivencia que incluyan la de acompañar a los seres humanos. No esperamos que se involucren con nosotros como si fueran personas. No nos damos cuenta de que pueden estar escuchando.

Y algunas podrían estar dispuestas a ayudarnos.

Con el movimiento de la medicina herbal del siglo XX, su renacimiento psicodélico y una mayor conciencia ecológica, la cultura occidental ha redescubierto el chamanismo como modelo, y ha resurgido el concepto de las plantas como una especie de "seres" consciente. Algunos llaman a la elusiva esencia de una planta: espíritu de la planta, aliado de la planta o maestro de la planta. Esto se ha adoptado o experimentado especialmente en el caso de las especies psicodélicas potentes. Algunos se refieren al alma de la planta, y otros a la personalidad que parece tener la especie. He trabajado con pueblos indígenas amazónicos que afirman que cada planta tiene una madre, que es la esencia original e intrínseca de una especie vegetal. La madre es el ser consciente y eterno dentro de la especie que mantiene la forma y transmite la medicina y las enseñanzas de la planta. Dicen que algunas plantas tienen una madre pequeña, como las plantas sanadoras cotidianas, y otras tienen una madre muy poderosa. Las especies que llevan una madre poderosa en su interior son las que se convierten en sólidas maestras para nosotros, los seres humanos, y si somos inteligentes, dicen los viejos guardianes de la sabiduría, escucharemos lo que esas especies quieren decirnos.

Seríamos tontos si no escucháramos.

Son grandes maestros encarnados en plantas y están aquí para enseñarnos algo y para ayudarnos a cuidar de nosotros. También quieren ayudarnos a cuidar de ellos y del panorama general, y de todos los que forman parte de él. Si somos tan listos como nos gusta pensar, haríamos bien en escuchar. El mero intelecto sin sabiduría nos ha metido en un gran lío.

Cuando los seres humanos personificamos una especie de planta, lo que queremos decir es que percibimos la personalidad que tiene la planta, su carácter. La personificación es algo que hacen incluso los seres humanos modernos, aunque la mayoría de las veces de forma inconsciente. Damos nombre a los huracanes, a los incendios forestales y a las enfermedades, y luego hablamos de ellos en términos de cualidades y motivaciones humanas. Los describimos como voraces, engañosos, testarudos o feroces, y nuestro uso de los términos implica una intención por parte de estos grandes fenómenos. Decimos que los viejos árboles de gran tamaño tienen carácter, o diagnosticamos que un codiciado rosal no es "feliz" en el lugar donde se encuentra. Ponemos rostros, o al menos motivos, a todo tipo de fenómenos naturales de la Madre Naturaleza... y ahí está ella, la mismísima naturaleza: la Madre Naturaleza y su generosidad, su inteligencia, sus ciclos y sus misteriosas formas de proceder.

Y luego apareció Gaia, la Tierra viva, toda la bola de cera entendida como un solo organismo vivo, sin duda el colectivo por excelencia. A los occidentales nos pareció una idea radicalmente nueva en los años setenta, pero en realidad es una idea muy antigua que, una vez que nos la sugirieron científicos queridos y renegados, pasó a formar parte de nuestra forma de entenderla. Ahora, en el siglo XXI, nos preocupamos y nos preguntamos si Gaia es realmente metaestable, capaz en última instancia de resintonizarse consigo misma tras el abuso y el abandono.

¿Podrá soportar, con el tiempo, los efectos acumulados de nuestro consumismo explosivo y nuestra toxicidad de los últimos cientos de años?

Rezamos porque sí pueda. Personificamos a la madre de todos nosotros.

¿QUIÉN ES ELLA?

La planta de cannabis ha sido un personaje en el drama humano durante los últimos diez mil años, y quizá más. El género *Cannabis* ha sido considerado como un ser o una deidad en muchas culturas. Hablo de *ella* porque tanto históricamente como hoy, en la cultura occidental, ese es el género que muchos le atribuimos cuando interactuamos con la planta de cannabis.

Hace ocho mil años, en China, las semillas de cannabis se utilizaban como alimento. Hace seis mil años, los chinos cultivaban un ancestro de *Cannabis sativa* por las fibras de su tallo, para fabricar cuerdas y ropa. Sabemos que, hace cinco mil años, los chinos usaban parte de la planta de cannabis como medicina para distintas afecciones. Unos tres mil años atrás, en Asia Central y quizá más allá, las semillas se empleaban en rituales como ofrendas en invocaciones y también se colocaban con flores en las tumbas. El cannabis se usaba como incienso para tratar a quien respirara su humo. Por su parte, la planta *Cannabis indica* se estableció en el subcontinente indio, donde se arraigaron sus usos rituales y medicinales. Hace dos mil quinientos años, especies y semillas de cannabis fueron introducidas en el norte de Europa desde Asia. Viajeros de la ruta asiática de la seda deben de haber intercambiado e incorporado tanto sus mitos como sus usos medicinales. Desde principios del siglo XIV hasta tan solo ochenta años atrás, la planta de cannabis era muy reconocida en Norteamérica como una medicina herbal excepcional y una fuente de fibra sumamente útil. Luego las cosas cambiaron. El sistema médico y legal del gobierno estadounidense demonizó oficialmente a la planta, y hoy apenas estamos saliendo de este absurdo siglo de prohibición de uno de los regalos de la naturaleza.

Sabemos que la medicina, el alimento y el penetrante incienso de la planta de cannabis fueron valorados durante los últimos milenios, pero no conocemos tanto sobre su historia de personificación en las diversas regiones étnicas de Asia y África. Había rituales grupales con humo, aceites relajantes y tés medicinales muy efectivos. Seguramente había historias y canciones que hablaran de ella. Hay algunas referencias literarias antiguas sobre cómo era percibida.

En la antigua China, Ma era el nombre de la deidad que reside en el cáñamo, una fibra de gran utilidad que proviene del tallo de la planta de cannabis. Tanto la planta macho como la hembra están representadas en el pictograma del cáñamo, sentadas dentro de un refugio o casa. Las especies de cannabis son dioicas, es decir, producen flores masculinas y femeninas en plantas separadas. El viento es el polinizador que permite que el polen masculino fertilice a las hembras.

El cáñamo ha sido una planta de utilidad fundamental para cientos de generaciones de seres humanos. Por lo tanto, Ma era el espíritu de la que cultiva, la que nos viste, une y vincula todo. Las especies textiles y de cordelería han sido esenciales para las culturas humanas, y el cáñamo ha sido apreciado como la más utilitaria desde los tiempos en que todo crecía de manera silvestre y éramos nómadas. Incluso cuando las grandes embarcaciones europeas partían en busca de las riquezas del mundo, el cáñamo seguía siendo un material crucial. Sin embargo, para el siglo XVI, los europeos, en su mayoría cristianos, ya no mostraban tanto interés en las deidades naturales que residían en las plantas que producían las fibras para sus cuerdas, velas y banderas.

En la etimología popular, el nombre suele significar un respeto a largo plazo y el género que una cultura reconoce en una planta. *Cannabis* fue el nombre otorgado por el taxónomo del siglo XVII, Linneo, ya que *canvas*, en español lienzo, era como las personas comunes llamaban a la tela hecha de cáñamo. El origen de la palabra "marihuana" es controvertido. Hay muchas plantas de poder en Latinoamérica, algunas con nombres populares que son versiones de María o Virgen María, otras con el título de "santo" o "santa", haciendo referencia a lo sagrado. Las culturas hispanas fueron originalmente pueblos indígenas de América, con una mezcla sincrética de catolicismo europeo y algo de influencia animista africana. La planta de cannabis es originaria del Viejo Mundo y llegó a

América durante los primeros tiempos de la colonización, posiblemente introducida por los conquistadores españoles y portugueses, o incluso por los esclavos africanos que transportaban en sus barcos.

Los pueblos indígenas de América tenían una relación ancestral con el acto de fumar, dado que habían domesticado diversas especies de tabaco, y desde los primeros tiempos inventaron la tecnología popular de la pipa o el cigarro. Tradicionalmente, el tabaco se ha considerado una planta muy espiritual que se manifiesta como diferentes tipos de entidades residentes, masculinas y femeninas, que pueden ser invocadas mediante la oración. Sería natural que quienes fumaban tabaco como medicina de oración reconocieran el potencial espiritual del cannabis cuando se fuma y sintieran la presencia **de alguien con quien hablar**. Alguien que se presente y nos ayude a entender las vicisitudes de la vida y quizá a alegrarnos el momento.

Hace cuarenta años, en la costa occidental de México, me reuní con indígenas costeros, algunos de los cuales fumaban cannabis. Al final de un largo día, los jóvenes pescadores daban unas cuantas bocanadas de humo, suspiraban y se recostaban en la arena para descansar, diciendo: "Ay, gracias, estoy hasta la madre", como queriendo decir: "He llegado a la madre, tengo un subidón, estoy en sus brazos". Fue entonces cuando comencé a pensar en la entidad femenina de la marihuana, en quién es la planta de cannabis y qué provee.

CÓMO CONOCERLA

El chamanismo amazónico nos ha revelado la técnica sanadora de "aprendizaje" de una especie de planta. El principio y objetivo es que el aprendiz y el espíritu de la planta aprendan a reconocerse como aliados. Para ello, el aprendiz desarrolla una relación con una especie y llega a conocerla muy bien a través de diversos métodos de estudio continuo: meditación, observación, escuchar así como también hacer peticiones sinceras a la planta. Si eres aprendiz de una planta y haces bien tus tareas, es posible que llegues a conocer la verdadera medicina de la planta. Puedes aprender su canción. Tal vez aprendas a rezar con ella, independientemente de lo que eso signifique para ti. Entonces quizá puedas trabajar con la planta, bebas o no, porque sabrás cómo invitar a su espíritu a participar. Al conocer la medicina interna de la planta, podrás hacer medicina con ella y también compartir esa medicina espiritual con los demás.

Así como podemos aprender a cultivar la planta de cannabis, también podemos aprender a escucharla, a compartir su canción. El aprendiz suele hacer uso de la hierba con un ritual, como cuando te visita un huésped de honor y sacas tu mejor juego de té y tu infusión especial. O quizá sea tu mejor pipa, tu mejor hierba, un toque de belleza, una música envolvente. La planta también es tu huésped de honor. Tal vez te complazcas a ti mismo o a tus amigos íntimos, pero también estás complaciendo al espíritu de la planta de cannabis cuando entras en un estado mental más consciente y de mayor atención, para invitarla a entrar en tu cuerpo y en tu conciencia, en tu ceremonia de atención plena. Si uno piensa de esta manera, ella responderá mucho mejor, pues la estás invitando de forma respetuosa. Ella también obsequia regalos, regalos estupendos y sutiles. Facilita la comprensión y nos ayuda a liberarnos por un momento de los patrones inconscientes que nos atan con tanta fuerza.

Como persona dedicada a las plantas, he desarrollado métodos para llegar a conocer una especie. Soy en parte botánica y en parte espiritualista. Cuando me encuentro en el camino con una especie de planta nueva para mí, intento seguir el respetuoso protocolo que he desarrollado. Me fijo en la planta, tratando de ver su verdadera forma y textura, dónde y cómo sus hojas se conectan a su tallo, qué me recuerda su flor o semilla y qué otras especies se encuentran en su entorno. Me pregunto a qué familia podría pertenecer, lo cual puedo deducir si conozco los rasgos característicos de su familia. O quizá ya conozca bien a algunos de sus primos.

Luego pregunto con mi interior: "¿quién eres?". Nos damos tiempo. Con la mente vacía y calmada, espero hasta percibir lo que surge en mí como respuesta. Puede ser una imagen, palabras o un nombre, pero lo más probable es que sea un sentimiento. Me gusta pensar que puedo percibir la sensación que tiene la planta de cómo se encuentra en el mundo. Pero esto es solo mi primera introducción, el apretón de manos inicial.

Lleva mucho tiempo conocer realmente a una persona, y lo mismo ocurre con las plantas. Si juzgara a todas las personas solo por la primera impresión, tal vez no llegaría a conocer tanta gente buena. Y, probablemente, no sabría realmente quiénes son. Es necesario tener mucha paciencia para llegar a conocer bien a alguien, para confiar en él, para saber que puede tener varios rostros pero que es un buen amigo para mí o un colega fiable. Lo mismo ocurre con las plantas, especialmente con aquellas que introducimos en nuestro cuerpo y que nos causan alteración.

Tras años de instrucción por parte de etnias indígenas y de enseñar a estudiantes sobre el conocimiento y prácticas de las plantas, he aprendido que la mayoría de los seres humanos tienen aptitudes muy afinadas para percibir, leer y comprender a otros seres humanos. Estas aptitudes suelen ser intuitivas, pero capaces de rastrear y archivar muchas señales y diferentes tipos de información. Los que no están formados en morfología botánica y sistemas taxonómicos a menudo se sienten perdidos a la hora de "leer" una planta. Con el tiempo, uno puede aprender a leer la planta de forma intuitiva, haciéndolo, practicándolo. Yo opto por estar a caballo entre el conocimiento científico y el intuitivo, y de hecho me parece una forma fascinante de explorar el mundo natural.

Para conocer una nueva especie o una planta que ya creías conocer, sugiero empezar por el enfoque personal, haciéndole preguntas como: ¿Quién eres? ¿Por qué estás aquí? ¿Puedo arrodillarme a tu lado? ¿Podemos llegar a conocernos? Luego, antes de hacer algo tan apresurado como comérsela, frotársela en el cuerpo o incluso arrancar la mala hierba del jardín, pondera tu percepción interna de la planta, con lo que puedes aprender mediante la investigación. Búscala en internet y estudia a los expertos y los recursos disponibles. Te propongo probar la atención intuitiva silenciosa como técnica que merece la pena y que es especialmente útil para iniciar una relación con la planta de cannabis basada en el espíritu.

El mutualismo es una relación que beneficia a ambas partes, y eso es lo que sucede en la relación del ser humano con el cannabis. Al satisfacer la necesidad humana de fibra, alimento, medicina y facilidad para hacer del mundo un lugar más amable, la planta de cannabis se ha vuelto un aliado indispensable. Los sereshumanos hemos satisfecho no solo nuestras propias necesidades sino también las necesidades de *Cannabis sativa* y *Cannabis indica*, al propagarlas prácticamente por todas partes. Hemos seleccionado rasgos especiales de cada una de sus características útiles: longitud y ductilidad de sus fibras, nutrientes de sus semillas, cualidades analgésicas de sus hojas y cogollos, y cualidades sociales, artísticas, comunicativas y estimulantes del espíritu de sus flores resinosas.

Desde tiempos remotos, los sereshumanos también reconocieron estas cualidades espirituales. La planta de cannabis ha sido enterrada en tumbas a lo largo de miles de años, aparentemente para facilitar la transición del fallecido hacia el más allá, o como ofrendas enviadas con el espíritu de quien deja este plano. Yo arrojé las cenizas de mi querido tío a las aguas del océano Pacífico, junto con algunos de los mejores cogollos de cannabis que pude encontrar. ¿Quién sabe cómo son llevadas estas ofrendas al mundo del espíritu? Cuando mis hijos mayores y yo distribuimos las cenizas de su padre, fumamos juntos en su honor, para comunicarnos con su espíritu y dejarle seguir su camino, bendecido con la fragancia de la planta que tanto amó. Sé que mucha gente ahora hace este tipo de rituales. La planta de cannabis no solo ha servido de aliado misericordioso en el alivio del sufrimiento del moribundo, sino que su uso se ha convertido en una manera de invocar y honrar los espíritus de quienes ya no están con nosotros.

LA VISIÓN DESDE EL UMBRAL

Uno de los grandes regalos del cannabis es que nos permite hacernos a un lado, literal y simbólicamente, y ver las cosas de otra manera por un tiempo. Esto se conoce como tiempo o espacio liminar, de la noción de limen como umbral, o como el lugar donde uno se encuentra entre lugares conocidos. Aquí uno se toma un descanso, simplemente para reflexionar al margen de la vida cotidiana. Las musas clásicas son distintos espíritus femeninos de inspiración creativa o fuerzas personificadas como seres femeninos de la mitología griega y romana. Las musas tienden a ir por los bordes y se invocan a través de rituales silenciosos y patrones de invocación personales. Las musas inspiran a aquietar un poco el mundo y dejan que surja lo que está oculto.

Ese es uno de los tesoros que nos ofrece el cannabis: ser una musa para quienes deseamos contemplar y entender o, tal vez dedicar un tiempo a apreciar el misterio de todo ello.

Hace años aprendí que puedo mantener mejor el equilibrio en mi conciencia personal si me concedo un tiempo liminar cada día. A veces incluye el uso de cannabis y, a menudo, no. Depende del entorno y de las tareas que tenga que realizar. El cannabis necesita y merece más tiempo del que le dedicaría a una taza de té de hierbas o a un largo paseo.

Una lección que el cannabis puede ofrecernos es aprender a sentirnos cómodos con la experiencia de cruzar un umbral de forma segura, de ida y de vuelta. El subidón o periodo inicial es un cambio hacia otra forma de percibir, pensar y sentir. El umbral en sí es una metáfora transformadora, un portal de entrada chamánico. Como mínimo, puede ofrecer un periodo liminar que sirva para ofrecer una perspectiva útil al circo de tres pistas que es la vida diaria moderna. Se despierta nuestro observador y se le permite flotar por encima y al margen de lo que esté ocurriendo.

Esto forma parte de la medicina espiritual del cannabis: su perspectiva, cómo despierta tu ojo interior, tu observador. Tu observador es inteligente, tiene ojos y oídos que están sintonizados de manera diferente a tu yo cotidiano, y **tu observador puede ver patrones.** Considero que es esta habilidad de identificar patrones muy valiosa. Ver patrones que conectan nuestras experiencias con el panorama más amplio de lo que observamos nos aporta valiosos conocimientos sobre cómo funcionan realmente las cosas. Podemos recibir atisbos de comprensión sobre el potencial, la causalidad, la resolución: un entendimiento más profundo. La mente-corazón de una persona que fluye serenamente sin apegos puede tomar decisiones bien fundadas sobre lo que realmente importa.

Y en ese estado podemos sentir libertad para crear, para soñar cosas que quizás merezcan ser manifestadas. ¡Dibújalas, escríbelas o cántalas! Creo que nos asombraríamos si todos los que han hecho grandes contribuciones a nuestra cultura admitieran que fueron inspirados por el estado alterado que produce el subidón del cannabis. Durante décadas ha sido objeto de burlas, del estereotipo del fumón, pero la musa vegetal más ubicua de nuestra cultura merece un gesto sincero de reconocimiento.

Al solicitar su punto de vista, me abro a otra forma de ver las cosas. Hace años, cuando atravesaba una situación muy dolorosa, un querido amigo de avanzada edad me preguntó: "¿No hay una forma distinta de ver esto?". Fue la sugerencia más sencilla y perfecta en ese momento de mi vida. Le agradecí por ello, me marché sola sin dudarlo a fumar un poco de hierba de cosecha casera.

Llevo siempre un diario donde registro mis introspecciones cuando fumo sola. Fumo lentamente. Primero preparo mi bandeja, la cual hace las veces de un pequeño altar portátil, luego le doy la bienvenida en silencio o en voz alta y aspiro el humo al encender el porro, seguido de un cálido saludo al sentimiento que me inunda delicadamente. Por lo general, el sentimiento es un gran suspiro, algo despega de mi cuerpo físico. Un brazo grande, amable y más ligero que el aire abraza estos hombros cansados; se produce una apertura.

Quizás le dé una segunda pitada. Entonces siento que está a mi lado, percibo su brazo mientras se sienta junto a mí: la pequeña yo, que se siente tan diminuta como una niña pequeña en comparación. La ventana de mi mente se abre hacia mi amada hermana mayor. Aquí está y puedo contar con ella. Siempre aparece cuando se lo pido. Me conoce, somos viejas compañeras. Nos reímos por la alegría de volver a juntarnos. Agradezco tanto por tener a esta hermosa y sabia hermana mayor en mi vida, que me ayuda a saber qué tomar en serio y qué olvidar. Me siento plenamente viva en cada célula. Ella es un regalo de la naturaleza, un regalo del misterio mismo.

Hay que decir que cuando nos relacionamos con el cannabis de esta manera tan espiritual, la dosis es muy importante, y también lo es el tipo de cannabis que se consume y la forma en que se prepara. Aunque he sido una etnobotánica libre y una niña de los años sesenta que ha probado diferentes tipos de hierba fresca, hachís, distintas mezclas, concentrados y comestibles, mis gustos se han vuelto mucho más simples y puros con el paso de los años. A fin de abordar las posibilidades espirituales o cuidar de mi conciencia, me gusta conocer la procedencia, la fuerza y la variedad de lo que estoy consumiendo. Es muy posible que una persona sensible tome demasiado en unos pocos minutos de entusiasmo, ignorancia, glotonería o presión social, y luego pase horas sintiéndose ansiosa o luchando por funcionar con normalidad, lamentando haberse pasado con la dosis.

Si la intención es entrar en contacto con la inteligencia sutil pero poderosa del cannabis y poder reconocer un pensamiento valioso y luego seguir ese pensamiento, se deben dar pequeños pasos. Debes saber qué estás bebiendo o fumando y simplemente hacerlo lentamente para tener tiempo de sentir el efecto antes de dar otra pitada o comértelo todo.

Los comestibles pueden ser un terreno peligroso debido a la dificultad para tomar dosis manejables. En cuanto al cannabis comestible, con el deseo de calcular la dosis correcta para vivir una maravillosa experiencia de investigación prefiero una simple extracción con aceite de oliva de recortes de cogollos orgánicos. Esto es fácil de hacer en casa. Hazlo con una buena hierba y un buen aceite de oliva. Mide tus ingredientes, caliéntalos a fuego lento por un buen rato, cuela el contenido vegetal, embotella el aceite y guarda la receta. Sé un poquito científico, como los buenos cocineros, y detecta cuál es la dosis que mejor te va. Yo uso frascos de 30 mililitros con gotero para el aceite extraído. En mi caso, la dosis es el contenido de un cuarto a medio gotero y la coloco en mi boca. Tiene buen sabor, me hace bien y tarda una hora en surtir efecto, suave y dulcemente. Ten paciencia. Luego estáte atento para cuando la cálida nube empiece a envolverte. Esta sensación inicial es una parte importante en el enfoque espiritual. Es el umbral.

VARIEDADES Y RELACIONES

La variedad de cannabis es muy importante y el tema de la personificación se vuelve aún más interesante y complicado cuando hablamos de variedades. Siendo tan diferentes entre sí, ¿pueden tener la misma personalidad? Muchas variedades se personifican con el nombre o con un personaje popular, nombrado por sus cultivadores o admiradores.

A menudo sus nombres hacen referencia a sus aromas, efectos y ancestros genéticos. Podemos tener un afecto especial por el Abuelo Púrpura o la Viuda Blanca, que son nombres de seres, pero aun cuando las variedades lleven nombres infantiles o mecánicos, como la familia Diesel y tantas otras, parecen tener su personalidad una vez que llegas a conocerlas.

Valoro el hecho de que, debido a los cambios sociales y legales de estos tiempos, el ciudadano medio puede conseguir cada vez más fuentes de cannabis en las cuales confiar y conocer mejor las variedades. Si una variedad no está a la altura de tus necesidades en la búsqueda espiritual, otra lo hará. Y no asumas que conoces el cannabis porque hayas probado una o dos variedades, o solo la hayas probado socialmente, y no lo descartes basándote en una o dos experiencias. Por Dios, reconocemos una gran variedad de vinos, tés, cafés, chocolates y hasta tomates. Cada una tiene sus virtudes, pero nosotros también tenemos nuestro propio sentido del gusto y nuestra propia capacidad. A quienes estén explorando el uso espiritual del cannabis, les recomiendo encontrar una variedad, una forma y una dosis que les haga sentir bien: expandidos, equilibrados, inteligentes, perplejos y muy conectados con la corriente invisible de estar vivos. A pesar de lo que te recomienden los demás, consume solo la dosis necesaria para sentirte pleno y lleno de una serena vitalidad. Busca el equilibrio.

Si tu relación con el cannabis es como la relación con un viejo amigo, por ejemplo, o con un amante conocido, o con alguien que te ayuda a aclarar tu función en el mundo, entonces ¿cómo cuidas de esa relación? ¿Está en equilibrio? ¿Qué significa equilibrio, cuando hablamos del cannabis y de nuestro propio yo, ese cuerpo-mente-espíritu único que es el individuo? Algunos utilizan la hierba como goma de borrar para eliminar el estrés cotidiano de la vida, y de hecho nos quita muchas cosas de encima. Nos anima a ver nuestra propia locura al hacer que nos desprendamos un poco de apegos innecesarios, de obsesiones constantes o de negatividad. Nos ofrece opciones para reparar las pequeñas fisuras en nuestras relaciones humanas al perdonar a alguien o al reequilibrar las distorsiones que pueden causar los patrones de conducta habituales.

Nos ayuda a ver el humor en nuestras propias desgracias cotidianas, lo cual constituye un valioso regalo.

Pero hay algunas personas que no quieren salir del subidón y volver a la normalidad. Quedan atrapados en la comodidad de estar drogados, alejados del mundo de las responsabilidades y de los vínculos emocionales. Todos tenemos un amigo o un familiar con hábitos que les sirven de amortiguador para poder participar en experiencias y relaciones. Quizás experimenten una sensación de pérdida de propósito o falta de decisión o incapacidad para actuar de acuerdo a sus intenciones. Es posible que simplemente no estén disponibles para sus otras relaciones. Pueden ser adolescentes muy jóvenes y sin formación que se adentran en la turbia incertidumbre y la dudosa elección de permanecer drogados.

Podemos pensar que esa actitud está reservada para los adultos, pero no para nuestros jóvenes. Es muy raro que un joven de Occidente se inicie en el consumo consciente de cannabis a través de un ritual que invoque una sana autoconciencia. Pero, dado que un gran número de personas hace uso de esta hierba a diario y las cifras siguen aumentando, algunos tenemos la esperanza de que la tendencia hacia el uso consciente del cannabis también aumente. Quizá podamos enseñar esto a nuestros jóvenes como una opción mientras ellos estén explorando sus propios caminos.

Hay formas inconscientes de personificar el cannabis que suponen un fenómeno interesante para quienes lo viven. Así, muchos hombres jóvenes –y otros no tan jóvenes– básicamente están casados con el cannabis. Es su relación principal y reemplaza por completo a la mujer, o colocan a la pareja en un segundo plano. Al norte de California, donde yo vivo, este es un viejo fenómeno que se ha extendido en la actualidad. Por lo general, son cultivadores o vendedores de hierba, incluso artistas o músicos, pero la única entidad estable en sus vidas es la hierba. Sobre este fenómeno las mujeres dicen haberse convertido en viudas de la hierba. He hablado con hijos mayores que cuentan cómo sus padres, o a veces sus madres, no estuvieron muy presentes ni comprometidos con su familia durante su infancia, debido a que amaban el cannabis por encima de cualquier cosa.

Los expertos hablan de la naturaleza de la adicción al cannabis, sea química o conductual, pero en cualquier caso se trata de un hábito muy fuerte. Las imágenes gráficas más populares sobre el cannabis, al menos hasta ahora, por lo general son caricaturas en las que se personifica como una mujer sexy y lujuriosa cubierta con una o dos hojas. No hay nada de malo en esto, y las imágenes son hasta divertidas, pero seguramente habrá otras maneras de presentar el espíritu de la planta que con caricaturas seductoras. Sin embargo, lo más importante es que las personas que aman y viven con un consumidor habitual de cannabis sufren de una manera similar a la que sufren las familias de otros adictos. La ausencia es un efecto colateral del consumo obsesivo, y el objeto de obsesión puede ser un deporte, un trabajo o una sustancia.

En el contexto de esta discusión, sin embargo, la percepción general es que un hombre puede casarse con una planta, o con su espíritu femenino, en lugar de con otro ser humano. Hay otras sombras que pueden surgir de esta relación ser humano-planta, pero que normalmente no le ocurren a quienes buscan un estado mental por medio de plantas, como parte de una iniciativa espiritual ocasional.

Hablando de relaciones, creo firmemente que todo aquel que quiera tener una relación profunda y exploratoria con cannabis, debería disponer de su propia parafernalia personal para fumar. He conocido a muchas mujeres que simpatizan con el cannabis, pero cuya relación con la hierba es pasiva. He notado que, en las parejas, sean heterosexuales o de otro tipo, uno de los dos sabe dónde se guarda la hierba y la pipa y cómo cuidarlas y el otro no. Por lo general, solo fuman en pareja o socialmente con otras personas y suele ser el hombre quien se encarga de la parafernalia para fumar.

Toda mujer interesada en una amistad espiritual con el cannabis debería tener su propia pipa y su propia provisión de buena hierba y debería saber cómo prepararla y saborearla. Además, las mujeres deberían hacerlo a solas de vez en cuando, buscando silenciosamente su comunión y comprensión. Por maravilloso que sea tener una mejor comunicación y sensualidad en pareja, la contemplación a solas también es un extraordinario camino.

EL SANTO DAIME Y LA SANTA MARÍA

Existe un fenómeno creciente en el que el cannabis está muy claramente personificado en una tradición espiritual. Se trata de la religión del Santo Daime, con sede en Brasil, fundada en la década de 1930. La ayahuasca es el sacramento principal de este movimiento cristiano sincrético, en el que se mezclan elementos afrobrasileños e indígenas. La ayahuasca es una poderosa infusión que estimula la aparición de visiones y que se elabora a partir de dos o más plantas que se activan mutuamente para generar tales visiones. Según el contexto ritual en el que se beba, puede proveer al individuo de visiones sobre seres y lugares que parecen ser de otras dimensiones, a menudo influenciadas por la naturaleza circundante y las cosmologías de los pueblos amazónicos.

El uso de ayahuasca se está expandiendo por el mundo, desde distintos puntos de origen y estilos rituales. El movimiento del Santo Daime es uno de ellos. Sus seguidores llaman Daime a la infusión y durante sus ceremonias suelen ver y cantar a santos cristianos, mientras aumentan y sostienen la energía colectiva con sus cantos. Tienden a vivir juntos o a asociarse entre ellos de manera muy cercana y creen que la enseñanza del Santo Daime es a través de la práctica comunitaria.

La historia de esta iglesia es muy larga y rica, pero no es para contarla aquí. Sí es pertinente decir que, durante la década de 1970, Padrinho Sebastião, sucesor del fundador original del Santo Daime, tuvo un sueño en el que un guerrero a caballo le dijo que estaba a punto de cambiar el tipo de trabajo espiritual. Luego tuvo otro sueño en el que un ángel que cuidaba un jardín le mostraba una planta que no conocía. El ángel le dijo: "Esta planta es para sanar". Poco tiempo después, un seguidor de origen europeo le confesó que estaba usando marihuana y le enseñó su propio cultivo.

Padrinho Sebastião vio que se trataba de la misma planta que le habían mostrado en su sueño. Comenzó a fumarla, estudiando la planta y sus efectos, y finalmente concluyó que la ayahuasca tenía el poder de darle acceso al espíritu de Cristo, mientras que la marihuana tenía la energía de la Virgen María. Bautizó a la planta de cannabis Santa María y la incorporó a la práctica del Daime con sus seguidores.

Mucho ha sucedido desde entonces, pues los líderes, protocolos y metas de la religión se han ramificado y evolucionado. Se produjo una gran división en el Santo Daime sobre varias cuestiones, en especial sobre el tema de la Santa María. Durante el siglo XXI aparecieron grupos pequeños del Santo Daime por todo el mundo. Y aunque veneran al espíritu de la propia Santa María, algunos grupos sienten que la hierba de cannabis no representa adecuadamente al espíritu de la santa. He oído a algunos seguidores decir que la hierba hace que el trabajo con el Daime sea "sombrío" o "pegajoso". Alegan que se le adhieren muchos espíritus cuando llega, que se llenan de otros espíritus, y no todos son bien recibidos. Muchas de esas personas ahora deciden unirse a un determinado grupo del Santo Daime dependiendo de si usan cannabis o no.

Por otra parte, hay una rama grande y vibrante del Santo Daime que permite el ritual de fumar Santa María durante o después de la ceremonia. Algunos de sus miembros dicen que fumar bajo la influencia del Daime revela gloriosamente a Santa María y sienten su gran amor con mucha más fuerza. Afirman que la hierba, la Santa María, facilita la labor del médium, pues mejora la capacidad de canalizar y comunicarse con espíritus desencarnados.

La figura del médium es un rasgo característico de las ceremonias religiosas de influencia africana en Brasil y otros lugares. En las ceremonias de influencia africana, los participantes canalizan y experimentan a otros seres que luego pueden ser interpretados en el contexto ceremonial. Las canalizaciones con médiums no formaban parte del Santo Daime original, pero han sido adoptadas por algunos grupos, ya que ahora hay distintos niveles de adhesión a la doctrina inicial. Para ser una fe que tiene menos de un siglo, ha pasado por muchos dramas y cambios, pero esto no debería sorprender en una religión organizada que se centra en un té psicodélico, o enteogénico, como sacramento principal, que puede potenciar aún más sus efectos con el uso de cannabis.

Uno de los argumentos para fumar Santa María durante las ceremonias es que los espíritus que acuden a Santa María cuando esta aparece son almas en pena que están perdidas o confundidas, y parte del trabajo humano consiste en limpiarlas y bendecirlas para que puedan liberarse. El sucesor de Padrinho Sebastião es su hijo, Padrinho Alfredo. Aparentemente él está a favor del uso de la Santa María, pero entiende que las plantas deben usarse de acuerdo con las necesidades de una comunidad determinada. Tengo entendido que ahora algunas comunidades realizan una hermosa ceremonia con el mismo formato, pero en lugar de tomar el té de Daime habitual, solo fuman e invocan a Santa María para sentir su amor y su luz.

En cualquier caso, con fumada sagrada o sin ella, una religión formal que incorpora poderosas sustancias vegetales implica un desarrollo interesante en la evolución espiritual contemporánea. Se trata del esfuerzo colectivo actual más explícito para definir qué o quién es el espíritu de la planta de cannabis y cómo trabajar eficazmente con ella. También hay consideraciones sociales y legales, pero esas quedan pendientes para otro análisis. Al parecer, el Santo Daime ayuda y nutre a muchos de sus adeptos, sea cual fuere el camino que tomen.

SER AGRADECIDO

Desde la década de 1960, millones de personas que no han formado parte de ningún movimiento organizado también han fumado marihuana estando bajo los efectos de otras sustancias psicodélicas fuertes como LSD, hongos de psilocibina y peyote, entre otras. Cuando uno tiene un potente subidón por el efecto de sustancias fuertes, que algunos pueden experimentar como un espíritu personificado en sí mismo, especialmente cuando se trata de una planta o un hongo, el cannabis puede llegar de una forma especialmente iluminada. Algunas de las cualidades por las que se la conoce, como quietud, belleza, amor, aceptación, alivio del sufrimiento o un torrente de alegría, aparecen al fumar cannabis mientras uno está bajo la influencia de una entidad o droga aún más poderosa.

¿Todo esto son solo oleadas de compuestos químicos, neurotransmisores y sinapsis que danzan en ondas del sistema nervioso humano? Unos opinan que se trata solo de vibraciones que responden a vibraciones, y sé por experiencia que puede sentirse de esa manera. Uno se hace preguntas, pero... me alegro de que siga siendo un misterio. Debo decir, y estoy dispuesta a admitirlo, que una buena fumada de cannabis durante un viaje transformador de LSD o de hongos es un milagro que hay que observar. Es sinergia. Esto puede generar, permitir o potenciar un inmenso torrente de gratitud por el simple hecho de ser un ser humano plenamente vivo y lo bastante afortunado como para vivir una experiencia así. Algo similar puede ocurrir bajo la influencia de cualquiera de estas maravillosas sustancias psicodélicas sin cannabis, y también puede ocurrir con cannabis solo.

La gratitud es una bella práctica en sí. Sentirse agradecido y expresarlo es una bendición y una medicina en sí misma, así que, si una planta común nos abre el corazón y nos hace sentir contentos por estar vivos, ¿acaso no somos afortunados de estar evolucionando junto a ella?

Quizá ya tengas tu propia práctica y tu propio momento, tu propio lenguaje para ello y tu propia bolsa de medicinas. O tal vez solo desees llegar a conocerla de esta nueva manera, para ver cómo se siente, para ver qué se ilumina.

Si es así, tienes un regalo en tus manos.

Y ella te está esperando.

2

Tradiciones venerables

Breve historia del uso ritual y religioso del cannabis

Chris Bennett

CHRIS BENNETT es un reconocido experto internacional sobre el uso del cannabis en rituales y magia, como explica en sus libros *Green Gold the Tree of Life: Marijuana in Magic and Religion* (1995) y *Cannabis and the Soma Solution* (2010). Ha escrito numerosos ensayos para revistas y publicaciones impresas y digitales y contribuido con capítulos informativos en varios libros de otros autores. Chris también posee un popular negocio de venta al por menor en el que vende y enseña a la gente sobre una variedad de plantas con usos chamánicos y curativos.

Las investigaciones de Chris han sido, como mínimo, extensas. La intención de este ensayo es compartir con los lectores algunos de los usos religiosos históricos del cannabis, tanto de los que están bien registrados como de los "altamente" probables, para indicar y honrar la profundidad y amplitud del uso espiritual de la planta, particularmente en Oriente Medio y Asia.

Este capítulo no pretende ser un estudio exhaustivo sobre el uso histórico del cannabis en la espiritualidad. Por ejemplo, no analizaremos el uso de la planta en África o en el hemisferio occidental. Según el doctor Edward

MacRae, el cannabis era utilizado tanto en ámbitos sociales como religiosos, entre otros, por aborígenes africanos como los hotentotes, los bosquimanos, los cafres y los de la región de Kasai[1]. MacRae también afirma que, aunque las evidencias del uso precolombino de la planta en América no son claras, su uso religioso actual se da entre pueblos indígenas como los cuna en Panamá, los cora y tepehua en México (quienes la llaman Santa Rosa) y los tepecanos del noroeste de México (que la llaman Rosa María y la utilizan ocasionalmente como sustituto del peyote en rituales religiosos)[2].

De nuevo, se trata de ayudar a validar el uso histórico, con fines de comprensión y sabiduría, del cannabis por parte del ser humano en un mundo que ha perdido el rastro de esa conexión, con vistas al futuro y redescubrir el gran potencial de esta planta a medida que aprendemos de las prácticas ancestrales, las perfeccionamos y creamos otras.

INTRODUCCIÓN

Cuando la gente de hoy piensa en el papel del cannabis en la religión, suele recurrir a la religión sincrética relativamente moderna surgida en Jamaica: la religión rastafari. Poco saben sobre los pigmeos, que afirman que al principio de los tiempos Dios les dio cannabis para que fueran "saludables y felices"[3], o de los *sadhus,* que fuman en *chillums* llenos de hachís a orillas del Ganges antes de seguir con sus *asanas* yóguicas, como han hecho durante siglos[4]. En efecto, el cannabis ha desempeñado un rol en la vida espiritual de la humanidad durante al menos 5.500 años, como lo demuestra el hallazgo arqueológico de un cuenco ceremonial utilizado para quemar hierba en una cueva en Ucrania[5].

Como bien han documentado mis veinticinco años de investigación, esta práctica se extendió ampliamente por el mundo antiguo. A fin de que esto tenga relevancia para el lector moderno, este capítulo explorará el papel histórico y potencial del cannabis en distintas tradiciones religiosas bien conocidas y aún practicadas, como el taoísmo, zoroastrismo, hinduismo, budismo, sijismo y judaísmo.

TAOÍSMO

En Asia, donde algunos botánicos consideran que se originó el cannabis en forma silvestre, el consumo de cáñamo se remonta a la Edad de Piedra. Se han encontrado impresiones de fibras de cáñamo de más de diez mil años de antigüedad en fragmentos de cerámica en Taiwán, cerca de la costa de China. Junto a estos fragmentos también se hallaron herramientas largas en forma de varilla, similares a las usadas en China continental en épocas posteriores para decorticar el cáñamo o extraer el centro leñoso del tallo, lo que indica su uso y popularidad durante los milenios intermedios. Los famosos guerreros chinos de terracota utilizaban zapatos con suela de cáñamo antes de su larga permanencia en tierra firme. Por lo tanto, no es de extrañar que los chinos fueran los primeros en descubrir las propiedades medicinales y mágicas de la planta, con una historia de usos en este caso, además de utilizarlo como alimento, fibra y fuente de aceite para lámparas y pinturas, que se remonta a miles de años.

Como señala el profesor de botánica Hui-lin Li, experto en la historia del cannabis en China, "Las pruebas… sugieren que el uso medicinal de la planta de cáñamo era ampliamente conocido por los pueblos neolíticos, en la Edad de Piedra, del noreste de Asia. El chamanismo estaba especialmente extendido en esta zona septentrional y también en China, y el cannabis desempeñaba un papel importante en sus rituales"[6]. Asimismo, el experto en historia china Joseph Needham también ha señalado: "… las propiedades alucinógenas del cáñamo fueron bien conocidas en círculos médicos y taoístas chinos durante dos milenios o más"[7].

En el mundo antiguo, la medicina tenía todo tipo de connotaciones mágicas en la mente de la gente, así "La farmacopea china Rh-Ya, compilada en el siglo xv a.C. A partir de ahora, se usa a.e.c. en lugar de a.C. y e.c. en lugar de d.C. contiene las primeras referencias históricas del cannabis con fines chamánicos"[8].

Los antiguos chamanes chinos mostraban su conocimiento sobre los poderes medicinales del cannabis de manera simbólica, grabando la forma de una serpiente en un tallo de cáñamo y utilizándolo como varita mágica en ceremonias de sanación. En relación con el chamanismo, es importante señalar que el antiguo uso de flores y hojas de cannabis en China no se limitaba a la medicina: "... en la antigua China... la medicina se originó de la magia. Los curanderos eran magos practicantes[9]".

El legendario emperador Shen Nung (*circa* 2000 a.e.c.) afirmaba sobre el cannabis que, más allá de su uso medicinal: "si se toma de forma prolongad, hace que uno se comunique con los espíritus y aligera el cuerpo"[10].

Es interesante observar que el uso del pictograma para el cáñamo, *Ma*, en combinación con otros caracteres, aparece en pictogramas que tienen connotaciones sobrenaturales, como *Mo*, que significa "diablo". Esto nos da claros indicios del uso consciente del cannabis en la hechicería china, en la que el uso del cannabis tiene una larga historia. "En estos primeros periodos, el uso del cannabis como alucinógeno estaba indudablemente asociado al chamanismo chino"[11].

Esta relación chamánica con el cannabis duró algunos siglos y se filtró después al taoísmo. Esto no es de extrañar puesto que "... la técnica taoísta para alcanzar el éxtasis tiene un origen y una estructura chamánicos"[12]. El cannabis en la magia no solo se usaba para fumar. En el *Chen Kao*, "Yang Hsi describe su propia experiencia al utilizar la *Chu Shen Wan*, la píldora de iniciación de los inmortales, con alto contenido de cáñamo"[13]. Un sacerdote taoísta que escribía en el siglo V a.e.c. sobre los cogollos de cannabis con semillas señalaba que "los magos-técnicos, o *shu chia*, dicen que si uno los consume con ginseng aportarán un conocimiento preternatural sobre acontecimientos del futuro". Se podría agregar otro buen ejemplo del siglo VI del Wu Tsang Ching (*Manual de las cinco vísceras*): "si deseas que se presenten apariciones demoníacas, debes ingerir constantemente las flores de la planta de cáñamo"[14].

Como explica el científico, historiador y sinólogo británico Joseph Needham, el cannabis fue uno de los factores determinantes en la filosofía taoísta:

> La cadena de acontecimientos que condujo a la creación de Mao Shan... como el primer gran centro permanente de práctica taoísta comenzó en el año 349 e.c., o un poco antes, con las visitas de seres inmortales a un joven llamado Yang Hsi... En una serie de visiones se le apareció a Yang un auténtico panteón de funcionarios celestiales,

incluyendo a la dama Wei... y a los... hermanos Mao... Durante estas visiones, con la ayuda casi segura del cannabis, Yang escribió una serie de textos sagrados, y los inmortales le aseguraron que estos estaban vigentes en su propio reino sobrenatural, así como elucidaciones orales y respuestas a las preguntas de Yang sobre diversos aspectos del mundo invisible. Atesoró y difundió estas escrituras como base de una nueva religión taoísta más elevada que la de las sectas "comunes" de su época[15].

Una bella cuarteta tomada del clásico *Greater Lord of the Long Life*, que se cree fue escrito alrededor del año 300 a.e.c., da una clara idea de la importancia del cannabis para los místicos de la antigua China:

Primero un yin, luego un yang
Nadie sabe lo que hago
Cogollos color jade del sagrado cáñamo
Para aquel que vive apartado

ZOROASTRISMO

El zoroastrismo se desarrolló a partir del culto mazdeísta haoma (*haoma* significa "cannabis"). Su fundador, Zoroastro, fue un reformador monoteísta de la religión politeísta del mazdeísmo, similar a la representación de Moisés en las escrituras hebreas. La literatura zoroástrica posterior ha indicado que inicialmente el reformador Zoroastro prohibió el culto al haoma por sus rituales orgiásticos que duraban toda la noche. El uso de haoma volvió más tarde a los rituales zoroástricos, pero solo para la preparación de la efedra. Sin embargo, varios textos zoroástricos indican que el propio Zoroastro consumía el cannabis y que se utilizaba en la iniciación de ciertos miembros de la élite de la religión, así como también para alcanzar visiones místicas que influyeron profundamente en su cosmología.

Los textos zoroástricos se refieren a una sustancia conocida como *bhanga*, o en la lengua pahlavi como *mang*. *Bhanga* se sigue utilizando en Persia para identificar el cannabis, y *bhang*, el término indio, también se sigue usando para referirse al cannabis, así como a una bebida de cannabis. Aunque algunos han sugerido otros candidatos para el término, como el

beleño y la **ruda siria**, cualquier investigación etimológica de la lengua indoeuropea, así como los hallazgos arqueológicos relativos a las culturas en cuestión, demuestran que no es así. *Bhang* es el término tradicionalmente aceptado como cannabis. A diferencia del uso del *haoma* en la época prezoroástrica y de su desnaturalizada contraparte, las cuales estuvieron abiertas a gran parte de la comunidad, las reformas de Zoroastro prohibieron el uso del *bhang/mang* durante su periodo, excepto a los miembros de la élite social. El secretismo existente en torno al uso de *bhang/mang* tal vez sea el gran responsable de mucha de la confusión que rodea a los términos *bhang* y *mang*. En *Quests and Visionary Journeys in Sassanian Iran*, Shaul Shaked señala que el uso de *mang*, que él describe como cáñamo, en la búsqueda de visiones "no era una vía disponible para todos":

> Se limitaba a individuos selectos, que se consideraban a sí mismos como representantes de la comunidad, y que luego revelarían a los demás lo que habían tenido el privilegio de presenciar. Incluso para esas personas no se trataba de una experiencia trivial que pudiera emprenderse casualmente o repetirse con facilidad. Tales viajes se daban en raras ocasiones y suponían serios riesgos. El peligro residía en el hecho mismo de que se trataba del camino recorrido por los muertos, a los que había que devolver a la vida. Ciertos encuentros a lo largo del camino podían poner a prueba el poder de resistencia de quienes hacían el viaje[16].

Cuenta la historia que Zoroastro vagó por el campo durante diez años sin convencer a la gente de sus nuevas ideas religiosas. No fue hasta que conoció al rey Vishtaspa, quien se convirtió a la religión de Zoroastro tras de beber una taza de *mang*, que las creencias del profeta iraní comenzaron a arraigarse a gran escala. "Vishtaspa usó cáñamo *(bhang)* para alcanzar el éxtasis: mientras su cuerpo dormía, su alma viajó al paraíso"[17]. El viaje chamánico de Vishtaspa quedó registrado en el *Denkird* 7.4.83-6 y en el *Pelvi* Rivayat 48.27-32. El texto del siglo IX, el *Denkird*, que procede de una fuente avestana perdida, dice que cuando Vishtaspa bebió *bhang* "quedó *stard*, o inconsciente, de inmediato y condujeron su alma al paraíso y le mostraron el valor de aceptar la religión"[18]. Sin embargo, al iniciarse el periodo musulmán, cuando los zoroastras fueron expulsados de Persia u obligados a convertirse al islam, el uso ritual del cannabis en la religión decayó y finalmente parece haber desaparecido por completo. Cualquier mención del *bhang* a los zoroastras practicantes es recibida con desdén.

Las similitudes entre la tradición india y la persa no dejan lugar a la sorpresa, ya que la religión védica india y su uso del *soma* tiene los mismos orígenes que el culto avestano y su utilización del *haoma*. Así como el uso del cannabis continuó, en cierta, medida tras el declive del culto al *haoma*, también su uso ritual continuó en la India tras el declive del culto védico al *soma*. Sin embargo, en el caso de la tradición india, el uso ritual del cannabis por parte de ciertas sectas ha continuado hasta nuestros días.

También hay que señalar que los viajes chamánicos de estos zoroastras pueden haber influido en las cosmologías judía y cristiana, con sus viajes al cielo y al infierno, así como en los relatos de corte apocalíptico sobre el final de los tiempos. La influencia cosmológica de los zoroastras en este sentido es conocida desde hace mucho tiempo.

HINDUISMO

El uso indio del *soma* deriva de la misma fuente que el uso mazdeísta/zoroastra del *haoma* y de su herencia común indoeuropea. El uso védico del *soma* y la propia religión védica cayeron en desuso en la India por la influencia y el desarrollo del budismo y de los reformadores budistas. Se cree que así es como el vegetarianismo y la prohibición del alcohol también se filtraron en la religión india. En el Décimo Mandala del *Rig Veda*, las descripciones de las ramas "verdes y púrpuras" del *soma* y de cómo se golpeaban con piedra son comparables a la posterior preparación del *bhang*, una bebida de cannabis, que se tritura con el uso de un mortero.

La opinión de que el *soma* era el mismo cannabis la han sostenido diversos autores indios, entre los que destaca Chandra Chakraberty, quien lo ha dejado claro en diversos libros: "El *soma*... se preparaba con cogollos y resinas de *Cannabis sativa*, un afrodisíaco y estimulante y un alimento nutritivo..."[19]; "*soma... Cannabis sativa...* un afrodisíaco calmante de los nervios"[20]; "de todas las plantas, el *soma, Cannabis indica,* es el rey (X, 97,19)"[21], "... con seguridad se concluye que el *soma* es *Cannabis sativa*"[22].

Chakraberty y Ray (1939) no son, ni mucho menos, los únicos investigadores indios que identifican el *soma* ccon el cáñamo. Así también lo señala Vikramasimha en *Glimpses of Indian Culture*, "el *soma* era una bebida nacional. Una hierba verde que se traía de la montaña y se machacaba con piedras en ceremonias. Se mezclaba con leche y miel y se bebía. Probablemente se trataba de un tipo de cáñamo, o *bhang*, que todavía beben algunas personas en la India"[23].

El consumo de cannabis en la era posvédica estaba muy asociado al dios Shiva, el cual adquirió importancia en un panteón védico de dioses y diosas que, por lo demás, era mayoritariamente indoeuropeo. En el hinduismo, el *samudra manthan* o "la agitación del océano de leche" es uno de los episodios más famosos de los *Puranas* (500-300 a.c.) y la historia se sigue celebrando en las fiestas populares conocidas como Kumbha Mela, la mayor concentración continua de seres humanos del planeta. Curiosamente, este antiguo mito, que se creó unos dos siglos después de la eliminación inicial del *soma*, aparentemente excluye el uso sacramental del cáñamo del culto de Indra, dios del *soma*, y lo inculca en los devotos de Shiva, dios del *bhang*.

Según un relato, cuando se produjo el néctar por la agitación del océano, se necesitaba algo para purificar el néctar. La deidad creó el *bhang* como purificador del néctar. Mahadev (Shiva) produjo el *bhang* de su propio cuerpo y por eso se le llama *angaj* o nacido del cuerpo. Según otro relato, al derramarse un poco de néctar en el suelo, brotó la planta de *bhang*. Como los videntes o *rishis* consumieron este hijo del néctar o de Mahadev, se convirtieron en *siddha* o en uno con la deidad.

Aquel que a pesar del ejemplo de los *rishis* no use el *bhang*, perderá su felicidad en esta vida y en la siguiente. Al final será arrojado al infierno. La mera visión del *bhang* limpia de tantos pecados como el sacrificio de mil caballos o hacer mil peregrinaciones. Aquel que escandalice a quien utilice el *bhang* sufrirá los tormentos del infierno mientras exista el sol. Quien beba *bhang* tontamente o por placer, sin ritos religiosos, es tan culpable como el que comete miles de pecados. Quien beba sabiamente y de acuerdo a las reglas, por muy bajo que sea, y aunque su cuerpo esté untado de excremento humano y orina, es Shiva. Ningún dios u hombre es tan bueno como el que bebe *bhang* de manera religiosa. A los estudiosos de las escrituras en Benarés se les da *bhang* antes de sentarse a estudiar. En Benarés, Ujain y otros lugares sagrados, los yoguis, los *bairagis* y los *sanyasis* beben grandes tragos de *bhang* para centrar sus pensamientos en el Eterno.

El poeta hindú de Shiva, el gran espíritu que vive en el *bhang* y se pasa al bebedor, le canta al *bhang* que despeja la ignorancia y otorga el conocimiento. Ninguna gema o joya se compara con el *bhang* cuando se toma verdadera y reverentemente. Aquel que beba *bhang* bebe a Shiva. El alma en la que el espíritu del *bhang* encuentra un hogar se desliza en el océano del ser, liberada de la agotadora ronda del yo cegado por la materia... Así, el que consume *bhang* o *ganja* correctamente, antes de empezar a beber o a fumar, ofrece la droga a Mahadev diciendo: *"Lena Shankar, lena Babulnath:* ten el placer de tomar Shankar, tómalo Babulnath"[24].

La investigadora y escritora Patricia J. Morningstar también confirma la larga historia de la bebida del *bhang* en la India, tanto dentro de entornos y prácticas especialmente religiosas como más allá de ellas. Ella escribe: "Beber cannabis en forma de *bhang* se remonta considerablemente en el tiempo. La forma actual se rige por la tradición del uso del ritual indicado para el *soma*: lavar, moler, mezclar con leche e invocación espiritual... El uso de *bhang* por parte de brahmanes y hombres de familia en festivales tiene un estilo y unaforma atribuibles al *soma*..."[25].

En *Sadhus –India's Mystic Holy Men*, Dolf Hartsuiker habla sobre la relación especial de Shiva con el cannabis y la evolución de su consumo:

... fumar *chara* (cannabis)... se considera un acto sagrado... la intoxicación como un "respetable" método de iluminación está asociado al *soma*, el néctar de los dioses, recomendado en los Vedas como medio seguro para alcanzar la sabiduría divina... Mitológicamente,

las *charas* están íntimamente ligadas a Shiva: él la fuma, esta per-
petuamente intoxicado de ella, es el Dios de las *charas*... Babas le
ofrece fumar, ambos quieren participar de su éxtasis, de su visión
más elevada de la realidad[26].

Los santos y devotos hindúes, los *sadhus*, y otros fieles, siguen celebrando hasta el día de hoy su festival más importante: el Kumbha Mela.
Cada tres años, en uno de los cuatro puntos sagrados donde se cree que
la *amrita*, o agua sagrada, fue derramada fuman *chillums* de hachís y
beben tragos de *bhang* en honor del dios Shiva; de esa manera regresan
a cada uno de los cuatro lugares sagrados en un ciclo de doce años. Se
dice que más de 60 millones de devotos asistieron a la Kumbha Mela
del 2001, convirtiéndola en la mayor concentración de seres humanos
de todos los tiempos hasta ahora.

BUDISMO

No existen referencias históricas que indiquen que Buda haya consumido
alguno de los intoxicantes presentes en su cultura, pero es difícil creer
que, en su época de príncipe, no haya tomado *soma* en algún momento.
Las pruebas que he podido encontrar sobre la relación de Buda con el
cannabis se refieren básicamente a la ingestión de semillas de cáñamo,
aunque un relato de un suceso que se cita en el texto budista medieval
Tārātantra indica un uso posterior del cannabis entre algunos budistas
de la época para producir "éxtasis".

En el libro *El Evangelio de Buda* (1897), del doctor Paul Carus
(1852-1919), se recoge el siguiente pasaje:

> *Así el "bodhisattva" continuó por seis años torturándose*
>   *pacientemente y suprimiendo los deseos naturales.*
> *Llevando una rigurosa vida ascética.*
> *Al fin comió una semilla de cáñamo al día,*
> *Buscando cruzar el océano de nacimiento y muerte.*
> *Y llegar a las orillas de la liberación*[27]

Aunque Carus, como otros investigadores del siglo XIX, no pudo conseguir una referencia concreta de esta cita, la tradición que describe puede remontarse a relatos muy anteriores. En *Text and Commentary of the Memorial of Sakya Buddha Tathagata"*, de Wong Puh, se establece un paralelismo entre el texto budista chino del siglo VII, *The Memorial of Sakya Buddha Thathagata*, un relato de la vida de Buda, y la biografía india de Buda del siglo III, *Lalita Vistara*, en sánscrito, de Dharmarakcha (308 e.c.). *The Memorial of Sakya Buda Tathagata* contiene el pasaje: "Comió grano y semilla de cáñamo, dominando el dolor, dominando el placer"[28].

Ha habido otras referencias budistas del periodo medieval. "En las últimas décadas, los departamentos de estudios religiosos de las universidades han producido traducciones de textos tántricos budistas de una calidad sin precedentes, con un vasto material para examinar el uso de una planta psicoactiva por budistas en Asia"[29]. Y esta misma fuente continúa diciendo: "Hay varias razones para buscar en el tantra el consumo de sustancias psicoactivas en el Asia budista premoderna. La primera y más importante es que el budismo monástico no tántrico es mucho menos tolerante con las violaciones de los preceptos de las escrituras que el budismo tántrico. El mandato de Buda contra el consumo de intoxicantes prohíbe el uso abierto de sustancias psicoactivas por parte de los miembros del estamento monástico budista. En cambio, el budismo tántrico puede permitir, e incluso aplaudir las transgresiones, como una señal de que el yogui ha trascendido los patrones comunes de valoración y comportamiento"[30].

En su bien documentado ensayo *"Psychoactive Plants in Tantric Buddhism; Cannabis and Datura Use in Indo-Tibetan Esoteric Buddhism"*, los investigadores R. C. Parker y Lux identifican referencias al cannabis, la datura y otras plantas psicoactivas en textos tántricos budistas medievales como el *Mahākāla Tantra*, donde las "plantas se emplean para obtener salud, riqueza, sabiduría y poderes sobrenaturales como ver bajo la tierra y volar"[31]. "Estas fórmulas utilizan el cannabis en distintas formas, incluyendo hojas, resina y otros materiales de la planta. Dado que estos productos de cannabis se incluyen en las fórmulas de la "medicina perfecta" del *Mahākāla Tantra*, el cannabis puede tal vez ser considerado una parte importante de este linaje tántrico"[32].

Parker y Lux describen cómo el texto titulado *Cakrasamvara Tantra*, identifica un rol mágico y médico para el cannabis y la datura, al hablar de una mezcla de compuestos que incluye el cannabis, que ayudaría a "convertirse en un yogui que hace lo que le place y se queda donde sea"[33]. Cabe señalar que, al igual que el *Tārātantra*, ni el *Mahākāla Tantra* ni el *Cakrasamvara Tantra* pueden considerarse textos budistas convencionales, y han tenido un impacto limitado en las tradiciones budistas modernas. Incluso en su apogeo, entre los años 700 y 900 e.c., más de un milenio después de la desaparición de Buda, el budismo tántrico medieval era una tradición menor, practicada por laicos y no por monjes o monjas budistas ordenados[34].

Así, estas referencias medievales al budismo tántrico y el cannabis dan indicios de influencias posteriores en el budismo, procedentes del entorno religioso y cultural de la India medieval, Nepal y Tíbet. Esto incluiría a los devotos de Shiva, que utilizaban el cáñamo de forma idéntica para alcanzar el "éxtasis", en lugar de considerar su uso como un auténtico decreto del Buda.

SIJISMO

En un capítulo titulado "Costumbres sociales y religiosas", del *I Comisión de Drogas de Cáñamo de la India* (1893-1894), también se identificó el papel del cannabis en la posterior religión sij de la región del Punjab, que comenzó en el siglo XVI de nuestra era:

> El uso del *bhang* como bebida parece que era común entre los sijs y se asociaba a sus prácticas religiosas. Los testigos que se refieren a este uso por parte de los sijs parecen considerarlo una parte esencial de sus ritos religiosos con la autoridad del *Granth* o escritura central del sijism.

En el sijismo es costumbre beber *bhang*, de modo que el propio gurú Gobind Singh expresó los siguientes poemas en alabanza al *bhang*: "Dame, oh *saki* (mayordomo), una taza de color verde *(bhang)*, pues lo necesito en el momento de la batalla (véase *Suraj Parkash*, libro religioso del sijismo)". El *bhang* también es consumido en el día de Chandas, un festival del dios Sheoji Mahadeva. Los sijs consideran obligatorio consumirlo el día de Dasehra. La cantidad que se toma es muy pequeña como para resultar perjudicial. Como los sijs tienen absolutamente prohibidopor su religión fumar, no practican el consumo de *ganja* y *charas* en esta forma. Desde los antiguos tiempos del sijismo se permite recoger anualmente una gran cantidad de *bhang*, que luego se distribuye durante todo el año a los *sadhus* y mendigos que son mantenidos en el *dharamsala* [35].

Más recientemente, según Eastwick y Murray, "en el siglo XIX, una de las doce confederaciones de los sijs, fue identificada con el nombre de Bhangi, llamada así por su aprecio por el *bhang*, extracto de cáñamo"[36]. En general, el consumo de preparaciones de cannabis parece haber caído en desuso entre los devotos del sijismo. "Los *nihang* de Punjab, los encargados de defender los templos sijs, son la excepción. Ellos consumen cannabis como ayuda para la meditación"[37].

Los *nihang*, también conocidos como *akalis*, son una orden militar sij, famosa por sus destrezas militares e históricas victorias en combate, incluso estando en franca inferioridad numérica. Los *nihang* son fácilmente reconocibles por sus brazaletes de hierro acerado, por su armamento y, sobre todo, por su atuendo "azul eléctrico" y sus altos turbantes. Hasta 2001, el uso de cannabis era permitido en el ritual *nihang* y como parte de su práctica espiritual, y su consumo se respetaba como "una antigua tradición" concedida a la orden por el décimo gurú del sijismo, Gobind Singh (1666-1708). Los *nihang* la llamaban *suhka*, que quiere decir "dador de paz". Este nombre se otorgaba al preparador de los rituales con cannabis, que consumían en forma de galletas y una bebida parecida al *bhang* denominada *suknidhaan*. El consumo de cannabis por los *nihang* se ha asociado especialmente a la fiesta sij Hola Mohalla, un tipo de celebración militar.

En 2001, el clero sij supremo instituyó la prohibición de productos de cannabis como parte de su "campaña contra la drogadicción", lo cual fue rechazado fuertemente por el líder de los *nihang*, Baba Santa Singh, así como por otros veinte jefes de la secta. Como recogía el periódico indio *The Tribune*, "Baba Santa Singh señaló que el consumo de *bhang* entre los *nihang* no era un fenómeno nuevo. Afirmó que existe desde que aparecieron los *nihang* y lucharon contra los invasores mogoles y afganos"[38].

Como consecuencia de haberse negado a aceptar la prohibición de productos de cannabis, Baba Santa Singh fue expulsado y sustituido por Baba Balbir Singh, quien acató la prohibición del clero supremo sobre el uso del cáñamo. Aunque muchos *nihang* aún la rechazan, en círculos ortodoxos se ha mantenido la controvertida prohibición hasta el presente.

JUDAÍSMO

De las religiones que tratamos aquí, el consumo de cannabis en el judaísmo antiguo es sin duda el más controvertido. Se han hecho parodias sobre la historia bíblica de la aparición del Señor ante Moisés desde el interior de una zarza ardiente como metáfora de la intoxicación por cannabis. Sin embargo, como suele ocurrir, la verdad puede superar a la ficción, y cuando uno se familiariza con el papel del cannabis en el judaísmo antiguo, tal y como se expresa en las escrituras hebreas y precisan respetados investigadores como la antropóloga polaca Sula Benet[39], la idea resulta fácilmente creíble.

En sus ensayos *"Tracing One Word through Different Languages"* (1936) y "Early Diffusions and Folk Uses of Hemp", Benet demostró que los términos hebreos *kaneh* y *kaneh bosm*, también traducidos como *Ganesha* y *Ganesha bosm*, identifican al cannabis. Esta identificación se realizó rastreando el término moderno a lo largo de la historia y comparándolo con la palabra contemporánea *kunubu*, también traducida como *qunubu*, que se utilizaba en Asiria en el mismo periodo.

Como señala la propia Sula Benet: "En el texto original hebreo del Antiguo Testamento (escrituras hebreas) hay referencias al cáñamo como incienso, que formaba parte de la celebración religiosa, y como intoxicante"[40]. Mediante el estudio etimológico comparativo, Benet documentó que en las escrituras hebreas y en su traducción al arameo, el *Targum Onculos*, al cáñamo se lo llama *keneh bosem* (traducido como *kaneh bosem*, *kaniebosm*, *q'neh bosm*) y también se traduce en hebreo tradicional como *kannabos* o *kannabus*. La raíz *kana* en esta construcción significa "junco de caña" o "cáñamo", mientras que *bosm* significa "aromático".

Esta palabra aparece en Éxodo 30:23, mientras que en el Cantar de los Cantares 4:14, Isaías 43:24, Jeremías 6:20 y Ezequiel 27:19, el término *keneh*, o *q'aneh*, se utiliza sin el adjunto *bosem*. Como ha explicado Sula Benet, la palabra hebrea *kaneh-bosm* fue mal traducida posteriormente como *calamus*, una planta común de los pantanos de poco valor y que no posee las cualidades ni el valor atribuidos a *kaneh-bosm*. Este error se produjo en la más antigua de las traducciones griegas de los textos hebreos, la Septuaginta, en el siglo III a.e.c. y luego se repitió en traducciones posteriores.

En 1980, el respetado antropólogo Weston La Barre se refirió a las referencias bíblicas en un ensayo sobre el cannabis, coincidiendo con la hipótesis anterior de Benet. Ese mismo año, la respetada revista británica *New Scientist* también publicó un artículo que hacía referencia a las escrituras hebreas: "Las evidencias lingüísticas indican que en los textos originales en hebreo y arameo del Antiguo Testamento (escrituras hebreas) el "aceite sagrado" que Dios ordenó a Moisés que hiciera (Éxodo 30:23) estaba compuesto de mirra, canela, cannabis y casia"[41].

Como explica Carl Ruck, profesor de la Universidad de Boston:

Al cannabis se lo llama *kaneh bosem* en hebreo, que ahora se reconoce como la palabra escita que Heródoto escribió como *kánnabis* o cannabis. Los traductores de la Biblia suelen traducirla como "caña fragante", o sea, hierba aromática. Al traducir correctamente la palabra, queda claro que el uso de cannabis se registró en la Biblia. Se elaboraba un compuesto con grandes cantidades de cannabis para el ungüento usado en la ordenación de sacerdotes. Este ungüento también se usaba para ungir las vasijas sagradas en el *Sanctum* interior o Tabernáculo ("tienda"). También se utilizaba para fumigar el sagrado espacio cerrado. El ungüento, absorbido a través de la piel, la fragancia de las vasijas y el humo del incienso, ambos absorbidos al manipularlos e inhalados como perfume en el espacio cerrado habrían sido un medio muy eficaz de administrar las propiedades psicoactivas de la planta. Dado que solo el sumo sacerdote podía entrar al tabernáculo, era una experiencia reservada para él, aunque como crisma en la ordenación sacerdotal, probablemente también era experimentado por todo el sacerdocio de forma diferente. Este mismo crisma psicoactivo se utilizó más tarde en la coronación de los reyes[42].

El destacado investigador de cannabinoides, el doctor Ethan Russo, quien ha hecho amplias investigaciones sobre la historia del cannabis, escribió: "Creo que queda claro que el cannabis estuvo en la tierra sagrada, tenemos pruebas arqueológicas que datan del siglo IV de la era actual... se encontró un fragmento carbonizado de cannabis en una cueva en Bet Shemesh, Israel. Además, creo firmemente que kaneh bosm es cannabis en hebreo, así que estoy totalmente convencido de que estuvo allí... se menciona en el Éxodo que kaneh bosm era parte del aceite de la santa unción, usado también como incienso, y realmente tiene sentido"[43].

La referencia a la relación de la palabra cannabis con el término asirio *qunubu* ayuda a llevar el caso más allá de palabras con sonidos similares y de conexiones comerciales y culturales, al comparar los inciensos y ungüentos de cannabis utilizados con fines espirituales con el aceite sagrado y los inciensos de los judíos en las escrituras hebreas.

En la antigua Mesopotamia, el cannabis se utilizaba con fines medicinales, y se preparaban aceites e inciensos con la planta porque su "aroma agradaba a los dioses"[44]. En el segundo cuarto del primer milenio a.e.c., la "palabra *qunnabu (qunapy, qunubu, qunbu)* comienza a aparecer como fuente de aceite, fibra y medicina"[45]. En nuestra época, numerosos académicos han llegado a reconocer que *qunubu* es la referencia más antigua al cannabis.

En la biblioteca cuneiforme del legendario rey asirio Asurbanipal se encontraron recetas de incienso de cannabis, consideradas copias de versiones mucho más antiguas y los registros de la época de su padre, Esarhaddon, revelan que el cannabis, *qunubu*, era uno de los principales componentes de los "ritos sagrados". En una carta escrita en el 680 a.e.c., a la madre del rey asirio Esarhaddon, se hace referencia al *qu-nu-bu*. En respuesta a la pregunta de la madre de Esarhaddon sobre "¿Qué se utiliza en los ritos sagrados?", un sumo sacerdote respondió que "los ingredientes principales... para los ritos son: aceite fino, agua, miel, plantas olorosas y cáñamo (*qunubu*)"[46].

Al parecer, el cannabis se usaba no solo como incienso, sino también en lociones tópicas. Una tablilla médica asiria de la colección del Louvre, ha sido transliterada: "Para que el dios del hombre y el hombre estén en buenos términos, con eléboro, cannabis y lupino lo has de frotar"[47].

En los ritos asirios se consumía cannabis y otras sustancias psicoactivas, combinándolas con música y cánticos. Estas cámaras llenas de humo ayudaban a inducir un "trance" profético, que a menudo provocaba que el vidente respondiera en verso al ritmo de la música. Esto se interpretaba como inspiración divina, incluso posesión. Se podría comparar con la escena moderna del *hip-hop* y el uso copioso de cannabis para entrar en una mentalidad de rima provocada por un ritmo repetitivo que da lugar a un discurso poético conocido como rap.

Había prácticas similares entre los antiguos judíos. Como refiere Paul Johnson en *A History of the Jews*, "Los profetas practicaban los estados de éxtasis, y quizás usaron incienso y narcóticos para producir efectos increíbles. Los profetas israelitas fungían de médiums. Relataban visiones divinas en estados de trance o frenesí con cantos y a veces gritos. Estos estados podían ser inducidos por la música. Pero los profetas también usaban, y a veces abusaban, del incienso, los narcóticos y el alcohol"[48].

Para comprender el uso hebreo, las referencias asirias son muy importantes, ya que no solo existe una similitud fonética entre los términos *qunubu* y *kaneh bosem* –ambas palabras se han traducido con grafías alternativas similares, *kunubu* (asirio) y *qaneh bosm* (hebreo)– sino que también identifican el mismo uso ritual de la sustancia en cuestión.

Las referencias al *kaneh bosem* en la Biblia ayudan a identificar esta situación en su contexto hebraico. En Éxodo 30:22-23, el Señor ordena a Moisés que prepare un aceite sagrado para la unción. "Toma estas finas especias: 500 siclos de mirra líquida, la mitad de canela aromática, 250 siclos de *qaneh-bosm*, 500 siclos de casia, todo según los siclos del santuario, y un poco de aceite de oliva. Haz con esto un aceite sagrado para la unción".

Solo aquellos que habían sido "consagrados con el aceite de la unción de... Dios" (Levítico 21:12) podían actuar como sacerdotes. En el estado "sagrado" que produce el aceite de la unción, los sacerdotes tenían prohibido salir del santuario, y el pasaje anterior del Éxodo deja muy claro el carácter sagrado de este ungüento, cuyo uso guardaban celosamente los sacerdotes. Es probable que se establecieran estas normas para que otros miembros tribales no encontraran el secreto detrás de las recién halladas revelaciones de Moisés y el sacerdocio. O, peor aún, que tomaran la iniciativa ellos mismos de hacer una preparación similar, un acontecimiento que tal vez habría llevado a Moisés y a sus compañeros levitas a perder su autoridad sobre sus antiguos compañeros tribales. Aquellos que rompían este fuerte tabú tribal se arriesgaban a la pena de ser "apartados de su pueblo", prácticamente una sentencia de muerte en el salvaje mundo antiguo. "Revelar secretos equivale a perder poder" es una norma general común entre chamanes y magos de todo el mundo, y los antiguos chamanes hebreos guardaban sus secretos tan ferozmente como cualquiera.

Basándose en su vasta investigación etimológica de las versiones aramea y hebrea de las escrituras hebreas, Sula Benet pudo afirmar: "El carácter sagrado del cáñamo en la época bíblica queda patente en Éxodo 30:22-23, donde Dios ordenó a Moisés que ungiera la tienda de encuentros y todo su mobiliario con un aceite especialmente preparado con cáñamo. La unción diferenciaba las cosas sagradas de las seculares. La unción de objetos sagrados era una antigua tradición en Israel. El aceite sagrado no debía utilizarse para fines seculares. Se utilizaba sobre todo en los ritos de investidura de reyes y sacerdotes hebreos"[49].

En la Torá, la columna de humo que surgió ante Moisés en la Tienda del Encuentro se denomina *shekinah*, y se identifica como la evidencia física de la presencia del Señor. Los otros hebreos en el relato de Éxodo no ven ni oyen al Señor, solo saben que Moisés está hablando con el Señor cuando sale gran cantidad de humo de la Tienda del Encuentro. Es difícil no ver todos los elementos clásicos del chamanismo en juego en esta descripción del encuentro de Moisés con Dios y, al igual que Zoroastro, Moisés puede ser visto como una figura chamánica en estado de éxtasis que utilizaba el cannabis como medio para buscar orientación celestial.

Como expongo en mis libros *Sex, Drugs, Violence and the Bible* (2001) y *Cannabis and the Soma Solution* (2010), las referencias adicionales a *kaneh* en las escrituras hebreas cuentan la historia del ascenso y la caída del chamanismo basado en plantas entre los judíos del mundo antiguo. La inspiración que los chamanes sacerdotes recibían del cannabis a principios del periodo nómada y del reino fue rechazada más tarde, cuando la sociedad se transformó en un reino más estructurado y la atención se centró en la cantidad de oro y bienes que debían entregarse al templo y al rey.

CONCLUSIÓN

Estas referencias al cannabis en el mundo antiguo y en el origen de religiones que aún existen en el mundo, ofrecen una versión radicalmente distinta de la historia de las religiones. En cierto sentido, suponen una amenaza tan grande a la visión fundamentalista de la religión como lo es la teoría de la evolución de Darwin para los mitos de la creación recogidos en el Génesis, pues lo que revelan es que las tradiciones religiosas realmente tienen sus orígenes en el chamanismo con plantas.

Esto se ajusta y está de acuerdo con el criterio antropológico en cuanto al desarrollo de la religión en el mundo, y constituye un elemento que los fundamentalistas han luchado por aplastar desde los tiempos del oscurantismo. En aquellos tiempos, los cultos que practicaban esas formas de veneración fueron aniquilados o llevados a la clandestinidad, como ocurrió con la persecución de las brujas por sus ungüentos tópicos y sus preparados chamánicos. Esta represión, por supuesto, también se produjo en África y en el Nuevo Mundo, donde tradiciones enteras fueron suprimidas, perseguidas y consideradas prácticas diabólicas de la más vil calaña por los misioneros que se encontraron con ellas.

Cuando el pueblo logre tener acceso a la divinidad a través de las plantas naturales, la profesión del sacerdocio puede verse en peligro y las tradiciones religiosas del pasado serán usurpadas por nuevas revelaciones. El argumento de que la prohibición moderna es el resultado de "cristianos versus la hierba del diablo" no carece de mérito en este sentido, ya que hay un temor justificado e inherente a estas sustancias en la mentalidad del fundamentalista.

Por otra parte, con la reaparición del cannabis, en este momento surge la oportunidad de renovación del pensamiento religioso y de conexión entre las religiones del mundo. En ninguna parte vemos una relación ser humano-enteógenos más amplia y antigua que con el cannabis, el *soma* y el *haoma*. En efecto, con sus fibras se tejieron nuestras primeras telas, sus semillas aportaron al principio una valiosa fuente de alimento, sus hojas y flores fueron nuestra primera medicina y sacramento.

Además, las implicaciones del retorno actual del cannabis sugieren un gran potencial. Se están estudiando medicamentos basados en el cannabis para el tratamiento de la enfermedad de Alzheimer, el cáncer, el glaucoma, el dolor y muchas otras enfermedades, con resultados muy prometedores. El cáñamo industrial para combustible, papel, pinturas, telas, plásticos y otros productos es justo lo que necesita un planeta que está sintiendo los efectos de casi un siglo de productos tóxicos derivados del petróleo, para sanar nuestro entorno del mismo modo que sana nuestros cuerpos.

En realidad, el círculo de personas que comparten el cannabis en el mundo trasciende razas, naciones y religiones, y muchos están empezando a reconocerlo como el sacramento sagrado que una vez fue y puede volver a ser. Claramente, la asociación entre el cannabis y los estados sagrados de la mente ha traspasado las barreras de las culturas y los tiempos, y la gente se ha sentido atraída por él de forma continua e independiente para estos fines. En esta sustancia natural quizá podamos encontrar el verdadero sacramento de la religión natural perenne que está en la raíz de tantas tradiciones.

3

La marihuana y el cuerpo-mente

Joan Bello

JOAN BELLO es una de las principales defensoras contemporáneas de los beneficios físicos, psicológicos y espirituales de la planta de cannabis. Tiene un máster en estudios orientales y psicología, experiencia clínica como consejera en abuso de sustancias y más de treinta y cinco años de estrecha asociación con la marihuana y su estudio. Como directora de la *Acción Colectiva Nacional para el Cannabis Terapéutico*, ha entrevistado personalmente a más de quinientos pacientes/demandantes.

Bello es autora de *The Benefits of Marijuana* (con tres ediciones entre 1996 y 2008) y de una trilogía de próxima publicación: *The Yoga of Marijuana* (2015), *The Tantra of Marijuana* y *Marijuana and Yoga Practice*.

◆ ◆ ◆

Las plantas transmiten los impulsos vitales y emocionales, la
fuerza vital que se oculta en la luz. Ese es el don, la gracia,
el poder de las plantas. Las plantas nos traen amor, la fuerza

nutritiva del sol, que es la misma energía de todas las estrellas, de toda la luz. Estas energías cósmicas emanadas por las plantas nos nutren, sostienen y... nos llevan a la luz universal.

VASANT LAD, *THE YOGA OF HERBS*[1]

Lo maravilloso de la marihuana es que funciona en el cuerpo como un antídoto contra los vaivenes extremos. No solo estimula. No solo deprime. Hace ambas cosas al mismo tiempo, por eso es única y tan mal entendida por una comunidad científica educada bajo una estrecha perspectiva dualista.

La acción opuesta y simultánea de la marihuana es similar a equilibrar todo nuestro sistema. Este equilibrio en el sistema nervioso autónomo (SNA) puede entenderse como un equilibrio de cargas, definirse como bienestar, experimentarse como satisfacción fisiológica y como responsable de la salud.

Con el consumo de marihuana se generan muchos cambios fisiológicos, aunque no son cambios extremos en una sola dirección. La acción de la marihuana en el organismo provoca una respiración más lenta y expansiva, como resultado de una mayor actividad parasimpática que se produce cuando estamos relajados. Al mismo tiempo, los alvéolos pulmonares se expanden para que el aire viciado se elimine mejor, permitiendo una mayor entrada de oxígeno, debido a la estimulación del sistema nervioso simpático que se produce durante estados de excitación.

Aunque la respiración es más lenta y profunda, la profundidad de la respiración se ve aún más favorecida por la relajación de los músculos "opositores" de la caja torácica. El beneficio obtenido por el aumento de la caja torácica para recibir un mayor aporte de oxígeno es el argumento básico de por qué las posturas de yoga mejoran la salud. La marihuana relaja los músculos esqueléticos, incluso los que oprimen las costillas. Esta respiración eficiente tiene efectos más profundos. El cerebro en particular recibe sangre más oxigenada y, simultáneamente, un mayor suministro de esa sangre debido a la dilatación de todos los capilares cerebrales, por al aumento de actividad parasimpática.

Por otra parte, debido al incremento de energía del sistema nervioso simpático, la frecuencia cardíaca se eleva ligeramente para acelerar aún más la distribución de esa sangre con mayor nivel de oxigenación. En esencia, la bomba ejerce mayor fuerza y los conductos ensanchados permiten un mayor flujo. El efecto neto es un sistema altamente funcional pero relajado, con mejor combustible. Por eso, con la marihuana, la sensación que se experimenta es la de estar relajado pero alerta, lo que contribuye, en parte, a la experiencia de estar con un subidón.

Normalmente el organismo oscila entre dos estados opuestos: relajación o estimulación. Pero el efecto de la complicada molécula de la marihuana integra estos dos estados de manera simultánea. Los estados extremos se conocen comúnmente como bipolaridad: uno está deprimido o excitado. Debido a que el cannabis no provoca una acción pendular, no hay posibilidad de que cause adicción física. Es más bien antiadictivo. Esto explica el misterio de por qué tantos consumidores habituales de marihuana afirman que dejar de consumirla no supone problema alguno y confirma lo que los estudios científicos indican: que la marihuana no crea adicción.

Aunque se conocen bien los efectos específicos de la marihuana en el cuerpo, cada uno ha sido tomado aisladamente sin advertir que las dos cualidades del SNA están unidas. En lugar de una perspectiva que considere a la persona en su totalidad y el simple efecto holístico de la marihuana, se ha empleado un método de medición miope y reduccionista y se ha perdido el profundo significado de la marihuana para la salud. La acción de la marihuana sobre el mecanismo de equilibrio del organismo humano es increíble, quizá debido a la gran complejidad de la molécula y a su extraño y perfecto ajuste con los neuroreceptores específicos del hipotálamo[2].

Parece que al impactar el SNA en su punto de origen, por encima de su lugar de bifurcación en el cuerpo, la marihuana resuelve la respuesta de relajación y la reacción de luchar o huir en una sola, produciendo así la experiencia subjetiva de unidad. La literatura está llena de descripciones de "totalidad" o de "unidad", la paradoja de la resolución de los opuestos.

Como el funcionamiento del cuerpo es más armónico bajo los efectos de la marihuana, el funcionamiento de los cinco sentidos puede mejorar notablemente. Esto ocurre de forma natural, ya que los órganos de los sentidos se alimentan con sangre más oxigenada y también están menos restringidos o constreñidos. Los ojos, los oídos, la piel, la nariz y las papilas gustativas reciben más y mejor "combustible" durante la experiencia con marihuana. No hay nada misterioso o místico en las sensaciones subjetivas que describen los consumidores de marihuana, como: una mejor apreciación de los estímulos visuales y auditivos (arte y música), un mayor sentido del gusto y del apetito, mayores sentimientos de ternura y erotismo (el sexo es mejor) y una comprensión más profunda de todas las experiencias, incluyendo nuestros propios pensamientos y emociones.

Otro componente de la intensificación de las percepciones sensoriales y de la comprensión mental es el equilibrio que la marihuana produce en el funcionamiento cerebral. La experiencia con marihuana está conectada de forma innata a la actitud mental y el entorno del individuo. Como hemos visto, la marihuana equilibra la energía del SNA, que en nuestro mundo acelerado se orientará hacia la receptividad y se alejará del modo de afán, apego, apresuramiento y actividad. Cuando esto ocurre, nuestro ritmo de cambio de atención también se ralentiza. Asimismo, se libera la energía necesaria para mantener ese modo activo y agresivo.

El principiante no es capaz de apreciar bien la experiencia de la marihuana, puesto que se necesita tiempo para entender la relación que hay entre el aumento de las facultades y el uso de cannabis. Sin embargo, los estados mentales que se producen con la hierba no son desconocidos ni misteriosos. Aunque la anandamida, la hormona cerebral que se produce de forma natural, fue descubierta recientemente, sus efectos siempre han formado parte de la experiencia humana. Estos efectos son sutiles, y por eso los científicos ni siquiera han sabido buscarlos. Gracias a la codificación del THC en los receptores cannabinoides del cerebro, quedó claro que el propio cerebro debía tener su propia clave. Por eso ninguno de los cambios que produce la marihuana, tomados por separado, es diferente de lo que experimentamos a diario.

Todo cambio en el estado fisiológico va acompañado del cambio correspondiente en el estado mental-emocional, consciente o inconsciente... y, a la inversa, todo cambio en el estado mental-emocional, consciente o inconsciente, va acompañado del cambio correspondiente en el estado fisiológico.

ELMER GREEN, *THE BENEFITS OF MARIJUANA*

Todo aquello que mejore el funcionamiento del cuerpo también reduce la tensión mental. La tranquilidad puede actuar como una plataforma de lanzamiento de la capacidad de autoobservación, que permite que surja el aspecto de "testigo" o de autorreflexión en la mente. Entonces se darán las condiciones para el aprendizaje y el crecimiento dentro de la personalidad, como la relajación de los mecanismos de defensa. Esto cambia automáticamente el concepto del yo, ya que la conciencia se expande para incorporar miedos reprimidos y necesidades olvidadas. A veces, la experiencia de observarnos a nosotros mismos bajo una luz desfavorable puede ser dolorosa. Otras veces, cuando no estamos centrados en nuestros defectos, el hecho de no tener que defender una opinión o punto de vista, libera la energía que mantenía la represión.

La experiencia del "ahora" se intensifica con la marihuana, dado que aumenta la energía psíquica disponible para percibir el momento. Esta intensificación es la suma de todos los efectos que se han acumulado en todo el cuerpo-mente. Cuando se genera el subidón por marihuana, gran parte de su impacto se debe a la inmediatez del cambio. El aumento de la percepción sensorial, incluyendo el sentido mental de uno mismo, ocurre tan pronto hace efecto la marihuana, en minutos cuando se fuma y en una hora o más si se ingiere. Es como si de pronto funcionáramos sin resistencia, sin armadura muscular ni tensión mental, e implica una perspectiva que es más apacible de lo habitual. Esto explica por qué la marihuana se asocia con la paz y no con la agresividad y probablemente también explica la preocupación de los detractores que afirman que se pierde el espíritu competitivo con el consumo de cannabis.

Los beneficios de la marihuana son de amplio alcance, a largo plazo y no tan inmediatos como el subidón. En el corto plazo, el equilibrio que se produce es solo temporal y se invierte en cuanto desaparece el subidón. Experimentar la marihuana en sí no sana milagrosamente. Sí que alivia el cuerpo de la tensión que genera el desequilibrio y deja al descubierto la confusión de la mente. Aunque en el corto plazo se pierde fácilmente el equilibrio, la tendencia básica hacia la habituación homeostática (salud) se desarrolla con el tiempo. Así pues, en el largo plazo, la marihuana puede servir como vehículo a través del cual el cuerpo-mente se sana a sí mismo.

Esto no quiere decir que baste con fumar hierba para que desaparezca una enfermedad de muchos años. Lo que ocurre es más bien sutil y a largo plazo. Con la expansividad producida por la marihuana, la persona puede empezar a ver la promesa infinita de mejorar su calidad de vida, que de lo contrario habría permanecido oculta a la conciencia normal y defensiva. Y los sentimientos de salud y felicidad conducen naturalmente a la esperanza, que en sí puede ser sanadora.

La experiencia de equilibrio con el uso de marihuana se convierte en una respuesta aprendida y, de algún modo, permanente con el tiempo, a medida que se vuelve a despertar la tendencia humana hacia la homeostasis y se restablece el proceso natural de sanación. Una persona que respira, piensa y se siente más sana, sin ninguna consecuencia adversa, descontando la incomodidad que podría causar el mayor nivel de atención, ciertamente se beneficia de la experiencia. Y si las personas respiran, piensan y se sienten más sanas de forma habitual, con la meditación, la marihuana, el vegetarianismo o lo que sea, su orientación natural es hacia la buena salud, independientemente de que continúen o no con alguna práctica en particular.

Una vez más, la contribución de la marihuana al espíritu en desarrollo es acumulativa. Conforme se reducen las tensiones corporales, los miedos mentales se disuelven, despejando el camino hacia una mayor comprensión. Pero hasta que el efecto directo, el equilibrio físico, de la marihuana en el cuerpo y el efecto secundario, el subidón, de la marihuana en la mente se hacen familiares, las alteraciones *per se* seguirán siendo el foco de interés. El "colocarse" será el objetivo, más que las comprensiones e introspecciones que se acumulan a medida que el conjunto de cambios se hace más patente.

Las personas que prueban la marihuana y la rechazan suelen hacerlo porque se sienten incómodas y confusas en esa conciencia alterada y más plena. En vez de que la vida se enmarque en la seguridad de los rígidos dogmas sociales, el mundo se hace inusualmente más grande, brillante, pleno y menos manejable, más impredecible y misterioso. Una mente que ha permanecido atada y acostumbrada a funcionar con carga baja o en un ambiente sin luz, siente que la expansividad de la realidad está demasiado energizada. La luz puede llegar a cegarla y desorientarla. Con el tiempo y con el consumo regular, cuando estos estados superiores de visión dejan de ser el centro atención, puede surgir una reestructuración de los valores.

Cuando las culturas dominantes tienden a la represión y la prohibición, automáticamente se equilibran con la respuesta opuesta hacia la libertad. El *yin* y el *yang* de la vida es un flujo continuo y cambiante que tiende siempre hacia la armonía. La necesidad, como madre de las invenciones, ha hecho que el empobrecido colectivo de la juventud, los intelectuales, los proscritos y los marginados busquen formas de volver a despertar el significado de la existencia. No es de extrañar que la marihuana, la medicina más apacible y eficaz para aliviar la ansiedad crónica y despertar un profundo asombro ante lo "maravilloso que es todo", se esté congraciando con el anhelo natural por el estado místico de pleno bienestar.

La iluminación se puede mirar de distintas formas. Desde el punto de vista psicológico, es la experiencia de despreocupación, del ahora, de la novedad y la alegría. Desde el punto de vista fisiológico, el sistema nervioso autónomo opera en su estado más equilibrado, permitiendo la oxigenación completa del organismo. Desde el punto de vista psíquico, es la conexión que permite entablar relaciones amorosas que surgen por ver más allá de la superficie, a menudo acentuadas por la capacidad de sentir más allá de las limitaciones del espacio-tiempo. Desde el punto de vista intelectual, es el momento de revelaciones, intuiciones y creatividad.

Desde el punto de vista espiritual, el místico se encuentra en un estado que trasciende todos los programas.

Resulta apropiado que en esta era de contaminación y plástico, el gurú que nos bendiga con la divina chispa de la sabiduría se presente en forma de una antigua planta amante del sol y cuyo mayor atributo es el poder de elevar la conciencia. El estado mental que sucita la marihuana tiene una resonancia vibratoria que muchos reconocen como una clara sintonía con una realidad invisible y muy familiar que se ha perdido.

La experiencia de la marihuana es la comprensión de una persona total que ve todo como debe ser. O tal como una vez fue y puede volver a ser. Hay profundidad, significado y algo más sobre la existencia sobrenatural, pero de modo seguro. El autoconocimiento y la liberación de la identificación personal, junto con la valentía, la compasión y la serenidad, están contenidos en la promesa de la marihuana a quienes la eligieron conscientemente como camino del crecimiento hacia el espíritu.

4

Aspectos básicos

Orientación práctica para el trabajo con cannabis como aliado espiritual

Stephen Gray

Principios del trabajo espiritual

Puedes usar cannabis como sacramento, no como un fin en sí mismo, sino como una herramienta sagrada que te ayude a experimentar la realidad. El cannabis te abre y te hace compasivo.
STEPHEN GASKIN, *CANNABIS SPIRITUALITY*

◆ ◆ ◆

TRABAJAR CON CANNABIS puede ser complicado. Para la mayoría de nosotros existe una curva de aprendizaje para descubrir cómo sacar el máximo provecho de la planta como aliada espiritual. Diversos factores pueden influir en los beneficios a corto y largo plazo: la dosis, la variedad, la frecuencia de consumo, la actitud hacia la planta, el estado mental y físico en el momento del encuentro, el entorno específico y, tal vez lo más importante, la capacidad de tranquilizar la mente discursiva y permitir momentos de quietud interior.

La enseñanza de las tradiciones de sabiduría puede ayudar a sentar las bases de cómo trabajar con cannabis de una manera espiritualmente beneficiosa, cómo trabajar mejor con nuestros pensamientos e intenciones en las prácticas formales y durante la caminata diaria. Una forma sencilla de expresar esta enseñanza es decir que nosotros creamos nuestra propia realidad. Pero este principio es escurridizo. Las configuraciones de nuestro sistema operativo estaban casi totalmente internalizadas antes de que fuéramos capaces de entender lo que se estaba descargando. Es posible que parte de ello incluso haya sido arrastrado de encarnaciones anteriores.

El resultado es que tenemos la tendencia a dejarnos llevar por narrativas que operan en lo profundo de nuestra conciencia. Las grandes enseñanzas dicen que arrojar luz sobre esos impulsos, sobre ese material inconsciente al que los budistas llaman *samsara* –la mente confusa del ego dubitativo y sin sanar– nos permite aprender a funcionar con habilidad y gracia, como seres auténticos y despiertos.

EL CANNABIS, LA INTENCIÓN Y EL EFECTO CLARIFICADOR-AMPLIFICADOR

Te preguntarás qué tiene que ver esto con la hierba sagrada como aliada para el despertar. Cuando tenemos un encuentro con el cannabis con intención y concentración, sus capacidades para clarificar y amplificar pueden poner de manifiesto nuestras ilusiones e invitarnos a liberarnos hacia una presencia más profunda, relajada y sincera que nos hace sentir bien y auténticos. Al igual que con otras medicinas enteogénicas, es una meditación condensada y potenciada de atención plena y de conciencia. En el próximo capítulo daré más detalles sobre prácticas y enfoques que pueden ayudar a fomentar este proceso de despertar a la realidad.

La intención es un punto de partida clave para la comprensión. En ambientes ceremoniales eficaces, como por ejemplo el de la iglesia indígena norteamericana, las medicinas enteógenas pueden potenciar de forma espectacular la manifestación de una intención. El cannabis, a su manera, también lo puede hacer si se utiliza con destreza. Junto a su capacidad clarificadora como "suero de la verdad", cuando se puede mantener un nivel de presencia sin pensamientos, el cannabis puede ayudar a suavizar la armadura y a liberar el corazón con compasión. Las intenciones impulsadas por el amor tienen un potencial de manifestación mucho mayor.

CANNABIS Y EL ORGANISMO FÍSICO

Hay que dominar y anclar a tierra la energía física para que se pueda mover la energía espiritual, porque la energía física transforma al espíritu.

TEILHARD DE CHARDIN[1]

Además de sus cualidades clarificadoras y amplificadoras, el cannabis también actúa sobre el organismo físico, aunque como Joan Bello claramente describe, todo forma parte de la misma actividad de la planta. La sangre fresca y bien oxigenada que fluye a las extremidades hace su trabajo sobre la mente *y* sobre el cuerpo.

El grado de expansión y liberación que puede provocar el cannabis probablemente sea un componente importante de sus cada vez más conocidas capacidades sanadoras. Una vez más, en un sentido esencial, todo está entrelazado. Cada vez somos más los que aceptamos que la sanación física y la sanación espiritual son inseparables. El "equilibrio con carga" –como lo llama Joan Bello– y el relajamiento de la estructura muscular producido por el cannabis cuando estamos presentes con él constituyen un proceso de despertar espiritual. Cuando el cuerpo se siente bien, porque está energizado y relajado al mismo tiempo, aumenta la sensación de bienestar e incluso de alegría. Es por ello que al cannabis a veces se lo describe como euforizante. Cuando la mente y el cuerpo están sincronizados, uno se siente bien. Sentirse bien, despierto y conectado con el corazón, es espiritualidad.

DISMINUIR GRADUALMENTE EL CONTROL DEL "YO"

Es posible que el beneficio espiritual más importante de la planta de cannabis, al igual que el de otros enteógenos, no sea tanto la experiencia inmediata del subidón, como lo que se aprende y se incorpora, se encarna, en la caminata diaria. Al familiarizarnos con un estado de bienestar en el sentido más amplio, nos estamos entrenando para reconocerlo, de modo que podamos sintonizar y estar presentes en la experiencia "post meditación".

Como ya he señalado, hablaré de ello con más detalle en la próxima sección sobre prácticas y enfoques, en general, cuanto más se pueda aliviar la mente cargada de pensamientos, más podrás experimentar los beneficios sanadores y de liberación que produce el cannabis en el cuerpo-mente. Cuanto menos hincapié hagas en el "yo", más eficaz será el trabajo del cannabis.

Es una práctica constante, un "gusto" adquirido. Excepto en raras circunstancias extremas de la vida, el proceso de realineación y reequilibrio toma mucho tiempo, mientras nos liberamos gradualmente de viejos patrones y heridas y trasladamos nuestra confianza y seguridad desde las narrativas autoprotectoras del ego conflictivo hasta el flujo armonioso de la sabiduría del corazón despierto. Como dicen las enseñanzas de la ayahuasca del Santo Daime, se necesita *firmeza*, *coragem* y *confia* (firmeza, coraje y confianza).

◆ ◆ ◆

Ahora veamos algunos detalles sobre los distintos elementos destinados al uso óptimo del cannabis, para los tipos de crecimiento espiritual que aquí describimos.

ASPECTOS BÁSICOS DE LA DOSIS

Aunque a algunos les parezca más que obvio, aclararé que no hay una respuesta única respecto al tema de la dosis. Creo que la mayoría puede descubrirlo por sí mismo, experimentando con intención. Pero hay algunos consejos sencillos y flexibles que pueden ayudarte a encontrar las dosis más eficaces para los tipos de trabajo espiritual que se describen en este libro.

Como punto de partida básico y abierto, se podría decir que las dosis óptimas son determinadas por la potencia que puedas y quieras experimentar, desde la caricia más suave hasta lo que podríamos llamar "dosis chamánicas", en las que se trabaja con energías muy potentes para disolver el ego. Y si esta afirmación te sorprende, pues sí, en ciertas condiciones, el cannabis es capaz de disolver el ego en un estado de presencia profunda.

En relación con las dosis suaves, estas hablan por sí solas y no requieren mayor explicación. Si deseas profundizar, una forma eficaz es trabajar con ese límite, similar en cierto modo al trabajo que realizan los practicantes de *hatha yoga* con ese punto que está entre el bienestar y el dolor, cuando llegan al límite de una extensión en cierta postura o *asana*. O... tiras las precauciones a la basura y sigues el discutible consejo de Terence McKenna: "pegarle duro" y fumar tanto en una sola sesión, en silencio y solo, que llegues a pensar: ¡Dios mío, se me fue la mano!

Si experimentas mareos, náuseas, agotamiento repentino e inesperado o cualquier otro efecto físico que te angustie o te distraiga; si tus pensamientos se apoderan compulsivamente de todo el espacio y parece que no puedes mantenerte en el "no pensamiento" ni siquiera por un momento; si generas ideas negativas o paranoicas, todos estos son indicios de que puedes haber pasado el límite óptimo, o tal vez en ese momento no estés trabajando eficazmente con la energía de la medicina.

Quiero dejar muy claro que, si experimentas alguno de estos síntomas, no se trata necesariamente de una sobredosis en relación con tu estado actual de preparación. Dichos síntomas por lo general son manejables con los tipos de técnicas y consejos que se tratan en este libro, especialmente en el capítulo sobre prácticas (capítulo 5).

Diferentes intenciones también sugieren diferentes dosis y cepas, pero dejaremos el tema de las cepas para más adelante. Por ejemplo, una dosis más ligera puede ser más eficaz para ciertos trabajos creativos. El legendario músico Neil Young, que afirmó haber escrito muchas de sus estupendas canciones bajo los efectos del cannabis, señaló en referencia a una cepa especialmente fuerte que consumía en aquel momento: "si fumabas poco, escribías una canción; si fumabas demasiado, quedabas frito"[2].

Por otro lado, si tu intención es explorar espacios más profundos de una forma más meditativa y no necesitas recurrir tanto a las partes pensantes del cerebro, las limitaciones de algunos tipos de función cerebral representan un problema menor y la dosis puede ser más fuerte. En esos espacios se trata más de sentir y de abrirse a la presencia en la conciencia del "no pensamiento".

En este contexto se aplica una ecuación general, muy sencilla y flexible. Existe una relación inversa entre dosis y actividad. Cuanto más fuerte sea la dosis, menos actividades querrás hacer, y viceversa.

Una vez más, en este tema de manejar los grados de potencia, una forma de acercarse a una exploración más profunda es encontrar tu punto ideal con una dosis lo suficientemente fuerte como para hacer algún trabajo de liberación y clarificación, pero no tan fuerte como para que no puedas permanecer relajado y libre del control de la mente compulsiva y ocupada. Una forma sucinta de acorralar ese concepto es la siguiente: ¿con qué dosis (léase "fuerza del efecto") sigues siendo capaz de dominar tu mente, de mantenerte en tu sitio?

EMPIEZA CON POCO

Una sugerencia general, especialmente para los menos familiarizados con la planta o los que son muy sensibles a los cambios de conciencia, una cita barata, por así decirlo, es empezar con una pequeña calada, si no estás seguro, e ir aumentando poco a poco. Eso se puede ajustar incluso dentro de la misma sesión. Deberías ser capaz de evaluar tu respuesta de forma fiable en diez minutos y seguir con otra calada, un tema que veremos un poco más adelante.

Empezar una sesión concreta con lo que uno determina que es una dosis muy baja y aumentarla gradualmente es la forma en que investigadores responsables y valientes como el legendario químico Alexander

Shulgin, redescubridor y divulgador terapéutico de la MDMA, ensayan con cualquier preparación química nueva que pueda generar alteraciones de la mente. Primero toman una pequeña cantidad y luego suben la dosis en incrementos cada vez mayores, mientras van controlando meticulosamente los resultados.

He aquí un plan, sencillo y flexible como siempre, que se sugiere para ese tipo de exploración.

En primer lugar, si tienes acceso a una variedad de buena medicina con la que puedas contar regularmente, como en un dispensario, experimenta un tiempo con distintas cepas hasta que des con una o más, solas o combinadas, que te gusten. Cada vez que pruebes una nueva, podrías empezar con pequeñas cantidades.

Al decir "pequeña" me refiero a que podría ser una inhalación generosa si el contenido de THC es alto, o a una calada más conservadora si eres especialmente sensible y/o no tienes mucha experiencia con la planta. Simplemente siéntelo, en silencio o empleando algunas técnicas sencillas que te hagan sentir más cómodo con la quietud interior. Ese breve periodo podría ser de unos diez minutos. Para entonces deberías tener una idea clara de lo fácil que te resulta tener una mente más o menos tranquila con esa dosis.

Al aquietar los pensamientos se produce una relajación profunda del cuerpo. Si te sientes cómodo en ese nivel, en este plan de entrada, puedes dar una o dos caladas más y repetir el proceso, o tomar nota del nivel de la dosis y aumentarlo un poco la próxima vez. Puede que sea una ciencia poco refinada, pero muy manejable como pauta general.

Antes de continuar, un breve punto de vista: verás varias menciones a lo largo de este libro sobre el reto de entregarse a la quietud mediante el uso de cannabis. En este punto solo diré que para la mayoría de la gente que he conocido, incluyéndome a mí, esta es la forma más difícil de tener un encuentro con la planta y, quizá por esa razón, sea allí donde resida su mayor potencial para despertar a la realidad no condicionada. Más adelante daré más detalles sobre este importante punto. Ahora regresemos a la cuestión de las cepas.

Según mi experiencia, el pico de intensidad del cannabis inhalado empieza a disminuir gradualmente durante la primera hora o un poco antes o después. Si das una segunda calada alrededor de los diez minutos y una tercera aproximadamente a la media hora, lo más probable es que se complementen. Después de una hora u hora y media, creo que otra calada puede animarme, pero no suele aumentar tanto el nivel de intensidad como si lo hubiera hecho durante los primeros diez o treinta minutos.

Por eso es muy útil dar con una cepa o una combinación que te haga sentir bien, que te dé un buen subidón para mantener el cuerpo despejado, ligero y relajado, sin sentirte muy distraído o atrapado en las garras del sofá. Cuando usas siempre el mismo material llegas a conocer su potencia y es probable que puedas predecir con seguridad el efecto que te va a producir una dosis determinada. Es una buena base para el proceso de encontrar tu puerta de entrada.

Cuando estás activo y el cerebro pensante está ocupado bajo la influencia del cannabis, encontrarás que los efectos son mucho más suaves que si te sientas en silencio, evitando el tráfico mental y respirando en el espacio que abre el cannabis. Entonces, incluso una buena calada de un cannabis fuerte de hoy en día puede resultar muy potente. Las personas que nunca han intentado dar al subidón del cannabis un espacio claro como ese, sin saltar inmediatamente al pensamiento o a la actividad, a veces se sorprenden del poder de la planta con la que están familiarizados. Y si tienes un sistema cuerpo-mente particularmente sensible, incluso una calada moderada puede llevarte a las profundidades.

ANTÍDOTOS POR SI TE PASAS UN POCO

Cuando has consumido más de lo que puedes liberar, puedes experimentar miedo y su desagradable compañera, la paranoia, síntomas parecidos a los de un ataque de pánico, ideas alocadas y confusas o alteraciones físicas como mareos o náuseas. Mi médico me ha contado que la gente suele acudir a él en estado de angustia debido a esos síntomas inducidos por el cannabis. Algunos lo llaman simplemente sobredosis, dando fuerza al consejo de que tienes que conocer bien tu material y tus capacidades personales y pasar gradualmente a dosis más fuertes.

He visto estas manifestaciones unas cuantas veces. Probablemente sean el resultado de sentir que tu nido está siendo amenazado y no poder confiar y rendirte a la expansión. Como ocurre con la práctica de meditación de atención plena, si estás en tu cabeza no estás en el presente. Esto no es una preocupación en la práctica de meditación normal, en la que puedes reconocer que estás pensando y volver a la respiración, a la atención plena. A veces, con la poderosa función de amplificación del cannabis, esto puede suponer todo un reto.

Para afrontar situaciones angustiantes el mejor antídoto es respirar, liberar pensamientos, sentir el cuerpo y soltar, dejar que la respiración salga completamente una y otra vez. Hay que tener cierto nivel de persistencia, pero la experiencia angustiante tal vez desaparezca enseguida, especialmente si, como solíamos decir en mi comunidad budista, no te "solidificas" y creas una narrativa dramática y problemática. Es decir, y esto es importante, no puedes salir de los problemas con el pensamiento. Mas bien, trabaja con la energía en las formas descritas en este libro y utiliza cualquier otra práctica, técnica o truco que te funcione.

Una información que puede ser útil para algunos es reconocer que el cannabis tiene un efecto, más o menos inmediato cuando se inhala, de ligero aumento del ritmo cardíaco. Al mismo tiempo, se produce un proceso de apertura y disolución, a veces fuerte, que puede provocar una excitación psicológica y hasta una respuesta de miedo. Eso puede sumarse al aumento de la frecuencia cardíaca, del mismo modo en que nuestro corazón se acelera ante cualquier situación de excitación o miedo. Esto es común con el consumo de cannabis y no es algo que deba generar preocupación. Excepto en el caso de personas propensas a sufrir problemas cardíacos orgánicos, la norma es sobrellevar este fenómeno con presencia y sin juicio. El aumento del flujo sanguíneo y la acción de bombeo del corazón tienden a disminuir bastante pronto, entre quince y treinta minutos después de la inhalación.

Cuando se trata de conducir energías fuertes, puede ser útil moverse un poco: levantarse, estirarse, abrir una ventana para que entre aire fresco, poner música envolvente para moverse o música con ritmo para bailar, que un compañero te dé un buen masaje mientras pones atención a la respiración y tratas de salir de tu cabeza, etc.

La herbolaria Brigitte Mars tiene algunas ideas para mitigar los desagradables efectos de lo que ella llama la "sobredosis de marihuana". Sugiere beber café, té de albahaca o limonada, sostener un cristal de amatista, ingerir alimentos ricos en proteínas o darse una ducha de agua fría[3].

No tengo pruebas sobre la eficacia de tales remedios. Los transmito por si son de utilidad. En cualquier caso, excepto cuando se trate de cannabis ingerido, ya que es probable que sus fuertes efectos sean más duraderos, para cuando hayas podido preparar y poner en práctica cualquiera de estas sugerencias, tal vez la intensidad ya haya disminuido considerablemente.

Cuando mi intención es dejar el espacio despejado para que el cannabis haga su trabajo de profundización, a veces me levanto, respiro lenta y profundamente, y me muevo y balanceo en silencio. Entonces la transición a la calma no es tan difícil, como si hubiera tocado unos botones del teclado para llenar el espacio con música. Otra técnica útil es sacudirse para liberar tensión.

No existe una receta fija para este tipo de prácticas de ayuda y sé que hay muchas variaciones sobre formas útiles de trabajar con la energía potenciada del cannabis sin dejar de mantener una conexión con la calma interior.

Todo lo que has leído hasta ahora en estos apartados sobre dosificación también depende de la frecuencia con que uses la planta. Hay un marcado efecto de tolerancia con el uso intensivo. Es poco probable que muchos de los efectos de ansiedad que se han descrito ocurran cuando fumas a menudo, y cuando digo a menudo me refiero a fumar a diario y varias veces al día. Aunque no se puede decir con precisión qué funciona mejor, pues cada persona es diferente, el uso intensivo puede limitar significativamente el poder del cannabis en un trabajo de despertar espiritual más profundo. De vez en los colaboradores de este libro hacen referencia al principio de "menos es más". Eso puede aplicarse para cualquier sesión específica, pero probablemente sea más importante en términos de la frecuencia de uso. El chamán brasileño de la ayahuasca Mariano da Silva no es el único de los colaboradores que transmite su experiencia de que puedes liberarte y conectar con poderosos y "trascendentales planos de realidad" con el uso dirigido del cannabis. Y continúa diciendo que "si lo uso a diario, ya no siento ese efecto".

ENTREGARSE A LA QUIETUD INTERIOR

Un hilo conductor que se repite a lo largo de este libro es que, si bien estas sencillas prácticas de asistencia pueden servirnos para encontrar el camino hacia la presencia, definitivamente hay un camino claro hacia el estado de despertar que, como dicen las enseñanzas de la sabiduría, es estrecho y consiste en entregarse a la quietud interior, a la ausencia de ego. Jelaluddin Rumi se refirió de forma brillante a este principio y además lo hizo con cierta frecuencia. He aquí tres de mis favoritos.

> *Pon a dormir tus pensamientos,*
> *no dejes que eclipsen*
> *la luna de tu corazón.*
> *Libérate del pensar.*

> *Deja que el silencio te lleve al centro de la vida.*

> *El amor me dijo, no existe nada que no sea yo.*
> *Guarda silencio.*

Por favor, no malinterpretes las intenciones expuestas. No pretendo juzgar el modo en que alguien utilice el cannabis. Hablo de los principios fundamentales de grandes enseñanzas como el budismo y otras tradiciones de sabiduría, no específicamente sobre el cannabis.

Se dice que Buda comentó que hay diferentes niveles de aspiración entre los buscadores espirituales. La forma en que una persona decide trabajar con cannabis está determinada, al menos en parte, por su nivel de aspiración. Para quienes tenemos la intención de hacer del despertar nuestra propia realidad, hay que decir que las auténticas enseñanzas de sabiduría, dondequiera que existan, dejan claro que la realidad se encuentra en la liberación y disolución de la ilusión del yo separado y en descubrir el corazón despierto e incondicional.

Como ya he mencionado, quizá para la mayoría sea un verdadero reto entrar y permanecer en la quietud, simplemente sentarse y vaciarse bajo los efectos del cannabis o sin él. Las grandes enseñanzas espirituales se basan en ese problema central. Es la muerte del ego, el miedo universal a no existir. No va a ser fácil que podamos permanecer en la naturaleza no condicionada de la realidad. Aprender todas las lecciones necesarias para pasar de la confusa condición de realidad ilusoria del ego al estado de despertar puede llevarnos no una vida, sino muchas. Una de las principales razones de este libro es fomentar la comprensión de que las posibilidades son mucho más amplias de lo que la mayoría de nosotros hemos sido capaces de concebir.

Aunque cada uno de los enfoques, prácticas y actividades que describiré pueden valorarse solos, algunos de ellos también pueden utilizarse como ayudas para poder sentirnos más cómodos con la quietud interior. Hay distintas prácticas que se pueden ver como las ruedas de apoyo de la bici, que al final se pueden retirar, y esa es mi principal intención al describirlas en este libro.

LO BÁSICO SOBRE LAS CEPAS

He aquí una versión corta y sencilla para quienes no estén familiarizados con el tema: las cepas pueden suponer una diferencia importante para el uso espiritual. Aparte del precio, hay distintas cepas con diferentes estilos energéticos que van de intensas a suaves, de ásperas a tersas, de confusas a nítidas, de pesadas y mareantes a ligeras y claras. Algunas entran con fuerza y desaparecen al poco tiempo. Algunas tienen lo que a Steve Dyer le gusta llamar "piernas", porque duran horas. Algunas promueven las

ideas creativas y el pensamiento claro y perceptivo. Otras invitan al buscador a estar en la presencia, sin pensamientos, y a la relajación profunda.
Algunas invocan combinaciones de todo lo anterior.

También existe esa impronta energética intangible que tal vez podríamos llamar el espíritu de la planta y que, según chamanes medicinales
como Sean Hamman y Steve Dyer (capítulo 13), tienen mucho que ver
con el estado mental y las intenciones de quien la cultiva. Sea cual fuere
la razón, te identificarás más con algunas variedades que con otras. Sean
y Steve, por ejemplo, no usan plantas con cuya energía no se identifiquen.

La opinión generalizada entre usuarios y distribuidores es que las
variedades con predominancia índica tienden a dejarnos como piedra y
pueden ser soporíferas, o sea, provocan somnolencia o sueño. Se dice que
las cepas de sativa te suben más y quizá sean más aireadas y claras (aunque
no necesariamente más débiles en cuanto al efecto psicoactivo), más ener-
gizantes, estimulan el pensamiento creativo y la inspiración. Sin embargo,
esto no es tan sencillo y tajante, algo a lo que me referiré en breve.

Una creencia común es que las cepas de sativa producen un subidón
y las de índica nos adormecen. Las cepas con predominancia índica son
más apropiadas para la noche, ya que pueden inducir el sueño, mientras
que las cepas conpredominancia sativa suelen ser más para un subidón
en el día. Algunos creen, y así lo han experimentado, que las cepas de
índica son más adecuadas para la meditación debido a su tendencia relajante, ya que la sativa tiende estimular la generación de ideas.

Este es otro tema para la investigación individual, ya que hay quienes
encuentran que las cepas que se inclinan, al menos un poco, hacia el
extremo sativa del espectro, les producen la agudeza y la energía necesarias para enfocarse en el presente, a pesar de la posible seducción de "esa
idea brillante" que hay que considerar. También es cuestión de cuan "pro-
cesado" ya estés. En general, cuanto menos permanezcas en las garras de
la mente pensante y compulsiva, menor será la posibilidad de que las cepas
de sativa agiten el pensamiento discursivo y oculten la claridad mental.

Cuando analizas las descripciones de las distintas cualidades asociadas
a una cepa determinada, la información resulta compleja. El dispensario

de mi localidad tiene dos páginas llenas de descripciones para las dos o tres docenas de cepas que manejan. Las cepas con predominancia sativa se describen con una gama de adjetivos en distintas combinaciones, palabras como eufórica, creativa, animada, feliz y enérgica. De nuevo, las cepas con predominancia índica generalmente son descritas con adjetivos que señalan sus cualidades relajantes y soporíferas.

A pesar de las aparentes distinciones, las cualidades y los efectos pueden variar mucho en cualquier punto de la escala de sativa a índica. Las investigaciones sugieren que la división sativa/indica es una simplificación. Hay más de cuatrocientas sustancias químicas en este complejo organismo: no son pocas las posibles variaciones.

Se ha descubierto que una sustancia química, un tipo de terpeno conocido como mirceno, ejerce gran influencia en el tema de "subir" o "bajar". Krymon de Cesare, director jefe de investigación del Steep Hill Halent Lab de Oakland, California, ha descubierto que ciertas variedades de índica son especialmente ricas en mirceno. Según él: "Hemos hallado de forma sistemática niveles elevados del terpenoide mirceno en *Cannabis indica*, en comparación con *Cannabis sativa*". "El mirceno es el principal responsable de 'convertir' el efecto energético normal del THC en un efecto sofá"[24].

Vale la pena señalar que el cannabidiol (CBD) ha recibido mucha atención últimamente, sobre todo por su potencial medicinal. Por volumen, el CBD es el segundo cannabinoide predominante en la planta después del THC. El tema de las cepas, como se ha comentado antes, se complica aún más cuando incluimos el CBD en la ecuación. El THC y el CBD se "compensan" en cualquier planta, y se sabe que una presencia significativa de CBD en la mezcla limita los efectos psicoactivos del THC y prolonga su duración. Aunque el CBD no tiene los efectos psicoactivos del THC, los investigadores afirman que el THC y el CBD trabajan juntos de forma sinérgica y que el CBD puede añadir un efecto calmante. Una cepa que combine estos dos cannabinoides principales puede ser interesante para quienes utilicen la planta como herramienta en el trabajo espiritual.

Como siempre, con la misericordiosa y amable "planta del pueblo", el mensaje para los practicantes es experimentar.

Por otra parte, debo hablar de nuevo a favor de la necesidad de legalizar totalmente el cannabis en todas partes. Necesitamos tener acceso a información precisa de fuentes bien informadas, para poder aprender a trabajar de la manera más eficaz con la planta en todos sus usos.

MÉTODOS DE CONSUMO

Hay muchas formas de consumir cannabis, lo que en el ámbito médico llaman "vías de administración". También es recomendable explorar esta área. Ya mucha gente ha hecho gran parte del trabajo y ha optado por sus métodos de consumo preferidos. Sin embargo, en cuanto al uso espiritual, hay personas que observan que algunos de sus métodos podrían mejorar. Veamos brevemente algunas de estas opciones.

FUMAR VERSUS VAPEAR

Las dos formas principales de inhalación son, como casi todos sabemos, fumar y vapear. Hay ciertas diferencias importantes entre ambas, algunas obvias y otras discutibles. No te sorprenderá saber que, en el momento de escribir estas líneas, fumar sigue siendo la técnica más común, aunque, por motivos de salud, parece que el vapeo está ganando terreno, sobre todo entre los jóvenes. Los estudios señalan que todo método de fumar básicamente genera los mismos componentes químicos, aunque hay ciertas evidencias que indican que, además de no interferir mucho en la liberación de THC, "la filtración de agua puede ser eficaz para eliminar componentes del humo de marihuana que se sabe que son tóxicos"[5].

Las diferencias más claras entre fumar y vapear son los distintos niveles de calentamiento del material vegetal para su inhalación. Los buenos vapeadores, debidamente controlados, calientan la hierba a temperaturas cercanas al punto de ebullición, liberándose vapor como el que sale de una tetera cuando se hierves agua. Al fumar, en cambio, se calienta el material vegetal al punto de combustión, a una temperatura mucho más alta que la del vapeo. Se ha descubierto que el humo del cannabis contiene muchos de los mismos gases, partículas y sustancias irritantes que el humo del tabaco. El calor generado por la combustión del cannabis puede tener efectos inflamatorios.

Se puede discutir hasta la saciedad, y algunos lo harán, sobre lo perjudicial que es el humo del cannabis. La opinión generalizada es que vapear es quizá mucho mejor para la salud, sobre todo si se consume hierba con frecuencia o se padece algún tipo de sensibilidad o enfermedad. Ciertamente, esta parece ser la razón principal de la creciente popularidad del vapeo.

No hace falta decir que fumar, especialmente en porro o en una pipa pequeña, puede ser mucho más caliente y fuerte para la garganta que vapear. Al fumar, muchos sienten que se les seca el área de la boca y la garganta, seguramente por la misma razón, mientras que el vapeo parece disminuir los efectos de sequedad. A tomar nota los cantantes.

Hay otra diferencia práctica entre fumar y vapear que resulta obvia para quienes han utilizado vapeadores. Vapear no produce olor, a lo sumo, un aroma muy ligero que se disipa rápidamente, igual que el vapor. El humo de cannabis tiene un olor muy fuerte y distintivo y se queda en la ropa, el pelo, etc. Puedo detectar a media manzana de distancia cuando los chicos de la cafetería de la esquina prenden su porro en el bulevar.

Ahora veamos una diferencia mucho menos obvia y que es objeto de debate: si buscas en Google algo así como "diferencias entre vapear y fumar cannabis" de inmediato aparecen varios sitios con animados debates sobre el tema. Sobre esto se va a opinar mucho en los años venideros, sin que haya un consenso claro. Muchos consumidores tienen la impresión de que vapear es más limpio, da un mejor subidón y no se pierde nada excepto ingredientes no deseados. Otros afirman que algunos de los efectos más brillantes, agudos y estimulantes del cannabis disminuyen con el vapeo. Puede que a algunos les parezca un detalle sin importancia, pero podría ser una diferencia relevante.

Como verás cuando leas la entrevista con Sean Hamman y Steve Dyer, ellos sostienen esta última opinión expresada antes. Ambos son consumidores muy experimentados y hábiles de cannabis para la amplificación de la presencia y afirman que su opinión se basa únicamente en la experiencia personal. Steve utilizó como metáfora el espectro de frecuencia de la música, para establecer un contraste entre los efectos del cannabis fumado o vapeado. Al hablar de vapear en la entrevista dijo, "es como si se cortara de la misma forma en que se puede cortar el sonido, donde pierdes los extremos altos y bajos... es como si te hubieras perdido esas frecuencias". Si te interesa, lo único que puedo añadir es mi exhortación habitual a experimentar y comparar.

OTRAS CONSIDERACIONES EN CUANTO A FUMAR

He aquí una información potencialmente útil para quienes prefieren fumar. Según al menos dos estudios[6], retener el humo de la calada por más tiempo *no provoca mayores cambios de humor*. Sin embargo, fumar en lugar de vapear el material hace que una mayor parte de los componentes potencialmente nocivos del humo se queden en los pulmones. Tengo amigos que discrepan de la afirmación de que aguantar el humo durante más tiempo no aumenta la intensidad del subidón, así que, para aquellos que quieran averiguarlo, ¿debo sugerirles de nuevo qué hacer?

Otro punto que vale la pena señalar es que el cannabis más fuerte, especialmente al fumarlo, con toda seguridad será más suave para el sistema respiratorio que una cepa más débil. Esto se debe a la razón obvia de que se necesita menos material vegetal para alcanzar los efectos deseados que con una cepa más débil con niveles más bajos de THC. Estoy seguro de que algunos de los más veteranos recuerdan los días en los que inhalaban repetidamente alguna cepa casera débil y luego preguntaban a sus amigos: "¿ya despegaste?".

He aquí un breve comentario, quizá debatible, para tu consideración sobre el tema de mezclar tabaco con cannabis. En la entrevista con Sean y Steve, Sean expresó su firme opinión de que la nicotina tiene un importante efecto atenuante sobre el subidón, especialmente sobre la capacidad del cannabis para llevar al fumador a la presencia "no dual". En contraste con ese punto de vista, la información que he recibido sobre el uso pasado y presente del cannabis entre los *sanyasis* (mendicantes religiosos) de la India es que el cannabis o *ganja* se mezcla con tabaco. Jeff Brown (capítulo 10) también menciona que el *ganja* se mezclaba con tabaco en las ceremonias en las que participó en la Iglesia etíope copta Sion.

Por otra parte, todos hemos sido testigos del alarmismo creado en torno a la creencia de que el cannabis de hoy no es el mismo cannabis de tu padre o de tu abuelo, y que, por lo tanto, es mucho más peligroso. Esta afirmación espuria y falsa, aunque no del todo, queda desmentida al menos en parte por el simple hecho de que la mayoría de la gente es suficientemente inteligente como para saber cuánto necesita. Cuando yo era joven y tonto, a diferencia de la añeja y a veces tonta versión actual, de vez en cuando conseguíamos un cannabis fuerte, sobre todo el hachís comúnmente disponible en aquella época. Si no teníamos cannabis fuerte, seguíamos fumando hasta quedar fritos. Como dijo el conocido investigador de cannabis y autor, el doctor Lester Grinspoon, "todo este tema de la potencia es una cortina de humo.: cuanto más potente es la hierba, menos consumes"[7].

INGESTIÓN ORAL

Otro método de consumo es el de comer o beber cannabis. En dispensarios y en el creciente número de tiendas legales de cannabis se consigue toda una gama de diversos productos en forma de comestibles y bebidas. Si eres de los que se preparan por cuenta propia productos de cannabis para comer o beber, hay unas técnicas que debes conocer para activar el THC y otros químicos que contiene la planta. Existe muchísimo material en libros y en internet sobre el tema, por lo cual ni siquiera lo tocaré aquí.

Puede resultar muy útil conocer las diferencias entre el cannabis cuando es inhalado o ingerido. En cuanto a la inhalación: con experiencia y conocimiento sobre el material específico que se esté utilizando, se puede manejar fácilmente o, como dicen la gente de medicina, valorar la dosis y los efectos subjetivos. El cannabis inhalado es absorbido por un gran número de vasos sanguíneos en un área grande de los pulmones y enviado directamente al cerebro. Los efectos se sienten prácticamente de inmediato y la su duración es por lo general más corta que cuando se ingiere el material. La intensidad de los efectos puede estar menos influenciada por el hecho de haber comido recientemente o no.

En su mayoría, los efectos del cannabis inhalado parecen tener un techo. Sí, puedes fumar hasta quedar bobo, pero en general, después de cierto punto no aumenta mucho el abobamiento. Por supuesto que hay excepciones y a veces se tienen experiencias muy intensas con el cannabis inhalado.

Con la ingestión oral generalmente se presenta una situación muy diferente. Los químicos de activación del cannabis pasan del estómago al intestino delgado antes de llegar al torrente sanguíneo. De aquí viajan al corazón antes de ser bombeados al cerebro. Dependiendo de ciertos factores, como por ejemplo, cuánto tiempo haga que hayas comido, los efectos completos puede que no se manifiesten hasta una hora y media o dos horas después.

Si se sirve en forma líquida, por ejemplo en un té, informes anecdóticos indican que la aparición de los efectos es mucho más rápida que cuando se ingiere en alimentos sólidos como galletas o *brownies*. No estoy seguro de que esto se haya estudiado a fondo. Mi opinión es que, si no se acompaña con alimentos sólidos, el líquido puede navegar por el torrente sanguíneo con más rapidez. Informes similares indican que la duración de los efectos puede ser más corta que cuando el cannabis se ingiere en alimentos sólidos.

El tiempo transcurrido desde la última comida puede suponer una diferencia tanto en el momento de aparición como en la intensidad de los efectos. Muchos tenemos nuestras propias historias al respecto. He aquí un ejemplo del tipo de error que se puede cometer: un amigo me regaló unos *brownies* que guardaba en el congelador. Para ser precavido, una noche probé la mitad de uno después de cenar. El efecto fue entre suave y moderado.

Poco después llegaron unos amigos a cenar. Para ser aún más precavido, les sugerí que probaran un cuarto de *brownie*. Para no irnos a dormir tan tarde, optamos por comerlos minutos antes de servir la cena. Yo pensé que, como la comida ya estaba por llegar, los *brownies* se mezclarían y la intensidad de los efectos sería más suave.

Me equivoqué.

Unos veinte minutos después, miré a Anne al otro lado de la mesa y vi que sus ojos se abrieron de par en par, como sorprendida. Apenas pudo cenar y tuvo que acostarse. Durante las dos horas siguientes se encontró volando a alta velocidad sobre paisajes extraños hasta el punto de empezar a preguntarse si volvería a bajar.

Si has tenido experiencias previas con algún lote específico, con el cannabis comestible se puede manejar mejor el ajuste de la dosis. La gente a veces se lleva sorpresas y no siempre agradables. En ciertos círculos, la persona inexperta comete el clásico error cuando, después de pasar media hora o una hora sin sentir grandes alteraciones, se come otro *brownie*. El primero hace efecto un poco más tarde y el segundo se acumula. Se han contado experiencias muy extrañas y angustiantes como resultado de este error.

La experiencia con Anne fue leve e inofensiva en comparación con lo que podría ocurrir al ingerir grandes dosis por vía oral. La literatura está llena de relatos de extrañas distorsiones de la percepción mental y sensorial, provocadas por lo que podríamos llamar sobredosis de cannabis ingerido por vía oral, aunque otros sin duda dirían que solo se trata de una aventura. El compendio *Orgies of the Hemp Eaters*, de Hakim Bey y Abel Zug, contiene una serie de testimonios en primera persona, muchos de los cuales datan del siglo XIX, de individuos que ingirieron grandes dosis de hachís, unos de forma intencionada y otros no. Sin haber experimentado algo similar o sin haber al menos leído dichos relatos, resulta difícil creer la naturaleza extrema de las distorsiones perceptivas.

He aquí una pequeña muestra de tales informes: los pensamientos pueden exagerarse hasta llegar a convertirse en preocupaciones de vida o muerte; con los ojos bien abiertos, el contenido del campo visual puede distorsionarse hasta hacerse irreconocible; los sonidos pueden ampliarse hasta cien veces; los minutos pueden alargarse y convertirse en siglos, o el tiempo puede detenerse del todo y empujar al individuo a un vasto e incomprensible vacío que puede provocar sentimientos que van desde la dicha y el éxtasis, hasta la desesperación y el horror.

Nota al margen: se cree que fumar cannabis es relativamente reciente en la larga historia de uso de la planta. En el segundo milenio de la era cristiana, la ingesta oral parece haber sido el método más común de consumo. Según el escritor e investigador Martin Booth, fue la llegada del tabaco del Nuevo Mundo lo que hizo que Europa y Oriente Medio comenzaran a fumar cannabis. Sin embargo, a propósito de este libro, el registro histórico sugiere que tanto la inhalación como la ingestión oral han sido ampliamente utilizadas con fines espirituales.

Los efectos de mayor intensidad y duración que produce el cannabis consumido oralmente hablan por sí solos del potencial para amplificar la entrega y disolución del ego ante la quietud interior, cuando el contexto interno y el externo son óptimos. He hablado de trabajar en experiencias más profundas con cannabis inhalado. Los mismos principios se aplican a la ingestión oral.

Otro punto para fomentar la quietud interior es que, al ingerirlo, el cannabis casi siempre tiene efectos más somáticos que al consumirlo por inhalación. Aunque pareciera no haber pruebas definitivas sobre esto, he conseguido suficientes reportes anecdóticos, incluyendo mi propia experiencia, para creer que hay pocas posibilidades de que una dosis suave o moderada de cannabis ingerido estimule el pensamiento y la formación de ideas. Además de la cuestión del cuerpo-mente, este efecto también puede tener algo que ver con la lenta aparición de los efectos tras la ingestión. Como se dijo antes, en la inhalación, los químicos activadores pasan directamente al cerebro casi de inmediato. El incremento repentino del flujo de sangre fresca con buen nivel de oxigenación enciende las células del cerebro. Con la ingestión oral no es tan probable que estalle repentinamente en forma de aire limpio y despejado.

ADMINISTRACIÓN POR VÍA SUBLINGUAL

Existe otra vía de administración que podría incluirse en el apartado de ingestión oral, pero que tiene sus características distintivas. Hay varias tinturas disponibles que, además de la ingestión oral directa, pueden tomarse por vía sublingual. Este es el término técnico. En el lenguaje cotidiano, significa que, con un gotero, se deja caer un poco de la tintura debajo de la lengua o, quizá de forma más eficaz, justo detrás del labio inferior, sobre el tejido sensible de la mucosa que está delante de los dientes. Este método de ingestión introduce rápidamente las sustancias químicas psicoactivas de la planta en el torrente sanguíneo y el cerebro, manifestando generalmente sus efectos en pocos minutos y manteniéndolos por algún tiempo. La administración sublingual evita la ruta más larga y mucho más lenta hacia el torrente sanguíneo, típica de la ingestión oral, como ocurre al comer o beber. Un amigo afirma incluso que siente los efectos en uno o dos minutos con el método sublingual. Por esta vía la duración también puede ser menor que cuando se consume el cannabis en alimentos.

◆ ◆ ◆

Se podría hablar y se ha hablado mucho más acerca de todo esto. Se han enumerado varias fuentes en la bibliografía para exploraciones adicionales. Espero que este capítulo te haya otorgado un buen punto de partida para el trabajo intencionado con cannabis. Ahora se describirán algunas ideas y sugerencias que podemos poner en práctica, a fin de fomentar un encuentro eficaz entre la mente y la planta para el despertar espiritual.

5

Espiritualidad del cannabis en las prácticas

Stephen Gray

... y se verá el amor humano en su apogeo.
Ya no vivas fragmentado.
Solo conéctate...

E. M. FORSTER, *HOWARD'S END*

◆ ◆ ◆

SI HAS LEÍDO hasta aquí, has visto distintas maneras de trabajar con cannabis para el despertar espiritual. Como explicaré en un momento, las prácticas efectivas pueden pasar de un nivel carente de forma hacia otro nivel de forma cada vez mayor, y podrían trascender cualquier definición limitante de práctica espiritual e incluir caminatas por el bosque, danza creativa, música, escribir, pintar, hacer el amor y hasta fregar los platos.

Según esta definición tan amplia de meditación, el punto clave es la concentración relajada y la atención que se preste a la actividad, lo que a menudo se conoce como "estar en el ahora" o total presencia en este momento. En calma y con intención y atención orientadas, la función amplificadora de la planta puede abrir y profundizar la conexión.

Antes de seguir, un breve comentario sobre la presencia. Hay un término budista para referirse a la presencia: atención plena *(mindfulness)* y conciencia. Aunque los dos principios no pueden separarse, el componente de atención plena, junto al de conciencia, sugiere prestar total atención a aquello que se esté experimentando y a cualquier detalle en tu campo perceptivo. Conciencia tiene que ver más con abrir la atención al espacio que rodea a cualquier foco de atención específico. Estos focos de atención, aparentemente duales, pueden funcionar juntos a la perfección y completar la imagen de la presencia. En efecto, el principio de atención plena y conciencia resume toda la práctica y todo lo que prosigue.

Para continuar... visto al desnudo, por así decirlo, el cannabis puede ser una planta medicinal con un poder sorprendente. Aunque sus efectos suelen describirse como apacibles, ese poder se puede sentir intensamente, y parece que a la mayoría de la gente le resulta más fácil manejar la energía amplificada, dirigiéndola hacia un foco externo. Puede que incluso te cueste mucho permanecer quieto por un rato bajo el abrazo amplificador de la hierba.

Pero uno de los hilos conductores de este libro es que esa misma energía, independientemente de cuán desafiante sea viajar con ella, también posee el potencial de profundizar con intensidad la presencia sin pensamientos.

La hipótesis más que probada es que, si no se disipa la intensidad de esa energía amplificada, se dispondrá de esa energía extra para profundizar la liberación y la relajación en el estado del ahora. Se produce sanación espiritual e inspiración para el viaje por la vida, incluso en las breves visitas a ese centro de quietud.

Antes de pasar a describir las distintas técnicas, he aquí una sugerencia general para cualquier trabajo que busque calma, ralentización y apertura con cannabis. Esto varía mucho de un individuo a otro, pero, en general, la sugerencia es tener el encuentro con la planta cuando se esté bien descansado. Esto es válido especialmente si estás ocultando o dominando tu fatiga la mayor parte del tiempo para poder estar conectado. Si estás cansado cuando consumes cannabis para meditar o realizar otras prácticas de presencia, la fatiga oculta puede llegar con más fuerza cuando empiezas a calmarte bajo el abrazo de la hierba. Creo que eso explica, al menos en parte, por qué algunas personas dicen que el cannabis simplemente les duerme. En su mejor momento, el subidón del cannabis es una energía refinada y clara. Esa energía puede verse comprometida por la fatiga.

Bajo ese mismo principio, cuando tu intención sea trabajar con cannabis para el despertar espiritual, por favor evita mezclar el alcohol con la planta. El alcohol tiene la energía opuesta al cannabis. Aunque puede ser un desinhibidor, el alcohol tiene una energía pesada, espesa y adormecedora que puede mitigar —y mucho— las energías refinadas del subidón inducido por el cannabis. Como señala Sean Hamman (capítulo 13), los alimentos, especialmente los grasos y azucarados, tienen efectos suavizantes similares sobre el potencial trascendental del cannabis.

CARENCIA DE FORMA Y FORMA: TÉCNICAS PARA ABRIRSE A LA PRESENCIA

Para empezar con algo cercano a la práctica sin forma, cuando tu intención es encontrarte directamente con la planta, la guía más simple que he conseguido es la del sabio, viejo y loco maestro del cannabis, Ganesha Baba, según relata Hakim Bey, quien conoció a Baba en persona. Cito a Bey:

"Estas son las reglas de Ganesha Baba para fumar cáñamo:

1. Ya sea con las piernas cruzadas o sentado en una silla, al fumar hay que sentarse erguido, con la columna vertebral perfectamente alineada.

2. Debemos dedicar nuestra fumada al Dios Shiva.

La razón básica de estas pautas es lograr que el fumador se haga consciente, que dirija su atención. Fumar distraído y ausente constituye un desperdicio de hierba sagrada"[1].

Más sencillo, imposible, aunque la sugerencia de Terence McKenna al tener encuentros con enteógenos, "siéntate, cállate y pon atención"[2], podría funcionar. Ten en cuenta que las reglas de Ganesha Baba no hablan mucho de cómo trabajar con tu mente durante el subidón del cannabis. Ahí es donde radica el reto para la mayoría de nosotros, en especial para quienes somos contemporáneos con las culturas dominantes, con nuestra tendencia al ajetreo mental, a la inmediatez y, en general, nuestra falta de familiaridad con las realidades no materiales.

Para incluir un poco más de forma, puedes combinar el cannabis con cualquiera de las sencillas técnicas de meditación de atención plena y conciencia que, como ya se ha mencionado, a veces se denominan meditación de atención pura. De nuevo, el propósito es crear un recipiente para encontrarse con la presencia y con el espacio para experimentar el poder espiritual del cannabis sin competidores que atraigan la atención. Pero la instrucción de Ganesha Baba de "sentarse erguido" tal vez carezca de forma para muchos de nosotros. Una práctica sencilla de meditación de presencia podría aportar suficiente forma para ayudar a los practicantes a conectar con el momento presente amplificado al cual nos lleva el cannabis.

El objetivo de una técnica como esta es añadir lo mínimo indispensable al sencillo acto de prestar atención y estar plenamente presente, a fin de perfeccionar esa conexión. Hace muchos años aprendí una variación que parece cumplir esa función con eficacia. Se conoce con la palabra sánscrita *shamatha*, que significa algo así como "morar en la paz". Es similar a muchas otras variaciones, como es el caso de *vipashyana*. La meditación zen de atención pura también se parece.

MEDITACIÓN *SHAMATHA/VIPASHYANA*: PRÁCTICAS PARA EL DESPERTAR

He aquí una descripción muy resumida de la técnica *shamatha* que la mayoría de la gente podría aplicar al trabajo con cannabis sin mucha preparación, aunque a los instructores de meditación de *Shambhala International* quizá no les guste oír eso.

Comienza por sentarte derecho. Como sabemos, incluso la técnica casi sin forma de Ganeshaa Baba incluye esta instrucción. Sentarse derecho, pero relajado, es la mejor manera de evitar que el movimiento de la energía se corte y que el cuerpo se estrese y desgaste al permanecer inmóvil por varios minutos. Un recordatorio práctico es sentarse con la espalda firme y el frente ligero y abierto. Además de favorecer el estado de vigilia, una postura recta también refleja y fomenta una presencia alerta, elevada y digna.

La esencia de la técnica es prestar atención a la respiración a medida que entra y sale el aire, sin intentar controlarla en modo alguno. Respirar es la cosa más natural que hacemos. Con nuestra atención o sin ella, la respiración continúa. Prestarle ligera atención es una forma maravillosa de volver a la presencia sin añadir nada especial al momento.

Cuando digo ligera atención, la sugerencia es, *grosso modo*, poner alrededor del veinticinco por ciento de tu atención en la respiración y el resto en simplemente sentarte en tu espacio. Con la energía en juego, mantener una atención *ligera* en la respiración puede ser especialmente útil. La gente puede caer a veces en enfocarse demasiado en el objeto de atención. Esto no siempre es útil.

La atención de casi todo el mundo se desviará tarde o temprano hacia el pensamiento mientras se realiza este tipo de meditación. A esta práctica añadiremos una pequeña técnica extra. Rara vez te das cuenta de cuándo empiezas a salir de la presencia, pero en algún momento te sorprendes a ti mismo haciéndolo. No importa cuánto tiempo hayas perdido la atención, diez segundos o diez minutos. Cuando te des cuenta de que has estado persiguiendo pensamientos y no presente en tu cuerpo y en el espacio que te rodea, amablemente, en silencio, sin juzgarte, dite a ti mismo la palabra "pensamiento" y devuelve tu atención a la respiración y a tu presencia en el espacio físico. Con el tiempo, este pequeño extra ayuda a asimilar que hay una clara diferencia entre estar en los pensamientos y estar plenamente presente y es probable que esa comprensión se extienda gradualmente a la caminata diaria.

Hablando del entorno físico, muchas técnicas similares indican a los practicantes que cierren los ojos. Seguro que cualquiera de las dos está bien, pero esta técnica en particular funciona con los ojos abiertos. La razón principal es que no se busca una experiencia interior especial, solo practicamos la naturalidad y la presencia. Como sugiere Joan Bello, no se trata tanto del subidón, por más encantador que este sea, sino de una transformación duradera de conciencia.

Dado que tenemos los ojos abiertos la mayor parte del día, lo natural es que hagamos lo mismo en esta práctica. Además, y esto se puede amplificar con el cannabis, cuando tienes los ojos cerrados y no cuentas con el punto de referencia de un entorno visual, a veces puede resultar confuso ver si estás o no inmerso en el pensamiento discursivo.

La técnica de meditación *shamatha* también requiere bajar ligeramente la mirada, quizás hacia el suelo y a unos dos metros por delante de ti. Mantén un enfoque suave, sin concentrarte en ningún punto, pero permitiendo que el campo visual esté ahí, tal cual es. Esto crea un anclaje para volver al presente.

Una voz dice: *Inhala el humo, permítete exhalar todo hacia afuera, una y otra vez, deja que se disuelvan los pensamientos, una y otra vez.*

A lo largo de los años, he experimentado con *shamatha* con los ojos cerrados en mi práctica "sin cannabis" y he descubierto que el método de los ojos abiertos funciona mejor para el equilibrio, principalmente por las razones que acabo de mencionar. Con el cannabis lo hago de las dos maneras, según me parezca correcto. Por ejemplo, si trabajo con la respiración como describo en algunas de las prácticas a continuación, cerrar los ojos me permite dedicar más atención a la respiración y al entorno, conforme entra y pasa por el cuerpo, sanando a medida que avanza. Por sanar me refiero a aflojar las ataduras de lo físico y a ablandar el organismo. Ese ablandamiento puede liberar y despertar el corazón. También sirve para rezar por los demás. Volveré sobre esta idea más adelante.

Al meditar con cannabis, con los ojos abiertos, hay menos de ti y más del espacio que te rodea. De nuevo, esto puede ser útil cuando te pillas atascado en la mente discursiva o tienes problemas para trabajar con la amplificación de la energía. Como describe Jeremy Wolff, con el cannabis, la tensión y la contracción pueden exacerbarse debido a "una excesiva atención a todo, incluida la respiración"[3].

Más adelante en este capítulo hablaré sobre prácticas más activas, basadas en la forma, como maneras de aliviar parte de la intensidad que puede surgir en la práctica del vacío con la hierba. Sentarse con los ojos abiertos y ligeramente enfocado, o se podría decir ligeramente desenfocado, es quizás el primer nivel para crear una válvula de escape para la intensidad.

TRABAJAR CON LA ENERGÍA AMPLIFICADA Y EL PROBLEMA DEL ABURRIMIENTO

El budismo y otras enseñanzas señalan que la agitación de la mente discursiva es nuestra principal estrategia para ocultar y evitar la realidad del estado de ausencia de ego. Gracias a las capacidades del cannabis para estimular, amplificar y disolver el ego, la gente que está acostumbrada a las prácticas básicas de meditación, así como quienes no hayan tenido tales experiencias, a veces encuentran que es más difícil realizar las prácticas bajo la influencia de la hierba.

¿Qué hacer al respecto? Una opinión es que, debido a la función amplificadora y de profundización, aunque a veces parezca que se pasa menos tiempo en la presencia sin pensamientos que con la meditación normal, las brechas profundas pueden ser de gran valor. Ayudan a abrir las puertas y muestran el camino hacia posibilidades que van más allá del *statu quo*. Es un proceso de reentrenamiento continuo.

Así, con este enfoque, se sigue trabajando en el reto. Quitarse del medio y ver la realidad no es cosa fácil. El despertar es un viaje largo y gradual para casi todos. Al introducir el cannabis en tu práctica, tendrás buenas probabilidades de aprender a relajarte y a estar en armonía con energías cada vez más fuertes.

He aquí una sugerencia que podría resultar útil y te anime a reservar un espacio para tus sesiones con cannabis, sin las distracciones e impedimentos causados por factores que te atraigan, especialmente por el reto de permanecer presente y dejar espacio en la mente discursiva en estado de amplificación. Si además eres creativo e imaginativo y quizás estás inmerso en un proyecto muy atractivo, puede que experimentes una fuerte tentación a seguir una línea de pensamiento, e incluso a coger un pincel, un lápiz, un teclado, una guitarra, una cámara o algo por el estilo. Una práctica útil que he descubierto es establecer el compromiso de sentarme a meditar, preferiblemente al acabar de fumar o vapear cuando el efecto de la planta está más fresco y fuerte, por un periodo de tiempo específico y sin hacer seguimiento. Veinte minutos suena bien. Activo el cronómetro del celular para no prestarle atención al tiempo transcurrido.

> *Mira más allá de tus pensamientos para que*
> *puedas beber el néctar puro de este momento.*
>
> RUMI

Un obstáculo común para estar en la presencia es el aburrimiento. Escribí un capítulo sobre el aburrimiento en mi libro *Returning to Sacred World*, así que seré breve. Eckhart Tolle ha señalado sagazmente que el ahora nunca es suficiente. Lo que nosotros llamamos aburrimiento es en realidad inquietud, la incapacidad de reconocer la riqueza del momento y de permanecer relajado en el estado del ahora, sin distracciones, sin entretenimientos.

Chögyam Trungpa lo llamó "aburrimiento caliente". Pero si puedes permanecer inmóvil y presente en medio de esa incómoda inquietud, tarde o temprano se transformará en "aburrimiento frío", que no es aburrimiento para nada, sino una presencia vigorizada y relajada en el aquí y ahora. Es liberador, es un alivio. Siempre hay motivos para llenar el espacio con pensamientos y/o actividad. Pero trabajar con la práctica de la quietud puede abrir la puerta a experiencias enriquecedoras.

AÑADIR MÁS FORMA A LAS PRÁCTICAS DE PRESENCIA

Existe otro enfoque general para hacer frente a los grandes retos que puede suponer el cannabis cuando se tiene la intención de favorecer la entrada a la quietud y la presencia. Aquí es donde entran en juego las prácticas con más forma. Una manera útil de abordar la incorporación de prácticas más activas y cautivadoras es usarlas como válvulas de escape para la intensidad de la presencia pura y hacerlo una y otra vez.

De esta manera se puede abordar una amplia gama de actividades. Como regla general, mientras más callada y enfocada sea la actividad, menos probabilidades de que el delicado espacio de quietud interior se oculte con el "ruido". La quietud es la fuente, el manantial de inspiración de experiencias y visiones iluminadas. Volver a conectarse en forma frecuente con la quietud hace que la conexión se mantenga fuerte.

Teniendo en mente esta directriz, cualquiera que lea esto podría sugerir varias prácticas para conectarse con la presencia. He trabajado con algunas de ellas, tanto con el uso de cannabis como sin él, así que haré algunas sugerencias para tener en consideración. Agradezco que no las tomen como inmutables. Son solo sugerencias, y en mi propio trabajo han evolucionado con el tiempo. Algunas de estas ideas entran en la amplia categoría de la llamada "meditación de enfoque", en la que, en lugar de una sintonía general con el presente, diriges tu atención hacia un punto o actividad particular.

PRÁCTICAS DE RESPIRACIÓN

Una práctica sencilla que mis colegas investigadores y yo hemos encontrado útil es dedicar un tiempo a respirar más profundamente de forma consciente. Se puede hacer de varias maneras. Puedes tomar conscientemente más aire del que entraría sin ayuda consciente. También podrías añadir algún detalle. Hemos encontrado efectos positivos con prácticas como las siguientes.

Con los ojos cerrados, siente e imagina la respiración entrar y pasar por todo el cuerpo. Siente o imagina que sube por la cabeza, baja por los brazos, el torso, las piernas y llega hasta los dedos de los pies. La inhalación puede sentirse como un aflojamiento y una expansión, como si se inflara un globo o una llanta. La exhalación puede experimentarse como un vaciado lento; mantén la atención en ella hasta el final antes de pasar a la siguiente inhalación. Hay un aspecto tanto simbólico como tangible en el hecho de salir completamente de la respiración y disolverse en el espacio.

Este tipo de práctica de concentración tiene al menos un beneficio dual. Puede ayudar a cortar la tendencia a quedar atrapado en la mente ocupada. Prestar más atención a la respiración también ayuda a aumentar el flujo de sangre fresca y oxigenada y potencia la relajación de la musculatura que se puede generar con el cannabis.

PRÁCTICAS DE VISUALIZACIÓN SANADORAS Y LIBERADORAS

Nuestro grupo de prácticas ha desarrollado una variación eficiente de la sencilla práctica descrita previamente. Siéntate con la espalda recta, visualiza un néctar sanador blanco, o si prefieres, una luz blanca sobre tu cabeza. Con cada lenta exhalación, visualiza cómo el néctar o la luz entra por el chakra de la coronilla en la parte superior de tu cabeza y desciende muy despacio.

Siente e imagina cómo libera y sana cada parte de ti, mientras fluye hacia abajo. Si estás familiarizado con los chakras, también podrías enfocarte en su liberación a medida que el néctar o la luz desciende por tu cuerpo. También podrías visualizar el néctar o luz limpiando toxinas a medida que va pasando. La rapidez con la que lo hagas dependerá de ti. Podrías, por ejemplo, realizar media docena o más de exhalaciones antes de que el néctar llegue a los dedos de tus pies y luego baje hacia la tierra.

Unas palabras de aliento: muchas personas dicen que no son visuales. Si te identificas con ese grupo, no te dejes intimidar por prácticas como la que acabo de describir. Aunque puede haber un componente visual, este no es necesario. Las visualizaciones de este tipo son más que nada una cuestión de sensaciones.

Antes de pasar a prácticas más activas o basadas en la forma, quiero mencionar que, además de las prácticas sencillas de meditación de atención plena y conciencia como las que acabo de describir, numerosas técnicas de concentración en un solo punto, ampliamente practicadas, pueden ser útiles junto con el cannabis. Una práctica tradicional consiste en concentrarse en un objeto, como una vela encendida. Otra son los mantras sencillos como los utilizados en la meditación trascendental. Los cánticos más largos, como los utilizados por los *sadhus* fumadores de *ganja* en la India, también pueden funcionar tanto para despejar la mente enfocada como para crear un fuerte campo vibratorio.

Estas y muchas otras prácticas pueden alejar la mente de la discursividad y darle, por así decirlo, otro juguete con el que jugar. Una vez más, es por eso que, en la atención pura, la realidad se descubre más directamente y es muy gratificante seguir trabajando hacia la presencia sin forma, al menos como un componente de tu práctica con cannabis.

EL YOGA Y LA ORACIÓN

Yoga es detener el parloteo de la mente.
HARI PURI BABA *AUTOBIOGRAPHY OF A SADHU*

Quizás el siguiente nivel de forma sería la práctica del yoga. El *hatha yoga*, la práctica de yoga más común en Occidente hoy, se presta para el trabajo con cannabis. En el capítulo: "Por amor a la hoja: Yoga potenciado con *ganja* para el practicante moderno" (capítulo 7), Dee Dussault hace una buena descripción de la forma en que ella combina las dos prácticas, el uso de cannabis y yoga, en sus clases de *ganja yoga*. De un modo similar a la práctica de meditación *shamatha*, las posturas de yoga proporcionan un enfoque suave sin involucrar la mente pensante, al menos en principio. El trabajo con las posturas es, en sí mismo, suficientemente no cerebral como para permitir cierto espacio en torno a la ligera atención requerida para realizar la postura.

Las disciplinas de respiración del yoga como el *pranayama* suponen otras prácticas más elaboradas que el simple trabajo de respiración arriba sugerido, para dirigir y profundizar la respiración. Vale la pena señalar, como un aparte, que el *hatha yoga* nunca fue diseñado para ser eliminado del conjunto mayor de prácticas yóguicas. Yoga es una palabra sánscrita que significa "juntar" o "unir". Este camino consiste en descubrir esa unión del yo con la realidad.

Ya que hablamos de la práctica del yoga, me gustaría añadir los principios de Ganesha Baba para la actitud y la práctica general del yoga dirigido a consumidores de cannabis.

Los seis karmas (funciones) de Ganesha Baba para fumar

1. Columna recta las veinticuatro horas del día
2. Respiración lenta, profunda
3. Alimentos, bebidas y eliminación adecuados
4. Descanso adecuado
5. Ideas correctas: no llenar la mente de información innecesaria
6. Supremacía de la naturaleza: nuestro lugar en el cosmos[4]

Además, bajo las prácticas de concentración en un solo punto se encuentra la *oración*. La palabra puede atascarse en la garganta de algunos lectores debido a su dudosa historia y aplicación actual en algunos círculos. Sin embargo, después de haber estado en las ceremonias de oración con peyote de la iglesia indígena americana *(The Native American Church)* durante más de una década, he escuchado una gran cantidad de historias increíbles y he visto ejemplos directos del poder de la oración para crear cambios en el campo físico y humano.

La oración supone la conexión de tu corazón con tu intención, con la ayuda amplificadora de una planta medicinal. No es necesario el pensamiento lineal. Puede ser tan simple como visualizar a alguien que te importe y a quien quieres enviar energía positiva. Con su humilde manera, el cannabis puede ayudar a abrir el corazón y a profundizar el enfoque en la intención. Se trata de otra práctica que puede combinarse y entretejerse con la simple práctica de la presencia: volver al manantial.

ABRIR LA FORMA: MÚSICA Y BAILE

En este punto de la escala "de la ausencia de forma a la forma", la práctica se distribuye en actividades que no son fáciles de encajar en una simple división entre lo llamado espiritual y no espiritual. Tomemos un ejemplo.

Varias tradiciones religiosas incluyen el canto en sus prácticas. Las grandes tradiciones ancestrales de los *sadhus* de la India combinan el canto y el cannabis como actividad central. Tal como describen personas como Baba Rampuri, autor de *Autobiography of a Sadhu*, algunos linajes de *sadhus* han mantenido durante mucho tiempo una profunda comprensión del poder del sonido y el canto, y su relación con la planta sagrada del cannabis.

Así, el canto es considerado una práctica espiritual. Pero, ¿dónde está la línea divisoria entre la expresión musical considerada religiosa o espiritual y cualquier otro canto que salga del corazón y del alma? Ahí es donde se rompe la división entre lo espiritual y lo no espiritual, dejando a un lado etiquetas y categorías codificadas.

En este contexto, el cannabis bien utilizado puede ayudar a amplificar cualquier tipo de actividad. Así pues, todo se reduce a tres cosas: la conexión con el corazón, la quietud como base y, en un sentido más amplio, la intención. La intención compasiva de aportar belleza, cordura o sabiduría al mundo es lo más espiritual que puede existir.

Sobre ese tema quiero referirme especialmente al baile como actividad compatible con el cannabis. Como la sabiduría del cannabis tiene un componente físico, el movimiento corporal armoniza muy bien con su *modus operandi*. El baile y cualquier otra versión en la que se realicen movimientos gráciles, bien sea improvisados o aprendidos hasta que nos salen con naturalidad, pueden considerarse otra práctica de concentración en un solo punto, en la que también tiene cabida la mente abierta. El cannabis y las actividades como el baile y la música tienen que ver con sensaciones. En general, mientras menos pienses, mejor. El baile permite experimentar el estado del ahora de manera profunda y abierta. Creo que, con la ayuda del cannabis y el tipo de música adecuado, o incluso en silencio, el movimiento puede llegar a producirse automáticamente. ¡El baile baila al bailarín! Quizá no haga falta explicar que el movimiento puede liberar energía y, de esta manera, sanar.

Aunque en lo personal no he mezclado el cannabis con ninguna práctica de movimiento corporal, creo que este se puede armonizar muy bien con una cantidad de disciplinas basadas en el movimiento, como el taichí y el *qigong*.

Hay momentos de profundidad silenciosa en los que contemplas el orden del mundo con total presencia. Entonces en su propio vuelo se oirá la nota.

MARTIN BUBER, *ART AND SPIRITUALITY*[5]

Por supuesto que hay que rendir homenaje a la música, bien sea escuchándola o tocándola. La música y el cannabis son amantes que han estado en armonía desde hace mucho tiempo. En la vasta categoría de prácticas de concentración en un solo punto y no cerebrales, es posible que no tenga igual. Particularmente, escuchar música permite la relajación del cuerpo y vaciarse de uno mismo en el momento. El yo puede desaparecer y hacerse uno con la música, y esta puede invocar un espacio adecuado para la práctica de atención plena, de conciencia y de profunda apertura.

Eso significa que es importante el tipo de música que escuches. Estás entrando en un espacio creado por otra persona y, por lo tanto, la emoción y la intención con la que se creó e interpretó son, en ese momento, todo tu mundo. Antes hablé en este capítulo acerca de actividades no tan alejadas de la presencia sin pensamientos. Tal vez descubras que escuchar música que tienda a llenar el espacio sea una combinación particularmente armoniosa para esos momentos en que también estés practicando la quietud.

Sin ánimos de poner límite a las posibilidades, las personas que combinan la música con encuentros enteogénicos por lo general recomiendan no utilizar música con letras reconocibles. Eso puede requerir la activación del cerebro pensante, lo cual interfiere en la apertura hacia la presencia sin pensamientos. Aunque el solo encuentro con la quietud puede facilitar la entrega, vaciarse en un punto de atención externo como la música puede servir de escalón, además de ser, por supuesto, una actividad exquisita por sí sola.

Tocar música es otra cosa. Al tocar música se utilizan más áreas del cerebro que al escucharla. Sin embargo, por experiencia propia, cuando todas las piezas están en su lugar, tocar música puede servir de conducto adicional para acceder a espacios profundos. Para ser breve me referiré a uno de los ancianos que conozco de la Iglesia de los nativos americanos, quien una vez comentó que cuando el grupo se sumerge realmente en los cantos de oración, en el profundo espacio de la medicina, los cantos comienzan a cantar a los cantantes.

El siguiente pensamiento es tratado con más detalle en el capítulo 18 ("Cannabis y creatividad. Una perspectiva espiritual"). Por ahora solo diré que en un medio de expresión artístico que requiere dominio de la técnica, mientras mejor conozcas tus herramientas, mayores serán las probabilidades de entrar en profunda unión con la expresión artística en ese momento, sin el estorbo de la mente pensante.

EL CANNABIS COMO APOYO DE OTRAS MEDICINAS SACRAMENTALES

Así como el cannabis puede mezclarse con otras prácticas espirituales como apoyo, la hierba sagrada también puede apoyar y enriquecer los encuentros con otros enteógenos. Cuando consumes otro enteógeno y luego complementas con cannabis, este tiene lo que yo llamaría la humildad de no insertar su propia personalidad sino, dependiendo de las circunstancias y de la medicina en particular, enriquecer, amplificar, suavizar, clarificar e incluso prolongar los efectos de la otra medicina.

He leído sobre esto, lo he discutido con compañeros buscadores de distintas perspectivas y tradiciones y yo mismo he experimentado la beneficiosa mezcla. Por ejemplo, una vez tomé una dosis, de leve a moderada, de hongos de psilocibina y después de unas dos horas, durante los efectos máximos de los hongos, le di un par de caladas a la hierba. El efecto inmediato fue una increíble amplificación de los efectos de los hongos. No se sintió para nada como el subidón que da el cannabis. Terence McKenna también ha comentado que le gustaba darle una calada, una vez que el efecto completo de una dosis fuerte de hongos se había asentado. Decía que prolongaba y potenciaba las visiones.

Algunas congregaciones en las iglesias brasileñas que utilizan la ayahuasca guardan gran respeto por el cannabis como hierba sagrada y ocasionalmente lo usan en ceremonias privadas. Según el doctor Edward

MacRae, "La Santa María, o cannabis, tomada después de la ayahuasca, puede generar una sensación de 'desbloqueo', propiciar visiones y actuar como calmante en momentos de dificultad durante el 'viaje'. Se considera que ambas pertenecen al mismo reino espiritual y que son capaces de unir a sus hijos en la Tierra y de transformarlos y liberarlos en el plano astral"[6].

En el capítulo "Manifestar la presencia. Entrevista con dos chamanes sanadores" (capítulo 13), Sean y Steve coinciden en que el cannabis puede armonizarse de manera efectiva con otros enteógenos. Como dice Steve, "Creo que la clave está en que el cannabis amplifica. Pero yo mantengo que se debe consumir la otra planta primero porque esa es la energía a la que quieres acceder".

Sobre un tema similar, en el capítulo "Sabiduría del cannabis de un chamán brasileño de ayahuasca" (capítulo 12), Mariano da Silva explica cómo la ayahuasca y el cannabis pueden trabajar juntos perfectamente, cuando ambos son utilizados con disciplina y respeto por avezados navegantes de los reinos internos. Cuando sus colaboradores más allegados y él hacen ceremonias de ayahuasca juntos, en privado, a veces usan un poco de cannabis cuando están bien avanzados en la ceremonia. Mariano describe el efecto así: "La ayahuasca te lleva a la cima de la montaña y en ese momento el cannabis te da alas para despegar y volar". Mariano también señala que el cannabis en esa situación "potencia los efectos translúcidos y clarividentes de la ayahuasca".

◆ ◆ ◆

Para cerrar este capítulo, reiteraré que todas las sugerencias sobre formas de trabajar con el cannabis son solo eso, sugerencias. Se basan en la experiencia, pero admiten la interacción creativa y la experimentación continua. El cannabis es la planta del pueblo. En los próximos años vislumbraremos un renacimiento y un vivaz florecimiento de prácticas poderosas y eficaces para despertar a la realidad con la ayuda de la hierba sagrada.

Ceremonias grupales con cannabis

Un modelo adaptable, de código abierto y probado en la práctica

Stephen Gray

En todas las culturas chamánicas, los hermosos rituales nos ayudan a recordar nuestro lugar en el sagrado círculo de la vida.

DON OSCAR MIRO-QUESADA, *LESSONS IN COURAGE*

La ceremonia puede salir de uno mismo, de una visión, puede ser otorgada por un maestro, puede ser cultural. Pero en todas las fuentes encontramos la misma raíz común. Es un proceso en el que se da forma y expresión a la capacidad humana de generar sentimiento sagrado y reverencia. Uno le dice a la Tierra, le dice al Creador, lo que siente y piensa a través de acciones, movimientos e intenciones específicas. La intención del participante se expresa externamente en forma de ceremonia.

Y a través del proceso, los seres humanos, el mundo del espíritu,
los elementos de la Tierra se entrelazan en un tejido vivo, vital
y nuevo.

Stephen Harrod Buhner, *Medicina con plantas sagradas*

♦ ♦ ♦

Las sesiones de meditación grupales pueden constituir una práctica excelente. Meditar junto a otros con una intención compartida puede mantenernos enfocados y comprometidos a trabajar la resistencia, inquietud, irritabilidad, confusión y tensión. También hay un factor X intangible que a menudo da energía y potencia a un ambiente de práctica grupal.

Pero más allá de lo que unos cuantos exploradores dispersos están haciendo por debajo de la mesa, en las culturas "modernas" estamos en pañales en cuanto a conocimiento de las prácticas ceremoniales del cannabis. La buena noticia es que estamos cambiando rápidamente. Para trabajar con la hierba sacramental en el formato de grupo, es el momento de inspirarnos en nuestra propia experiencia con otras prácticas y desarrollar nuevas síntesis, ceremonias híbridas, como las llama Ralph Metzner, el legendario portavoz de los enteógenos.

Por tal motivo, llevo varios años experimentando con rituales grupales de cannabis y me gustaría ofrecer un modelo flexible para que otros lo tuerzan, empujen, tiren de él o pongan patas arriba, al igual que algunas de las prácticas de meditación de presencia que he descrito antes como puntos de partida para la experimentación.

Nuestro grupo ha estado creando y refinando conjuntamente la práctica, y la receta que se menciona a continuación se ha ido transformado en cada ceremonia. Estamos explorando los límites del nivel de quietud que podemos experimentar y en qué medida debemos levantar el pie del acelerador, añadir más prácticas basadas en la forma, involucrar otras zonas del cerebro o mover el cuerpo.

Todo depende de cuál sea la intención. Si abrimos un poco la imaginación, podemos descubrir un sinnúmero de variaciones. Por ejemplo, quizás algunos prefieran producir un ritual basado más en la forma y en actividades. Respecto a ese estilo de práctica, sin ánimo de juzgar, les repito mi habitual recordatorio de que no son pocos quienes han descubierto por sí mismos que la quietud interior genera una brecha en la mente discursiva controlada por el ego que puede facilitar la apertura hacia la realidad no condicionada. Todo lo que se haga para fomentar esa presencia sin pensamientos será una buena práctica.

LA CEREMONIA

La estructura ceremonial se ha construido de abajo hacia arriba, recurriendo a retazos y fragmentos absorbidos durante un largo camino de rituales de distintas tradiciones y filtrados por las informaciones de los participantes. Lo que sigue es más o menos la última versión y, una vez más, los detalles de la práctica no están tallados en piedra. El momento y la secuencia de los acontecimientos descritos a continuación han variado en cada ocasión.

Para comenzar, sugiero a los participantes que hagan lo posible por limpiar bien el templo interior. Es decir, no abusar de sustancias intoxicantes y "alterantes" por unos cuantos días, incluyendo el cannabis, comer bien, nutrir el espíritu con meditación, yoga, etc., y asistir a la ceremonia bien descansado.

Dejar el cannabis por unos días puede ser difícil para algunos, por lo tanto, es posible que se desestime la importancia de hacerlo. Pero como has visto en este libro, el consumo menos frecuente de hierba puede marcar una gran diferencia en la profundidad de un encuentro concreto. Entre otras voces del libro, el chamán brasileño de la ayahuasca Mariano da Silva (capítulo 12) describe cómo su grupo hace "ayunos" de cannabis antes de realizar ceremonias con la sagrada hierba. Estos ayunos van desde cuatro o cinco días hasta tres semanas. También sugiere dejarlo de cinco a siete días entre sesiones si se quiere trabajar con cannabis como aliado sacramental para el despertar.

Sigamos con la ceremonia. Como vamos a comer cannabis, sugiero a los asistentes tomar una comida abundante al menos dos horas antes de que empiece la ceremonia. También les pido que tengan un día y una noche limpios y que intenten no planificar muchas actividades para el día siguiente. Puede ser beneficioso tener un día en el que haya espacio para alimentar la sensibilidad compasiva que se puede liberar durante la ceremonia. A medida que todos llegan al lugar de ceremonia, vamos entrando relajada y lentamente en la parte formal, quizá con un té de hierbas, música envolvente de fondo y algo de tiempo para que los que no se conocen se reúnan en una situación informal.

Los cojines de meditación, los bancos e incluso las sillas, para quienes tengan limitaciones físicas, se colocan en un círculo. Una persona se encarga de cuidar del santuario y elabora un pequeño altar en el suelo en el centro del círculo. En la decoración del altar se utilizan velas, flores y cualquier objeto con importancia simbólica. Se mantiene una vela encendida a lo largo de la ceremonia.

Cubrir el ambiente del espacio ritual con amor puede contribuir a tener una experiencia iluminadora y edificante. En el mejor de los casos, tal actitud puede provocar que algunas presencias espirituales sabias y bondadosas se interesen en el proceso. La comunidad *sangha* budista tibetana con la que estudié y practiqué en las décadas de 1980 y 1990, conocía el principio de *drala*. Trungpa Rinpoché decía que cuando los seres humanos ponen de su parte para crear un espacio sagrado, los *dralas* se interesan y acuden a potenciar la práctica. No creo que haya que tomárselo al pie de la letra para que funcione esa actitud.

Aunque no es indispensable, tal vez sea buena idea tener un responsable de ceremonia que mantenga la fluidez del proceso. Con alguien que se encargue de controlar el tiempo y el flujo de actividades en general, los demás no tienen que estar pendientes de lo que esté por suceder, cuando llamen a un cambio de ritmo, etc. Y si conoces bien esta planta, sabes cómo le gusta a la mente aferrarse a algo en que enfocarse.

Después de que el responsable de la ceremonia haya colocado el material para la práctica y la medicina, empezamos con tres golpes de gong. Luego el cuidador del santuario enciende las velas e invoca a los espíritus en las cuatro direcciones y arriba y abajo, invitando a las buenas energías a que compartan el espacio con nosotros. A continuación, damos la vuelta al círculo, compartiendo las intenciones para la ceremonia y ofreciendo peticiones que esperamos que los demás miembros del grupo tomen en consideración en beneficio de seres queridos que necesiten de nuestra ayuda.

En este punto pueden servir de ayuda otros rituales breves en la ceremonia para energizar y concentrarse. He incorporado algunos de la oración del peyote de la Iglesia de los nativos americanos de la época en que asistía a sus reuniones. Pasamos un manojo de salvia fresca para que la gente se bendiga con ella, luego encendemos un poco de tabaco enrollado en una hoja de maíz para el rezo y lo vamos pasando mientras canto una serie de canciones del peyote.

Como queremos acomodarnos bien para una sesión larga, ingerimos parte de la medicina en este momento o incluso antes. Hemos estado usando unos caramelos de un dispensario local cuyo proveedor mide cuidadosamente la cantidad de cannabis. Cada uno de los caramelos que hemos estado comiendo contiene un cuarto de gramo de cannabis. Algunos empezamos con medio caramelo, otros con uno entero. Por respeto a los participantes, considero que es mi responsabilidad asegurarme de que conozco la potencia y, en menor medida, la cepa del medicamento que vamos a consumir ese día.

En caso de que te hayas saltado el análisis sobre las cepas o que no lo hayas leído en mucho tiempo, te recuerdo que las distintas cepas suelen tener efectos diferentes. Algunas son intensas y desaparecen rápidamente, otras son suaves y más relajantes, algunas se sienten más pesadas y somnolientas, otras brillantes y ligeras, algunas (como cuenta Steve Dyer en la entrevista con Sean Hamman) tienen piernas y te tienen abrazado durante mucho más tiempo que otras cepas. Es responsabilidad de la persona que suministra la medicina conocer la cepa que se ofrece para la ceremonia.

El responsable de ceremonias puede repasar, recordar, incluso dar instrucciones , si es necesario, sobre algunas de las versiones de prácticas que se pueden realizar. Regresa al capítulo anterior sobre prácticas (capítulo 5) si necesitas un recordatorio sobre ellas.

Una simple meditación de atención plena y conciencia es el punto de partida de la práctica y el ancla al cual regresamos a lo largo del día. Me he dado cuenta de que tengo que ver cómo se siente el grupo a medida que avanza el día. Como por lo general trabajo con gente experimentada tanto en medicinas enteogénicas como en meditación, me ha sorprendido el tiempo tan largo que pasan en meditación silenciosa. En esta etapa inicial, tal vez comenzamos con diez o veinte minutos sentados en meditación.

En esta versión de ceremonia grupal también incluimos la inhalación, en nuestro caso con un vapeador. Si conoces bien a tu grupo y tu medicina, podrías usar el vapeador en cualquier momento después de la ingestión oral. Si quieres estar seguro, podrías esperar de una hora y media a dos horas después de ingerir la medicina. A menos que alguien haya comido justo antes de la ceremonia, es poco probable que los efectos del cannabis ingerido por vía oral aumenten, aunque los estudios indican que cuando se ingiere junto a una cantidad considerable de comida, incluso en un *brownie* grande, por ejemplo, puede tardar más en alcanzar la plenitud de los efectos psicoactivos que con el estómago vacío.

Como conozco mi medicina y a casi todo el grupo, le damos una o dos caladas entre treinta y cuarenta y cinco minutos después de la ingesta. A medida que avanza el día, voy consultando con el grupo periódicamente para ver si todos o alguno quiere recargar con caramelos o con el vapeador.

Grandes dosis, especialmente de cannabis ingerido por vía oral pero a veces también por inhalación, pueden desencadenar experiencias difíciles para algunas personas. En ninguna de nuestras ceremonias ha surgido nada preocupante, gracias al buen contexto interno y externo. Pero sí puede suceder, así que es bueno saber cómo actuar en tales situaciones.

En el capítulo sobre precauciones y obstáculos (capítulo 21) se explica en detalle cómo afrontar las situaciones angustiantes. Por el momento, el primer enfoque consiste en volver a la respiración y no dejarse llevar por las narrativas que inducen ansiedad. A veces ayuda levantarse y caminar un poco, luego acostarse por unos minutos, sin impedir que la respiración fluya lo más libremente posible. Recuerdo que Terence McKenna dijo una vez que la mayoría de las experiencias de miedo con enteógenos son el resultado de olvidarse de respirar. Según mi experiencia, los momentos difíciles pasan rápidamente con remedios de "primeros auxilios" como estos.

Para que no seas excesivamente precavido, hemos descubierto que otro caramelo u otra calada quizá prolonguen la duración de los efectos, pero no duplican el efecto de los primeros. Creo que el término científico es "regulación descendente del receptor". En otras palabras, los receptores cannabinoides quedan al menos parcialmente satisfechos por unas horas. Además de alargar la duración de los efectos, una recarga o dos con la ceremonia bien avanzada puede refrescar tu energía. Con la sugerencia habitual de seguir afinando y perfeccionando, mi experiencia me ha demostrado que, debido a sus cualidades más espaciosas y estimulantes y a su rápida aparición, la inhalación en lugar de la ingestión oral puede ser la técnica de animación preferida durante esas horas.

OTROS COMPONENTES DE LA CEREMONIA

Llegados a este punto, tal vez nuestro grupo ya habrá estado sentado sin moverse durante casi una hora. Hemos encontrado algunas formas de satisfacer la necesidad de movimiento del cuerpo sin dejar nuestro estado.

Un principio de trabajo que se aplica durante todo el día es que cualquier cambio de actividad no se considera un descanso, sino otra forma de practicar, similar a algunos tipos de retiros de meditación. Siempre mantenemos lo que llamamos conversación funcional: hablar solo cuando sea necesario para comunicar algo que no se pueda transmitir de otra manera. Los gestos sencillos pueden solucionar parte del problema.

Con esta regla en mente, cualquier ejercicio de estiramiento y respiración será útil. A veces pongo una música lenta, como cantos rítmicos contemporáneos estilo *kirtan*. Si la intención del grupo es explorar el portal silencioso, probablemente sea mejor no utilizar ese tipo de música por mucho tiempo ni tampoco música de baile muy enérgica. Cuando se excita el sistema, el viaje de vuelta a la presencia calmada podría ser más largo.

La meditación de caminata en grupo es otra buena forma de hacer que la sangre de las piernas y los pies vuelva a su flujo normal. A veces tenemos un instructor de yoga en el grupo que nos guía durante diez o quince minutos con suaves estiramientos de yoga. El resto de la ceremonia continúa con el mismo formato una y otra vez. Meditamos en periodos breves de diez a treinta minutos, marcados por variaciones para reducir un poco la intensidad de la meditación del vacío y ser amables con el cuerpo.

He aquí otras ideas con las que hemos trabajado.

Cada cierto tiempo hacemos circular un pequeño frasco de aceite esencial, como los que se usan en aromaterapia. En este tipo de espacio ritual en silencio, una profunda inhalación de aceite esencial como el de lavanda o romero puede abrir nuestra mente hacia el cielo y las estrellas.

Los instrumentos musicales pueden aportar un sutil interludio que abra el corazón. Un buen gong tibetano suena de maravilla en ese espacio. También son maravillosos los sonidos armónicos creados al frotar el mazo por el borde del gong. A veces toco unas notas cautivantes en una pequeña *kalimba* con una caja de tambor resonante.

Los tonos vocales, como los cantos *om* realizados al unísono o con armonías sencillas que aumenten la vibración, son otra buena práctica para cambiar de ritmo. Tal vez no la primera vez, pero con la práctica es posible generar un estado en el que la canción cante a los cantantes y el espacio se pueda llenar de una vibración poderosa y potencialmente sanadora cuando los participantes se escuchen atentamente entre sí y disuelvan el tráfico de pensamientos en el espacio compartido.

Los famosos *munchies* o antojos pueden aparecer en algún momento. En la entrevista con Sean y Steve (capítulo 13), Sean advierte que no hay que dejarse llevar por los antojos de comida cuando se trabaja en los ajustes de apertura de la mente y el corazón en un espacio inducido por el cannabis, especialmente, como se ha señalado anteriormente, los alimentos grasos y azucarados que, según él, entorpecen mucho la conexión. También me han contado que cuando el cannabis se usa de forma ceremonial en los rituales de ayahuasca brasileños, evitan comer antes, durante e inmediatamente después de la ceremonia. Así pues, a veces es bueno "indianizarse", como les gusta decir a mis amigos nativos americanos.

Al mismo tiempo, algo de alimento puede ayudar a mantener los niveles de energía cuando se está bien entrado en la sesión. Comer con atención plena algo ligero y sencillo en ese momento puede formar parte de la práctica. Hemos utilizado frutas como naranjas y fresas. Dicen que el agua de coco tiene buenos nutrientes para este tipo de situaciones y le cae muy bien a nuestro grupo.

Nuestra profesora de yoga también organiza ceremonias con cacao, que últimamente se considera una sustancia que abre el corazón cuando se consume en un contexto ritual. Ella muele el cacao y prepara un té durante una de nuestras sesiones de caminatas meditativas; entonces lo bebemos juntos y en silencio y luego regresamos al círculo. Después de un rato sentados, ella conduce una meditación guiada para estimular la conexión con el corazón. Aunque no estamos para hacer proclamaciones audaces, el consenso en el grupo ha sido que el cacao ejerce una influencia suave, reconfortante y dulcificante.

CIERRE DE LA CEREMONIA

Cuando el día o la noche fluyen como he descrito, los efectos de la medicina disminuyen muy gradualmente, y alrededor de las cinco o seis horas estamos listos para comer de verdad. Para estas ceremonias me he inspirado en prácticas como el banquete budista *vajrayogini* y el ritual matutino de comida de la Iglesia nativa americana.

Es por eso que hacemos banquetes. Pedimos a la gente que traiga comida que no requiera de mucha preparación en la ceremonia. Tanto la preparación de la comida como la ingesta se consideran parte de la práctica e intentamos ceñirnos a la actitud funcional de solo hablar. Una persona prepara un plato de ofrenda espiritual con pequeñas cantidades de cada alimento. Una vez que todos tenemos comida en nuestros platos, formamos un círculo y se ofrece una oración de agradecimiento. Después, volvemos al círculo ceremonial. Comemos en silencio. Cuando todos han terminado, compartimos nuestras experiencias del proceso; hemos descubierto que después de comer es un buen momento para hacerlo.

Una vez retirados los platos, volvemos a nuestro círculo ceremonial para sentarnos brevemente y proceder con el cierre de la ceremonia. A continuación, el encargado del santuario habla de nuevo a los espíritus de todas las direcciones y apaga las velas. Con tres golpes de gong se cierra oficialmente la ceremonia.

◆ ◆ ◆

Hemos comprobado que este tipo de práctica grupal es muy beneficiosa. Algunos de los participantes habían desarrollado asociaciones negativas con el cannabis y se sorprendieron al ver cómo esta forma de trabajar con la hierba sagrada cambiaba radicalmente su actitud hacia ella. Una participante, exploradora de enteógenos muy experimentada, dijo que había subestimado mucho a la planta. Otros dijeron que no tenían ni idea de lo profundo y agudo que podía ser su encuentro con la planta hasta que participaron en estas ceremonias.

He aquí un testimonio que ejemplifica los comentarios una vez acabada la ceremonia:

> Cuando se aborda con respeto y atención plena, el cannabis realmente amplifica el espacio ceremonial que creamos. Sentí como si el proceso interior que había iniciado en otros viajes con plantas se hubiera reabierto y continuado con esta experiencia, permitiendo la visión creativa y la sanación emocional sin una rigidez forzada. Más bien, fue como una dedicación a soltar la mente de mono egoísta y permitir la llegada de las cualidades de la planta a través de la observación consciente. La amplificación de los sentidos junto a una mente disciplinada para reconocer y abandonar los pensamientos conductuales permitió que la experiencia del cannabis coordinara una sanación en múltiples niveles: espiritual, mental, emocional, y físico.
>
> N. W.

Cerramos este capítulo con este precioso poema de KL, compuesto tras una de nuestras ceremonias.

En una ceremonia verde florecen los seres humanos

Nuestra tarde se desarrolló en nuestro interior,
cada quien en su palacio, codo con codo,
invitados a "estar en silencio... a dejar que pasen los
      pensamientos..."
incluso los geniales que dicen "¡ahora mismo!",
solo hay que recibirles: "Pásate en otro momento,
confío en que me encontrarás cuando sea el momento
      adecuado".
Giramos a través de siglos de sensaciones,
enseñanzas viscerales de la llama que respira
saboreando esa cascada de néctar blanco
que entra por la coronilla, baja por la columna vertebral
y sube desde la madre Tierra para iluminar nuestro cerebro.

Sentir lo que significa la BENDICIÓN... ¡es tan sencillo!

En la quietud... *sentir...* y *ver...* y *escuchar...* y *saber...*
dejar que las preocupaciones se disuelvan a la luz de ESTO.
Respirar el jazz puro en nuestros sentidos mantiene
el fuego del alma brillando, creciendo, en el corazón.

¡Curiosos! pensamientos y sentimientos revolotean,
cada uno es una textura de la verdad viva,
cada uno es un fractal "soleado"
envuelto en mis sombras, mis fantasmas, mi historia.

Cantamos *Shivoham* y oraciones de peyote
con música, el hombre del ritmo con la guitarra,
tan delicadamente, con el toque del chamán,
elaborando nuestras armoniosas bendiciones al mundo.

¡Todas las alabanzas al latido primordial!
Nuestras pequeñas mentes descansan en un mar
      iluminado por la luna.

La gran naturaleza lo es todo, incluidos nosotros.
Una bendición de preparación casera burbujea con
     nuestra canción,
nuestras voces abren puertas más profundas y más dulces.

Y luego nos sentamos en silencio por un rato,
tal vez un sabor, una fragancia, un sonido de campana
se pasa de mano en mano... ¡los sentidos parecen brillar!

Un "día de práctica", un "retiro medicinal",
sentarse erguido y simplemente estar consciente:
texturas de sonidos, visiones, sabores y tactos...
en casa, en nuestra propia piel, estando vivos,
saborear más profundamente lo que somos
y cómo se siente y funciona hoy nuestra "práctica".

Un Sabbat de descanso del ajetreo,
esta es una manera, un regalo ¡colegas investigadores!
Hemos tratado con esta ingeniosa planta desde hace diez
     mil años.
¿Por qué está aquí? ¿Qué nos regala?
¿Puede el subidón ayudarnos a mejorar nuestras vidas?
Círculos como este podrían ayudarnos a "decir sí que
     sabemos".

Nuestra recreación... nuestra religión... es *Una*.
Que el juego sea la medicina de comunión:
Corriente de Vida eterna que renueva el alma.
Un poco del Aliado solo puede ayudar.

Que despertemos a la belleza de lo que existe,
a cómo nuestro amor abre el mundo.

                                                      KL

Por amor a la hoja

Yoga potenciado con *ganja* para el practicante moderno

Dee Dussault

DEE DUSSAULT ha practicado yoga desde hace veinte años y lo enseña desde hace diez. Es pionera en Occidente en dar clases de *ganja yoga*. Es la primera profesora de yoga en Norteamérica que sale públicamente a hablar de los beneficios de combinar el cannabis con la práctica del yoga. El trabajo de Dee está teniendo repercusión a nivel nacional. Entre otros medios importantes, ha sido entrevistada en el *New York Times* y ha aparecido en *ABC News*. También es autora del libro *Ganja Yoga* (Harper One, abril de 2017).

• • •

CANNABIS Y EL CAMINO ESPIRITUAL

En la comunidad occidental del yoga se habla cada vez más del papel que puede desempeñar el cannabis en el camino espiritual. Impregnada de una historia hippie de amor y paz, la marihuana inspira a algunos practicantes de yoga contemporáneos a profundizar en la conciencia, la aceptación, la conexión y la relajación durante la práctica. Como fundadora del *ganja yoga*, y la primera profesora occidental en hacer pública la combinación de la planta con el yoga, tengo mucho interés en ahondar aún más sobre el papel del cannabis como ayuda espiritual.

La pregunta que me hago es si el cannabis tiene o no beneficios espirituales, además de las ya conocidas bondades medicinales. Esta pregunta no va dirigida a aquellas personas para quienes la planta carece de interés o les resulta inadecuada. Pero para aquellos que han sentido afinidad por ella, ¿es el *ganja* una herramienta útil para nuestro desarrollo espiritual y psicológico? O, como algunos han afirmado, ¿es un obstáculo en el camino y, al incorporarla a nuestros asanas o posturas de yoga y *pranayamas* (prácticas de respiración), estamos perjudicando nuestra evolución espiritual?

En relación a las preocupaciones con el cannabis, es importante reconocer que muchas de nuestras razones iniciales para ser cautelosos con el papel de la planta en nuestra relación con el espíritu se debe a una comprensión limitada de la historia del yoga. Creemos en una mitología en la que el yoga es históricamente puro. Creemos que se trata de un sistema tradicional de práctica que era perfecto, íntegro y completo hasta que emigró a Occidente en los siglos XIX y XX, cuando degeneró.

Muchos practicantes se sorprenden al saber que la práctica del yoga en la antigua India se parecía más al *ganja yoga* que a cualquier otra cosa que puedas ver hoy en un centro de yoga. Las salutaciones al sol no se conocían en los inicios del yoga, pero se bebía una mezcla de cannabis para provocar meditaciones más profundas. En los Vedas y en los Yoga Sutras de Patanjali se menciona el cannabis, pero no la postura del **perro boca abajo** ni del *chaturanga*. Debido a la oleada de colonos e invasores en la región del valle del Indo, el yoga siempre fue una mezcolanza, a veces contradictoria, de diversas creencias, prácticas e ideologías de la época. El yoga, si es que alguna vez fue una entidad sólida, ha ido evolucionando desde sus inicios. Dicho esto, los invito a considerar la relación positiva que puede tener el cannabis con un practicante de yoga, con independencia de su relación personal o de sus ideas sobre la planta.

◆ ◆ ◆

Empecé a combinar el cannabis y la práctica espiritual mucho antes de saber que los yoguis y chamanes llevaban milenios haciendo lo mismo. Fui precoz en el yoga, me inicié a los quince años, con asanas, *pranayama* y meditación. Mi historia de amor con el cannabis comenzó más de una década después, con veintitantos años de edad. Cuando descubrí la invalorable importancia del contexto interno y externo pude acceder a estados espirituales conocidos y deseados (como la presencia, la relajación, el placer y el éxtasis), solo con unas caladas y cogiendo un subidón, relajada, tranquila y deseando que afloraran esos estados de conciencia.

Naturalmente, los estados espirituales que podía alcanzar eran mucho más poderosos y duraderos si consumía y luego realizaba algún tipo de práctica espiritual de forma consciente, como respiración yóguica, estiramientos conscientes, sexo tántrico o alguna meditación guiada. En ocasiones, la espiritualidad potenciada por el cannabis era también un viaje hacia los aspectos sombríos de mi psique, haciendo contacto con el dolor, los traumas, el miedo y con experiencias de muerte del ego, lo que suponía una experiencia espiritual más parecida a un viaje chamánico que al yoga.

YOGA Y CANNABIS: ACELERADORES ESPIRITUALES

Doy clases de *ganja yoga* porque he tenido mucho éxito en mi práctica de yoga con la ingeniosa inclusión de la hierba sagrada. Después de diecinueve años de práctica de yoga puedo decir que mi práctica se aceleró con la incorporación del cannabis. El cannabis actúa como potenciador sensorial, revelador emocional, y modulador del dolor, mejora el estado de ánimo, disuelve los límites y alarga el tiempo. Las experiencias de *ganja yoga* son en muchos aspectos como mis experiencias más gratificantes de yoga sin cannabis; sin embargo, bajo la influencia de la hierba se amplifican los efectos de mi práctica.

Tras diez años de sentir el cuerpo en una postura, luego sentir el cuerpo en una postura pero en un estado de conciencia más abierto y expansivo es algo totalmente diferente. La planta me estaba mostrando mis capacidades, no solo en mi cuerpo físico, sino también en la atención a las sensaciones sutiles en su interior. La planta provocó, o me ayudó a sintonizar, los efectos de viaje místico de la práctica, sobre lo cual había leído durante años. De pronto, la anatomía esotérica yóguica, como por ejemplo los siete chakras principales, dejaron el reino de lo conceptual para convertirse en una experiencia real en mí.

Con el uso regular del cannabis, el acceso a aspectos menos racionales de mi conciencia como la imaginación, la intuición y la visualización se fortalecieron más. Me sentía conectada al principio creativo del universo. Cuando me encontraba en mi estado de conciencia común no estaba segura de si realmente había un vórtice de energía en el centro de mi corazón. Cuando estaba en la conciencia provocada por el cannabis, no tenía que preguntarme si el chakra del corazón realmente existía: podía sentirlo e incluso verlo.

Cuando se potencia la práctica con cannabis, la conciencia del ego dominada por la mente y basada en el miedo se puede revelar, trabajar y abandonar más fácilmente. Nos identificamos con apenas una fracción de lo que realmente somos. Abandonar estos aspectos limitados de la mente, aunque sea por un tiempo, profundiza las experiencias meditativas, lo que nos ayuda a abandonar la mente la próxima vez y así sucesivamente.

Cuanta más atención plena, reverencia e intención mantenía al consumir cannabis, más intensas y despiertas eran las experiencias pico, en términos de producir estados de paz, bienestar, vitalidad y unidad con todo. Empecé a notar que mi conciencia permanecía expandida durante días después de una sesión. Era como si estuviera creando un surco neural al practicar yoga con cannabis y, al visitar este lugar con suficiente frecuencia, ese surco podía ser aprovechado incluso cuando no estaba fumada o haciendo yoga.

MEMORIA CORPORAL DE DICHA

Al producirse ese sentido de conciencia de unidad con suficiente frecuencia, las células, el ser, el cuerpo y el alma empiezan a recordar que somos más libres de lo que creemos. Desarrollamos una memoria corporal de dicha. Cada vez que entramos en el estado de trance cannabis-yoga, la conciencia expandida que cultivamos se hace más grande en nuestra realidad dominante. Las sustancias químicas que alteran la mente, como el cannabis, pueden provocar estados alterados útiles, pero la combinación de la hierba con la práctica espiritual nos ayuda a cultivar los rasgos permanentes que son un signo de la verdadera integración de la nueva conciencia en expansión para la evolución espiritual.

También sugiero a mis alumnos que a veces hagan su práctica de yoga sin la potenciación del *ganja*. Estar sobrio acentúa ciertos aspectos de la práctica que no se acentúan con un subidón. Estos aspectos incluyen realmente entrar en contacto con la sensación de aburrimiento que la práctica diaria puede traer a menudo. A veces trabajar el aburrimiento viéndolo, aceptándolo, soportándolo y, finalmente, superándolo es espiritualmente más necesario que mitigarlo con una fumada.

En otras ocasiones, sin embargo, uno siente que lo correcto es evitar las reacciones mentales condicionadas como el aburrimiento y la ansiedad y pasar directamente a los aspectos más sensacionales y exclusivos de la práctica (y de la existencia) como la dicha y la unión. Después de todo, los estados espirituales de conciencia son simplemente expresiones de un cierto equilibrio en la química del cerebro que era más fácil de alcanzar hace dos mil años en los *ashrams* rurales de montaña. Con tanta distracción en nuestras agitadas vidas, al yogui moderno le resulta más difícil dejar de lado las preocupaciones del mundo y las ambiciones del ego. Hoy en día es más difícil alcanzar la dicha, la relajación, la paz y la presencia.

Sin embargo, si queremos, podemos hacer uso de una planta con muy pocos efectos adversos para provocar la química cerebral exacta de la dicha que describieron nuestros antepasados yóguicos. El cannabis no es una panacea, pero puede aliviar el estado mental de distracción, de hacer negocios, de productividad y de sensación de separación que nuestra cultura nos condiciona a tener. Pero el cannabis tampoco es la solución mágica para el crecimiento espiritual, necesita ir unido a alguna forma de práctica regular para producir una experiencia duradera de unión.

Gracias al cannabis descubrí que mi definición del yoga había empezado a cambiar. Más allá de las posturas y la respiración, el yoga se había convertido en una forma de ser. Comencé a decirles a mis alumnos que practicaran *ganja yoga* al salir de la colchoneta: deja que el cannabis te aporte relajación, deja que invite a la presencia y al agradecimiento en cada momento. Claro que el cannabis es hermoso y gratificante cuando se consume de forma sagrada y ceremonial, pero lo que realmente hizo por mí espiritualmente fue recordarme que debía hacer yoga en cualquier lugar. Y entonces pensaba en mi respiración, o tenía un momento yóguico de autoconciencia compasiva, o estiraba más la columna, allí mismo mientras fumaba en el parque. De este modo, hacer la cola para el concierto se transformaba en algo sagrado, y yo practicaba yoga, aunque fuese de forma pasiva, mucho más a menudo.

Así, el cannabis se convirtió en un aliado espiritual para mí de dos maneras. En primer lugar, fue un pequeño empujón de la naturaleza al decirnos que podemos hacer la práctica y sentirnos espirituales en **cualquier** momento. Esto redefinió el yoga para mí. La segunda forma en que se convirtió en un aliado espiritual fue a través del reconocimiento de que, cuando nos tomamos el tiempo y tenemos el cuidado de cultivar una práctica activa y un uso intencional, podemos llegar adonde llegaron los antiguos yoguis, con una planta con la que, por cierto, es posible que hayamos evolucionado conjuntamente.

Esto no quiere decir que cualquier persona que fume marihuana vaya a ponerse automáticamente a meditar o incluso a relajarse cada vez que consuma. Sin duda, mi década de experiencia previa con el yoga y mi predisposición hacia el autodescubrimiento místico hicieron que el simple hecho de "andar por ahí con un subidón" me resultara tan espiritual, y que las exploraciones místicas y la práctica activa del yoga fueran tan espectaculares.

Y esto no significa que cualquiera que incorpore el *ganja* de forma ritual a su rutina de yoga vaya a experimentar algo positivo o duradero. Depende de cuánto tiempo lleves haciendo yoga, qué tipo de yoga practiques, cuánto tiempo lleves consumiendo hierba, qué tipo de hierba consumas, con qué frecuencia la consumas, cómo la consumas, cuáles sean tus intenciones, etc.

Además de gestionar nuestras expectativas, hay que tomar algunas precauciones al combinar ambas prácticas. Recomiendo hacer posturas invertidas potencialmente peligrosas sólo cuando estés sobrio. Para mí, el poderoso yoga estilo *vinyasa* no encaja bien con la preferencia del *ganja* por la horizontalidad. Por supuesto, una sativa fuerte podría ir bien con una práctica de yoga más yang, si eso es lo que buscas. Lo que resonó más en mí fue hacer la mayor parte de mi práctica yin (hatha, restaurativo y místico), potenciada con *ganja*, pero mi práctica diurna más energizante la hacía sin cannabis.

EN EL VIENTRE DEL MUNDO

Una de las primeras experiencias espirituales potenciadas con cannabis permanecerá siempre en mi memoria como un despertar crucial en mi camino espiritual. Ocurrió una noche en la que había fumado y empecé a hacer unas prácticas para el aumento de energía según la tradición del tantra yoga. Incluso en estado de sobriedad, estas prácticas energéticas pueden producir un estado de trance profundo, que consiste en un estado de conciencia alternativo o no ordinario, diferente a como la mayoría de nosotros pasa la mayor parte de del día. Al combinar el potencial de trance de esta práctica particular de respiración y visualización con el potencial de trance que proporciona el cannabis pude, por primera vez, entrar en un estado místico increíblemente profundo, un estado en el que los límites ordinarios de mi cuerpo se volvieron menos definidos y una sensación de expansión, éxtasis y amor cósmico llenó mi conciencia y mi ser. Durante una eufórica eternidad, cada célula de mi cuerpo parecía vibrar con vitalidad. Ya había experimentado antes lo que se llaman orgasmos energéticos, pero por primera vez sentí la electricidad de todo mi cuerpo como una zona erógena palpitante: una terminación nerviosa sensorial lamiendo el jugo ardiente del universo, las suaves espirales extáticas de deliciosos arco iris fractales moviéndose por mis *nadis* (canales de energía). El cannabis aumentó mi sensibilidad al flujo sutil de sensaciones a través de mi cuerpo de una forma que nunca antes había experimentado y, de repente, me encontré en un estado de orgasmo expandido, abrumada por una clara sensación de que estaba haciendo el amor con el universo. Sentí y vi toda la creación penetrar y salir de mí, ¡llenándome con todo lo que es, era y siempre será!

Sólo con el cannabis, una intención mental meditativa y una práctica de respiración rítmica, llegué a sentirme el vientre del mundo, acogiendo la semilla del polvo de estrellas. Y, al mismo tiempo, tuve la sensación de que estaba follándome al universo, dándole todo lo que tenía con mi pene energético gigante, la luz blanca diamante de mi relámpago cósmico salía desde mi chakra raíz, penetrando a todos y todo a través del tiempo y el espacio e incluso a personas que me disgustaban. Me los estaba follando, dándoles con cada respiración; mi energía como de tótem masculino penetraba y salía de toda la creación con mi intención amorosa, alegre y sexual. Estaba en unidad, era uno con todo lo que es, estaba completa. No hice ni un solo asana esa noche, pero fue el mejor yoga de mi vida.

Aunque no era consciente de ello la noche en que el universo y yo hicimos el dulce amor cósmico, lo cierto es que durante miles de años, yoguis, místicos y chamanes de todo el mundo han utilizado el cannabis y otras plantas maestras para alterar sus estados de conciencia con el fin de experimentar esa misma sensación de unidad que yo había experimentado. Además de favorecer la relajación, el cannabis intensifica la percepción y puede inducir visiones y despertar aspectos dormidos de la imaginación.

También puede, con voluntad y disciplina, fomentar la concentración y el enfoque necesarios para aquietar las fluctuaciones de la mente, el propósito final del yoga. En los antiguos textos yóguicos, el cannabis, con los nombres de *bhang, soma* o *amrita*, se describe como el "elixir de la inmortalidad". La idea era que estas experiencias de trance fuesen verdaderos despertares espirituales: una vez que seamos capaces de ver y sentir y conocer esa conciencia de unidad, nos liberaremos del sufrimiento, de la ilusión de separación, del miedo a la muerte. Como resultado quedamos iluminados, liberados, inmortales.

Para la mayoría de nosotros, una fumada o una sola clase de *ganja yoga* no conducen a la iluminación permanente (tampoco se consigue con una clase de yoga sobrio). Mi relación sexual con el cosmos fue causada por el despertar de la energía *kundalini*, que me impulsó a vivir más experiencias de ese tipo y, por consiguiente, a tener una relación más compasiva, alegre y conectada con el universo.

El cannabis es un acelerador de nuestra práctica espiritual, no es una *shaktipat* (iniciación espiritual instantánea). Tenemos toda la vida, y algunos dicen que incluso más, para conseguirlo, así que, con el tiempo y la práctica, podemos poco a poco, aunque no tan lentamente como cuando estamos sobrios, liberarnos cada vez más de los confines del ego y las limitaciones de la mente que causan sufrimiento.

Al combinar el cannabis con la práctica espiritual, estamos empujando continua y pacientemente nuestro sistema nervioso hacia la iluminación de forma mucho más rápida, al invitar a esta notable planta aliada a acompañarnos en nuestro ascenso hacia la cima de la montaña.

RELAJACIÓN VERSUS MEDITACIÓN

Unas palabras sobre relajación versus meditación. La relajación puede ser acostarse, escuchar música, dejar vagar la mente, sentirse bien, rodar, ir con la corriente, no pretender ni practicar nada... "simplemente ser". Es un estado perfecto y no hace falta hacer nada. Incluso si no entramos en un trance espiritual cada vez que fumamos, como mínimo, el cannabis relaja el sistema nervioso parasimpático y aumenta el flujo de dopamina al cerebro, por lo que nos sentimos relajados y felices, lo cual es un buen punto de partida para empezar nuestra práctica de yoga. Si eso fuese lo único que hace, ya sería mucho. Dado que el estrés crónico es una de las principales causas de enfermedad y muerte, cualquier cosa que nos aleje del camino a la destrucción ya es una medicina sagrada.

La meditación, en cambio, es una práctica activa que requiere disciplina. Implica una intención y un esfuerzo, ya sea concentrarse ligeramente en la relajación del cuerpo, en la sensación de la respiración o en un mantra. La meditación se produce solo cuando somos capaces de relajarnos. Tumbarse y darse un revolcón psicodélico es una cosa, pero sentarnos para una meditación de concentración activa es algo muy distinto. En realidad, cuando hacemos yoga, solemos flotar en algún punto intermedio entre los dos estados, en un estado de conciencia no ordinaria que suele ser intencional, consciente y altamente relajado.

Y ahora un escollo: las neuronas de nuestro cerebro dejan de responder temporalmente tras dispararse, pero una cosa que hacen los cannabinoides del *ganja* es interrumpir este periodo reticente. Esto significa que los pensamientos, la imaginación y las percepciones pueden aumentar porque las redes neuronales siguen disparándose y todo sigue teniendo relevancia y asombro.

Debido a esa relevancia, el cannabis, de hecho, puede causar *más* dificultad en la práctica de meditación activa, porque cada pensamiento parece ser el mejor pensamiento de la historia. Sin embargo, el problema es que se supone que debes observarlos y luego dejarlos ir, no energizarlos. Así que, si utilizas el cannabis para potenciar tu yoga, puede que te desvíes de tu intención de permanecer en el momento presente por todas esas ideas superfluas que surgen. Puede que sea un reto, pero es una forma estupenda de practicar tanto la concentración como la entrega. Si puedes soltar esas ideas excepcionales y volver a tu respiración, estarás practicando el arte yóguico de rendirte al momento.

Es por ello que también sugiero a mis estudiantes que cultiven su práctica de meditación estando sobrios, para que uno pueda hacerse una idea de la disciplina, el esfuerzo y la voluntad que se requieren para sentarse a meditar.

Otro consejo es realizar la práctica de concentración meditativa al **final** del subidón del cannabis, después de que la relevancia haya pasado. Podrás mantenerte más presente que al principio del subidón. Al hacerlo, probablemente descubrirás que una vez que empiezas a notar tu respiración, o la sensación de tu cuerpo estirándose en una postura, estos aspectos sensoriales del momento presente se vuelven tan fascinantes como tus pensamientos más geniales.

Por eso se llama **práctica** de yoga: puede que tengas que regresar tu atención, desde los pensamientos más geniales de la historia a la respiración y al cuerpo, quizá cien veces mientras estés sentado en la esterilla. Desconecta y relájate si quieres, porque como sociedad lo necesitamos mucho. Pero si lo llamas meditación o práctica espiritual, asegúrate de seguir **practicando.** Utiliza la relevancia del cannabis a tu favor, dándote cuenta de cosas nuevas sobre tu mundo interior, tus órganos, tu respiración, las sensaciones de la energía que fluye por tu cuerpo, cosas nuevas que quizá nunca habías notado cuando no estabas bajo los efectos del cannabis, cosas que se amplifican gracias a él.

OTRAS PREOCUPACIONES PARA TENER EN CUENTA

Otra preocupación tiene que ver con la dosificación. El cannabis puede eliminar el exceso de ruido mental y permitirte estar más plenamente en tu cuerpo, eso sí, con la dosis adecuada. **Menos es más.** Sé de estudiantes que han perdido la conexión cinestésica con sus cuerpos porque su conciencia estaba muy por encima del plano físico. Usa la herramienta yóguica de la autoconciencia para monitorear tu subidón, bien sea en el yoga potenciado con *ganja* , bien en el *ganja* potenciado con yoga.

Una última preocupación: el tema de la dependencia del cannabis. Si mis alumnos adoptan el cannabis como único medio para experimentar lo espiritual y descuidan su práctica o se vuelven obsesivamente adictos a ese particular estado de trance, entonces podría sugerirles que en realidad se están obstaculizando. Cuando esto ocurre, suelo sugerir que se sometan a un ayuno de cannabis. Conozco a un yogui que dice que el *ganja yoga* es como añadir sal a la comida; el cannabis no es la comida en sí, sino que la realza. Si solo comemos sal, nos perdemos la carne de la vida. Si solo fumamos cannabis sin cultivar los aspectos, a veces difíciles, de nuestra práctica espiritual, entonces no nos estamos ayudando de una forma plena a nosotros mismos.

Una nota sobre el contexto interno y externo. Para sacar el mayor provecho a la combinación de cannabis con nuestra práctica de yoga, se nos invita a poner el foco en una constelación única de experiencias, como nuestra personalidad, fisiología, intención, entorno, cultura y estado de ánimo, así como el contexto externo en el que se consuma el cannabis y la cepa que se utilice.

La costumbre de la ceremonia es algo que se ha perdido mucho en la mayoría de las culturas occidentales, incluso en los centros de yoga. La palabra ceremonia tiene muchas connotaciones negativas para quienes nos hemos visto obligados a realizar rituales vacíos o incluso ofensivos durante la infancia. Cuando la intención y el contexto externo son los adecuados, entendemos que la sacralidad está en todo lo que consideremos importante o significativo.

Cuando das significado a algo, eso se vuelve sagrado. Haz que tu experiencia sea sagrada y pueda rendir frutos espirituales con reverencias hacia la planta antes de consumirla. Tal vez tengas que encender unas velas para generar un espacio sagrado distinto al habitual, o cantar *Boom Shiva* u *Om Nama Shivaya*, en homenaje a Shiva, el dios hindú del *ganja*. Algunas personas se lavan la cara, las manos y los pies antes de fumar, como un símbolo de pureza y respeto por la planta.

Aunque no estés haciendo respiraciones, estiramientos o prácticas convencionales de yoga o meditación, ten en cuenta que durante miles de años muchos gurús y *babas* han fumado aquí como tú. Podrías invocarlos o enviar una oración mental de gratitud por ellos y por la planta. Puede que decidas hacer cinco o diez respiraciones profundas para limpiar los pulmones antes de empezar a fumar y así recibir la medicina sagrada en tu cuerpo. Cualquier cosa puede ser un ritual o una ceremonia, siempre que tu mente esté presente y la intención esté ahí para crear un espacio espiritual único. Solo puedo decir que, en mi caso, el subidón es mucho más gratificante si antes despejo la mesa del café y enciendo un incienso. Algo tan sencillo como eso.

Por último, quiero recordar a los lectores que el cannabis no es la luna, pero puede ser el dedo que apunta a la luna y de ahí su gran valor. Si cualquier planta o molécula te ayuda a ver la luna con mayor claridad, por ahora o para toda la vida, entonces úsala con respeto y reverencia. Como en la tradición tantra, usa la sabiduría y la conciencia para servirte de todas las herramientas a las que seas llamado para despertar espiritualmente y servir a los demás.

¡Boom Shiva!

8

Trabajar con los espíritus

Entrevista con Hamilton Souther, chamán del cannabis

Stephen Gray

HAMILTON SOUTHER (hamiltonsouther.org) es un filósofo místico, artista y maestro chamán amazónico. En los últimos doce años ha guiado a miles de participantes hacia el despertar de la conciencia. Además de trabajar con ayahuasca, Hamilton ha dirigido ceremonias legales de cannabis en vivo y en directo desde su sede en Colorado. Esta entrevista se basa en gran medida en ese aspecto de su trabajo, conocido como *Blue Morpho Cannabis Shamanism.*

◆ ◆ ◆

Stephen: ¿Cómo describirías los beneficios espirituales del cannabis?

Hamilton: Los beneficios espirituales del cannabis son enormes. La planta puede acelerar el crecimiento espiritual y la receptividad a la conexión espiritual, así como proporcionar sanación espiritual. Claro, hay que entender que se trata de una planta maestra muy avanzada y debe usarse en un contexto ceremonial o espiritual, preferiblemente dirigido por un chamán experimentado.

Stephen: Has dicho que nos ayuda a conectar con la imaginación y con el amor incondicional. También has dicho que recibiste más de doscientos comentarios de gente que había experimentado una transformación en tu primera ceremonia en directo. ¿Puedes decirnos cómo el cannabis desencadena tales aperturas y cambios?

Hamilton: El cannabis trabaja provocando aperturas y cambios en el uso ceremonial al ayudar al participante a conectarse con los espíritus y las energías medicinales de la planta y con el trabajo del chamán. El chamán trabaja junto con los espíritus de la planta para abrir un espacio en el que los participantes puedan experimentar la sanación espiritual.

Stephen: ¿Podrías hablarnos de cómo el cannabis te ha ayudado personalmente en tu vida espiritual?

Hamilton: El uso espiritual del cannabis me ha ayudado mucho. Me abrió la puerta a la disciplina del chamanismo del cannabis, así como a un espacio donde practicar estas increíbles ceremonias. Ha sido igualmente sanador para mí; he descubierto que aporta sanación espiritual desde el centro hacia afuera, hasta el yo. Esto es único en el sentido de que primero sana la parte más profunda del ser interior y luego se abre camino hacia cuestiones más relacionadas con el yo y la personalidad. Esta forma de sanación tiene más sentido porque, si podemos sanar primero la base y el núcleo de nuestro ser, entonces será más fácil cambiar el yo y la personalidad.

Stephen: Tengo mucha curiosidad sobre la participación de los espíritus en este trabajo. Esta podría ser una pregunta general o varias. Has hablado sobre los espíritus. Dices que la gente ha tenido experiencias similares en tus ceremonias con cannabis y con ayahuasca porque son los mismos espíritus. ¿Cómo funciona eso? ¿Invocas a los espíritus para que te ayuden? ¿Vienen automáticamente cuando cantas icaros? ¿Cómo ayudan en este contexto específico?

Hamilton: En un contexto chamánico, todas las plantas medicinales tienen sus espíritus. Representan energías sutiles en las plantas que reflejan la conciencia de la planta y sus capacidades sanadoras. Los chamanes aprenden a comunicarse con la conciencia y los espíritus de las plantas. Cuando dirijo ceremonias creo un espacio especial y único que llamo el mundo de la medicina, en el que puedo invocar, guiar e interactuar con todos los espíritus de las plantas medicinales, independientemente de la que esté ingiriendo en el momento de la ceremonia. Puedo invocar al espíritu medicinal principal del cannabis o de la ayahuasca en la misma ceremonia, aunque sólo haya consumido cannabis. Es el mundo de la medicina el que permite esto. Es la culminación de trece años de estudio y formación en el Amazonas.

Los ícaros son cantos canalizados y un sistema de comunicación que los espíritus de las plantas enseñan al chamán. Llevo más de doce años canalizando ícaros y estos me dan la capacidad de comunicarme directamente con los espíritus de las plantas. Los ícaros son también una invocación al espíritu de la planta, lo cual permite que el espíritu entre en la ceremonia. Según el chamán, toda sanación se produce gracias a los espíritus de las plantas.

Stephen: Más preguntas sobre los espíritus. En primer lugar, muchos indígenas han dicho que cada planta tiene su propio espíritu y su propia canción. ¿Has experimentado eso con el cannabis?

Hamilton: Me enseñaron que cada planta tiene innumerables espíritus y muchos ícaros. Es importante entender esto sobre los espíritus de las plantas; no están compuestas de un solo espíritu sino de muchos. Esto requiere que el chamán sea capaz de discernir entre los espíritus y saber cuáles representan la medicina y la sanación y saber cómo trabajar con ellos.

Stephen: Más de una vez me han dicho algunos ayahuasqueros que la ayahuasca puede tener celos de otras medicinas como la psilocibina o el peyote, por ejemplo. ¿Has visto eso alguna vez?

Hamilton: Sí, he visto esta forma de describir la ayahuasca. Sin embargo, he descubierto que los espíritus de la medicina no son nada celosos, de hecho, les gusta trabajar juntos. Esto se relaciona con la respuesta anterior. Las plantas poseen muchas energías y expresiones diferentes, al igual que los seres humanos. Tienes que definir con qué espíritus vas a trabajar. Yo sólo trabajo con espíritus que defino como "espíritus medicinales principales". Enseño estas habilidades en un curso que he creado llamado chamanismo moderno.

Stephen: Suponiendo que estás de acuerdo en que el sabio uso ceremonial del cannabis puede beneficiar a mucha gente y que, por lo tanto, debería extenderse más, ¿es fundamental, en tu opinión, que las personas que realizan ceremonias con cannabis tengan una relación de comunicación bidireccional con los espíritus ayudantes? Si eso es importante, ¿puedes dar alguna orientación sobre cómo las personas pueden aprender a establecer esa relación?

Hamilton: Creo que es imperativo que los líderes ceremoniales tengan una comunicación abierta y bidireccional. Esto se aprende en el entrenamiento formal.

Stephen: En la ceremonia del BMC (Blue Morpho Club) del 21 de agosto de 2014, dijiste, "No busques a los espíritus fuera de ti, busca adentro". Entiendo esto como un principio general para el despertar espiritual. Sin embargo, los indígenas a menudo describen a los espíritus de las plantas como entidades reales e independientes. En su libro *Singing to the Plants*, Steve Beyer dice que en el mundo mestizo del chamanismo amazónico es habitual considerar a los espíritus como seres "distintos a los humanos". ¿Existe algún conflicto o contradicción entre esta posible dicotomía interior/exterior?

Hamilton: No veo ningún problema. Los espíritus son seres energéticos. El verdadero problema es entender qué significa lo que el chamán quiere decir. Cuando digo "busca a los espíritus dentro de ti" me refiero a que has consumido un espíritu distinto al humano, el de la planta. Has introducido el espíritu de la planta en tu cuerpo. Ahora está dentro de ti. En el Amazonas, el consumo de una planta se considera la ingestión del espíritu de la planta.

Stephen: Esta pregunta es una especie de continuación de la anterior. ¿Cómo debemos entender a los aliados espirituales quienes queremos trabajar con ellos?

Hamilton: El chamanismo está abierto a interpretaciones. No hay curso de introducción al chamanismo del espíritu de las plantas. Es una prueba de fuego y pura experiencia personal. Los maestros guían a los aprendices a través de escenarios para producir un chamán capacitado. Uno entiende a los espíritus al interactuar y aprender directamente de ellos. La forma más fácil de empezar es aceptar que existen e iniciar la búsqueda para encontrarse con ellos. Una vez que lo haces, todo empieza a tener sentido. He guiado a más de cinco mil personas en todo el mundo a encontrarse con estos espíritus, por lo que confío en que otros también puedan encontrarse y trabajar con ellos.

Stephen: He estado dándole vueltas a esa idea de la "pegajosidad" del cannabis. Has utilizado esa palabra y has sugerido que la gente evite el cannabis durante un tiempo antes de participar en ceremonias de ayahuasca. He oído usar las palabras "pegajoso" o "pegajosidad" para describir al cannabis. Algunos ayahuasqueros se oponen rotundamente a su uso por esa razón. ¿Cuál es tu opinión al respecto?

Hamilton: El cannabis, como todo enteógeno, tiene una expresión dualista. Su "pegajosidad energética" está relacionada con su lado "oscuro" o "no medicinal". En la farmacología occidental lo llamarían "efectos secundarios". Mi opinión es que un especialista debe entender y conocer el espíritu medicinal de la planta para que el espíritu pueda guiarlo hacia una relación segura y beneficiosa con la planta. Lo mismo ocurre con la ayahuasca. De hecho, considero que la ayahuasca es la planta medicinal más peligrosa de todas.

Stephen: Has hecho alusión varias veces en esta entrevista al rol del chamán en las ceremonias con cannabis. ¿Podrías explicarlo un poco más? Por ejemplo, has dicho que en la ceremonia "los chamanes trabajan para mantener los efectos secundarios fuera de la ceremonia". Eso indica que la presencia y la orientación de un chamán experimentado son importantes.

Hamilton: El chamán es el guía de la ceremonia. Guía a los participantes mediante la interacción con los diferentes espíritus de las plantas y la interacción de la conciencia de los espíritus de las plantas con tu propia conciencia. Su papel es clave para recorrer con seguridad el viaje de sanación. Solo los chamanes debidamente formados saben aprovechar el potencial chamánico de la planta de manera coherente. El chamán controla qué espíritus se utilizan en la ceremonia, así como la dirección que ha de tomar la ceremonia. La responsabilidad es constante para proporcionar un espacio seguro y protegido. En cada ceremonia hay millones de espíritus en juego. El chamán sabe cuáles son los sanadores y medicinales y, en consecuencia, los invoca durante la ceremonia, al tiempo que aleja a los espíritus oscuros o negativos.

Stephen: Para que quede muy claro a los lectores, si el chamán es importante para evitar que cualquier energía negativa influya en los participantes, ¿es correcto decir que tu desaconsejarías el uso casual y no ritual del cannabis para la mayoría de la gente, salvo quizá para problemas médicos específicos?

Hamilton: Yo aconsejaría emplear la responsabilidad y el uso responsable del cannabis. Eso es más importante que cualquier otra cosa. Si quieres aprovechar la potencia espiritual y la capacidad de transformación de la planta, entonces es necesario el uso ceremonial.

Stephen: En respuesta a otra pregunta, has dicho que no estás todo el tiempo en el mundo de la medicina, aunque cada vez más gracias al mayor trabajo de sanación interior. ¿Qué significa estar en el mundo de la medicina? ¿Qué diferencia estar o no en el mundo de la medicina?

Hamilton: El mundo de la medicina es un estado definido de conciencia chamánica. Es un mundo para nuestra conciencia y de nuestra conciencia, en lugar de todos los conceptos de separación y de delimitación que definen nuestra realidad normal. Estar en el mundo de la medicina requiere entrar en el estado de conciencia que el mundo de la medicina define. El mundo de la medicina describe cómo sería nuestro universo si se definiera en el amor y no en el espacio-tiempo.

Stephen: Tengo algunas preguntas sobre la forma en que llevas a cabo tus ceremonias con cannabis. En primer lugar, ¿podrías describir brevemente el formato de las ceremonias y la justificación de dicho formato?

Hamilton: El formato básico es una breve introducción y definición de la intención de la ceremonia, seguida de una breve pausa. A continuación, se cantan diferentes rondas de ícaros para guiar la ceremonia, solo interrumpidas por una breve pausa para información que yo quiera compartir en lenguaje hablado. La razón de ser de este formato es ofrecer orientación casi constante, dejando tiempo para ir al baño o tomar un refrigerio.

Stephen: ¿Consumes medicina antes y/o durante la ceremonia? En caso afirmativo, ¿qué método de consumo, qué dosis sueles tomar y cómo afecta eso tu forma de trabajar en la ceremonia?

Hamilton: Sí, consumo. Me gusta vapear o utilizar pequeñas dosis sublinguales o comestibles. Tengo una tolerancia baja, así que me van bien las dosis pequeñas. En mi opinión, no se trata de consumir mucho, sino más bien de entrar en comunión con el espíritu de la planta. Me gusta tener un buen nivel de coherencia durante esa interacción.

Stephen: Esta es una pregunta sobre la metodología o el formato de las ceremonias en directo. Espero que por la "causa" no te importe que te presione un poco. En las dos ceremonias que he visto y en las que he participado, has incluido mucha enseñanza cargada de conceptos, junto con el canto y los sonidos instrumentales.

Hamilton: Sí, es cierto. He estado experimentando con diferentes métodos para que las ceremonias en directo sean más educativas para nuestros participantes.

Stephen: Te diré cuál es mi comprensión personal sobre este tipo de trabajo con cannabis. Las enseñanzas y la orientación que he escuchado de ti durante las ceremonias han sido muy interesantes. Pero creo que sería preferible incluir periodos de silencio para que la gente permanezca con las energías en estado de quietud interior. Mi sensación es que el cannabis utilizado con este tipo de intención actúa mejor cuando las funciones lineales del hemisferio izquierdo del cerebro descansan un poco para que uno pueda entrar profundamente en la presencia. Parece que diriges estas ceremonias con mucha destreza y determinación. ¿Cuál es la razón para dar la información de esta manera, en particular las enseñanzas, mientras la gente está en el pico de los efectos de la medicina?

Hamilton: La ceremonia y la guía verbal ofrecen a los participantes frases clave que están diseñadas para generar un movimiento específico en el participante. Imagino que los participantes pueden sentarse en quietud interior después de la ceremonia todo el tiempo que quieran, pero durante la ceremonia puedo guiarlos en el viaje que estoy haciendo. Voy verbalizando todo lo que hago en la ceremonia. Un chamán aprende habilidades como abrir la mente o abrir el corazón o a soltar o a enfocarse en un espíritu específico. El movimiento interior es una danza entre el chamán y los espíritus. Comparto un baile y enseño a otros cómo bailar y moverse con los espíritus de la misma manera. El movimiento es el que genera la sanación. Si una persona aprende las habilidades básicas de la ceremonia y realiza el viaje conmigo, siguiendo y haciendo cada cosa que digo, tendrá un viaje muy especial con los espíritus. Requiere de algo de práctica, ya que paso rápidamente de un estado a otro. Me gusta generar sanación espiritual a través de saltos dimensionales y así es como guío. Una vez que entiendes el baile, este es mucho más eficaz para la sanación y el aprendizaje que sentarse en silencio. Y como he dicho, hay horas después de los ícaros para sentarse en presencia del cerebro derecho. Yo también disfruto de eso.

Stephen: Imagino que estarás de acuerdo en que el cannabis no es para todo el mundo. Tengo dos preguntas sobre este tema. En primer lugar, ¿podrías hablarnos acerca del tipo de personas que tal vez deberían evitar el consumo de cannabis y también de los obstáculos, precauciones, desvíos, etc., que la gente debería tener en cuenta a la hora de consumir cannabis, incluso si ese consumo tiene una intención espiritual?

Hamilton: Es difícil establecer quién debería participar con cannabis y quién no. Creo que lo mejor sería consultar con su médico respecto a algún riesgo específico de salud. En cuanto a los obstáculos y precauciones... creo que lo mejor es usar el cannabis responsablemente y entendiendo que se trata de un enteógeno muy potente. Merece nuestro respeto. Básicamente lo estamos consumiendo y no queremos que cambie la relación. Es necesario entender a los espíritus involucrados y cómo guiar a la planta desde un enfoque chamánico.

Stephen: En segundo lugar, he conocido a muchas personas inteligentes y sensatas que funcionan muy bien con la ayahuasca y otras medicinas similares, pero que no encajan para nada con el cannabis. No les gusta. No les funciona. ¿Alguna idea de por qué puede ser esto?

Hamilton: Me preguntaría si se están conectando con el espíritu medicinal principal de la planta. Yo tenía la misma relación negativa y las mismas creencias antes de desarrollar la disciplina *Blue Morpho Cannabis Shamanism*. Una vez que conocí el espíritu medicinal principal, a quien llamo Reina María, dejé de tener esa actitud negativa al respecto.

Stephen: Por último, una pregunta práctica sobre la logística del consumo de cannabis. ¿Importa la variedad? ¿Y el método de consumo, fumar, vapear, comer, beber? ¿Qué hay de la dosis? ¿Alguna orientación o directriz al respecto?

Hamilton: La variedad o cepa es importante. He descubierto que, al mezclar cepas, se producen mejores efectos ceremoniales. Normalmente me gusta mezclar de tres a cinco sativas con uno o dos híbridos y una o dos índicas. Esto proporciona un espectro muy limpio y amplio de lo que ofrece la planta. Hay personas que han reportado experiencias más fuertes de visiones cuando la comen y la beben, pero hay que hacerlo con precaución, sobre todo porque el efecto tarda casi dos horas en aparecer con fuerza. Lo mejor es experimentar y descubrir qué funciona en cada caso.

Stephen: Muchas gracias por tu considerada y profunda atención a estas preguntas.

Relación sagrada
Sabiduría para cultivadores de cannabis

LLP

CON TANTA GENTE cultivando y haciendo uso del cannabis en estos tiempos, es importante ahondar en la fuente de la medicina y cómo se cultiva. Las culturas tradicionales suelen tener mucho cuidado en cada fase de siembra, cultivo, cosecha y preparación de plantas medicinales sagradas. En Sudamérica, por ejemplo, tenemos constancia de que muchas culturas tribales utilizan procedimientos específicos para comunicarse y orar con las plantas que componen la infusión de ayahuasca.

Estas culturas, así como un creciente número de culturas modernas, entienden que las plantas son sensibles e inteligentes y, por lotanto, responden a la intención y las prácticas de los seres humanos que trabajan con ellas. Con una larga historia de lo que podría denominarse cultivo sagrado, LLP es uno de esos pioneros contemporáneos.

◆ ◆ ◆

CULTIVAR CONSCIENTEMENTE CON EMPATÍA E INTENCIÓN

He estado cultivado la planta sagrada de cannabis durante muchos años y en ese tiempo me he vuelto cada vez más sensible a la manera en que las actitudes y los métodos particulares en cada etapa del trabajo pueden marcar la diferencia en la calidad del resultado final. Estas son mis conclusiones y recomendaciones, tanto para quienes cultivan esta planta para uso personal como para quienes la comparten medicinalmente con un gran número de personas.

PASIÓN Y AMOR COMO BASE

Creo que lo primero que debe tener un cultivador de cannabis es pasión y amor por la planta y por la medicina, por el producto final. Esto es esencial y motivará al cultivador a hacer todo lo necesario para mantener las plantas felices y sanas, lo que finalmente producirá una hermosa medicina. Para mí, esta es una maravilla que no deja de sorprenderme. Mientras más me dedico a este trabajo, más profundo es el amor y el respeto al observar las características y la energía de la planta de cannabis. Esta planta es un gran regalo que nunca debe darse por sentado.

LA IMPORTANCIA DE LA INTENCIÓN

Lo otro que se debe tener antes de empezar a cultivar cannabis es una fuerte intención. ¿Cómo visualizas tu cultivo? ¿Qué pretendes hacer con la medicina/producto final? Quizá lo uses para sanarte a ti mismo o a otros. Tal vez lo uses para crecimiento espiritual. ¿Eres un "psiconauta" que quiere explorar el mundo del cannabis? Tal vez solo aprecias el subidón que se produce al fumar o simplemente busques relajarte con un porro.

Por otro lado, quizá sólo estés buscando una forma de ganar dinero con el cannabis. Sin embargo, no estoy de acuerdo con el beneficio como razón principal para cultivar cannabis, especialmente si ni siquiera lo consumes. Conozco gente que hace esto, pero aman a sus plantas y eso es lo más importante: amar a tus plantas. Cualquiera que sea tu intención, hacer un pacto para amar y cuidar a tus plantas es beneficioso. Manifiéstales tu intención y visualiza tu sueño con el ojo de tu mente.

Una vez que te conectas con tus plantas y conoces sus hábitos, todo fluye. A veces me entero de que ciertos cultivadores novatos y personas con malos resultados en general, no se han conectado con sus plantas. Así, cuidan de las plantas usando la teoría, en vez de examinar los efectos de sus métodos de cuidado y atender a las plantas con empatía y conexión. Y, como todos sabemos, la práctica y la teoría son lo mismo en teoría... pero no en la práctica. A casi todos les llegará la conexión con el tiempo, con la calidad de la relación o mediante una capacidad natural para conectarse con las plantas, lo cual considero una capacidad chamánica.

La gente tiene intenciones diferentes en cuanto a cultivar, pero a través del proceso, es muy probable que se enamoren de sus plantas al observar sus características y personificarlas en sus mentes. Igual que cuando a alguien le piden que cuide de un gatito o un perrito y se genera un vínculo afectivo.

La planta de cannabis depende totalmente de ti. Puedes hacerla feliz o triste según el trato que le des. Por ejemplo, riegas una planta sedienta y se pone feliz o no riegas una planta sedienta y se pone triste.

Mas allá del nivel de cuidado, la planta no solo absorbe elementos físicos como agua, nutrientes, CO_2 y luz, sino también la energía de su entorno en todos los niveles y dimensiones. Muchos creemos que se puede transferir nuestra energía o intención a la planta. Yo dedico tiempo a cada planta para decirle, con mi voz o en mi mente, que la amo. Mientras lo hago, suelo tocar la planta para establecer una fuerte conexión.

CREAR UN ESPACIO SAGRADO PARA EL CULTIVO

Antes de empezar a cultivar en el espacio asignado, o inmediatamente después de que las plantas hayan llegado, es muy útil limpiar el espacio. El uso de sahumerios funciona. Puede ser beneficioso utilizar cristales si tienes afinidad con el reino mineral. La orgonita es un buen potenciador de energía. También me gusta visualizar la luz purificante que viene del gran espíritu, así como la luz que proviene de la madre Tierra e inundar el área completa.

También hay un gran número de seres de más alta vibración a los que se puede invocar o rituales que se pueden promulgar para invocar e invitar a diferentes divinidades y traer diferentes energías al espacio, como la protección, el amor y la sanación. Esto es un gran tema *per se* que podría analizarse largo y tendido.

Por ejemplo, invocar al *deva* de la planta de cannabis es algo muy poderoso. Me gusta meditar con mis plantas y canalizar mensajes del *deva* de la planta. Siento que el mensaje llega a mi corazón y luego sube a mi mente. Tocar algunas de las plantas mientras hago esto también es bueno. Los mensajes no son siempre sobre el cultivo de las plantas, sino que a veces son sobre cambios que beneficiarían mi vida. A veces me da regalos de diferentes tipos de energía o protección.

A menudo también pienso en la naturaleza sexual del cultivo de cannabis. Después de todo, en general estamos cultivando plantas femeninas y la parte más preciada de la planta, las flores, son sus órganos sexuales femeninos. Cuando consumes flores de cannabis, los cogollos, como se los conoce comúnmente, es bueno recordar que son grandes racimos de *yonis**.

OFRECE INVOCACIONES Y OTORGA BENDICIONES A TUS PLANTAS

Es importante bendecir tus plantas. Bendícelas lo más pronto posible. Tócalas, siente el amor que guardas en tu corazón, y bendice las plantas con la energía que desees para ellas. O, como he sugerido antes, podrías invocar a un ser de mayor vibración o divinidad para que bendiga la planta por ti. O podrías utilizar una técnica de visualización, extraer luz de la madre Tierra y el gran espíritu. Hay muchas variaciones útiles de visualización.

Yoni, en sánscrito significa "vulva", un símbolo de energía procreadora divina representado por una piedra circular.

Solo puedo basarme en mis propios resultados pues no tengo contacto con otros cultivadores conscientes. A esto me han conducido la intuición y las, aparentes, coincidencias. Pero mis plantas están sanas, felices y me encantan. Con el hermoso producto final suelo recortar los cogollos, secarlos y hacer una extracción con aceite de girasol o con aceite de hachís de los recortes de cogollos. Suelo fumar mis cogollos y, por supuesto, mis amigos también prueban lo que produzco. Todos coincidimos en que hay un cierto elemento en mi cannabis que no está en el de otras personas, incluso cuando cultivan un corte de la misma variedad. Mi cannabis posee una actividad psicológica más elevada, un subidón limpio y sin paranoias. Es más parecido a una experiencia completa que incluye todos los elementos de las dimensiones del subidón y los mensajes del espíritu del cannabis.

PURIFICAR Y BENDECIR TU AGUA ENERGÉTICAMENTE

Recuerda que el agua que estás dando a tus plantas también necesita ser bendecida, quizá con alguna de las técnicas mencionadas anteriormente.

Agitar el agua, de modo que forme un vórtice, la purifica energéticamente. Basándome en mi propia experiencia puedo dar fe de esta técnica.

También es bueno pensar en la calidad del agua que usas en tu trabajo y en la energía vital que contiene. Una buena fuente de agua es esencial. El cannabis puede vivir con agua mala, pero prospera con agua buena.

Almacenar agua de grifo para evaporar el cloro es una técnica usada por muchos, al igual que almacenar agua de ósmosis inversa, pero me gusta escribir algo en el recipiente o colocar un símbolo sagrado para impregnar el agua con esa energía si va a estar allí por un tiempo. También es buena idea dejar un cristal en el agua para que esta absorba la energía del cristal. Si no sabes de cristales, investiga un poco para averiguar cuáles se pueden usar. Con el cuarzo no te irá mal.

En mi agua suelo colocar nutrientes líquidos orgánicos, la mayoría de los cuales son comestibles en teoría para los seres humanos. Yo solo recomendaría cultivar orgánicamente. Prefiero que mis alimentos y bebidas sean orgánicos o de cosecha propia, y me gusta que mi cannabis sea orgánico y cultivado por mí, libre de químicos. Ten amor y empatía por tus plantas y piensa en tu cuerpo. El cannabis orgánico despide un humo mucho más limpio. Mira el color de la ceniza si lo estas fumando puro. Cuanto más limpia y blanca sea la ceniza, mejor.

Los nutrientes químicos son minerales refinados que se absorben directamente por las raíces de la planta, mientras que los nutrientes orgánicos alimentan la vida del suelo (hongos y bacterias amistosos) y la vida del suelo alimenta a la planta con sus nutrientes. Según mi experiencia, el cannabis rico en terpenoides cultivado con la ayuda de hongos y bacterias amistosos también sabe y huele mucho mejor.

COSECHA TUS PLANTAS CON INVOCACIONES

Es bueno bendecir tus plantas antes de cosecharlas y darles gracias por su vida y sus abundantes cogollos que tú y otros van a disfrutar. Concretamente, recomiendo agradecer a las plantas su belleza y sentir el amor por ellas en tu corazón antes de quitarles la vida. Muéstrales con los ojos de tu mente cómo visualizas el uso de sus cogollos y la felicidad que estos aportarán a la gente. Ayúdales a entender que son importantes y amadas.

CONSUMIR LA PLANTA CONSCIENTEMENTE

Fuma, vapea o ingiere tu cannabis conscientemente. Da gracias a quienes lo han hecho posible. Es un regalo de la naturaleza, una maravilla del universo. Bendice tu provisión de hierba, bendice cada trozo que tomes, bendice tu experiencia y declara tu intención de lo que te gustaría que la planta hiciera. Recuerda las plantas que te dieron sus vidas y sus cogollos. Hónralas respetando su medicina. Escucha el mensaje del espíritu de la planta.

10

Uso ritual y religioso del *ganja* en Jamaica

Jeff Brown

COMO MUCHOS SABEN, la planta de cannabis está muy asociada con el movimiento rastafari, una religión indígena de Jamaica. Los rastafaris consideran que el *ganja* es un sacramento sagrado, con múltiples beneficios para el individuo y la comunidad. Como decía el músico Bob Marley, "la hierba es la cura de una nación". Otro líder rastafari la describió así: "Usamos la hierba en nuestra iglesia como incienso para Dios, nos aporta consuelo espiritual, alabamos a Dios en paz y amor, sin violencia[1]".

El uso de la hierba sagrada ha estado ligada a la vida espiritual, social y política de los negros jamaicanos por mucho tiempo. Se dice que las raíces de los rastafaris se remontan al año 1655, cuando los españoles liberaron en Jamaica a un número de esclavos africanos que se internaron en las montañas. A mediados del siglo XIX ya se sabía que el *ganja* se usaba en los rituales de los grupos descendientes de estos inmigrantes originales[2].

El movimiento rastafari surgió entre los negros jamaicanos en la década de 1930 bajo el liderazgo político de Marcus Garvey. Gracias en gran parte al éxito

de la música *reggae* jamaicana y al legendario Bob Marley, el movimiento rastafari es actualmente la tradición espiritual más conocida en el mundo que utiliza
el cannabis como sacramento sagrado. Un rasgo central en el uso rastafari de la
ganja es la forma como se entreteje en todos los aspectos de la vida comunitaria.
Como dicen en la Iglesia de los nativos americanos que consumen peyote, es
una forma de vida. La defensora de la política del cannabis y rastafari, Maxine
Stowe, llega incluso a proclamar: "La filosofía rastafari es la mejor guía para
la reincorporación de la *ganja* en el mundo. Afirma su uso indígena al tiempo
que ofrece a la población urbana su utilización como medio de reconexión. Al
ser una cultura y una filosofía antidroga con respecto a fármacos, opiáceos y
alcohol, debería servir de aviso publicitario para su uso. Esto también contri-
buirá al reconocimiento y a la reparación adeudada al pueblo africano, el cual se
encuentra en el centro del rearme moral que la humanidad necesita para hacer
frente al calentamiento global y a todos los otros males que se presagian[3]".

JEFF BROWN pertenece a un grupo especial de personas que han pagado un
alto precio por ser valiente en sus creencias y defensa del uso sacramental del
cannabis. Jeff se interesó tanto por el cannabis como por la Biblia al final de
su adolescencia y poco después se unió a una iglesia rastafari jamaicana, la
Iglesia etíope copta Sion, que utiliza la *ganja* como sacramento. Hacia 1980,
el grupo adquirió notoriedad y una amplia publicidad, que incluyó segmentos
en la BBC y en *60 Minutes* y artículos en las revistas *Life, Omni, High Times*
y *Rolling Stone*. Por aquel entonces Jeff fue enviado a una prisión federal por
diversos cargos relacionados con el sacramento de la iglesia. Tuvo dos juicios
federales, uno en Florida y otro en Maine. En Maine actuó como su propio
abogado y alzó la Biblia en el tribunal. El fiscal dijo que eso era irrelevante e
inadmisible y el juez hizo lo mismo. Igualmente ocurrió cuando Jeff levantó
la Constitución de los Estados Unidos. Su respuesta al tribunal fue que, si no
reconocen la autoridad de la Biblia o la Constitución en este contexto, ¿qué
autoridad reconocen? Acabó cumpliendo cinco años de cárcel más tres de
libertad condicional. Mientras estuvo en la cárcel, Jeff investigó el uso religioso del cannabis y publicó la primera edición de su libro *Marijuana and the
Bible*. Tras salir en libertad condicional, volvió a la iglesia en Jamaica, pero

para entonces la mayoría de los hermanos habían muerto o habían sido encarcelados y la iglesia se había desintegrado. Jeff regresó a su actual residencia en Florida. La segunda edición de *Marijuana and the Bible* se publicó en 2012.

◆ ◆ ◆

GANJA Y LA IGLESIA RASTAFARI

Me crié en una familia blanca de clase media en Miami, Florida. Cuando tenía unos veinte años conocí a unos hermanos blancos estadounidenses que se habían unido a una iglesia rastafari jamaicana negra. Jamaica fue en su día un centro esclavista para el Caribe, y la mayoría de la población está formada por descendientes de esclavos africanos. Algunos de estos descendientes fundaron la Iglesia copta etíope de Sión, la iglesia rastafari a la que me uní en 1975.

Cuando conocí a estos hermanos ya llevaba unos años fumando marihuana y me gustaba mucho. Me relajaba, me hacía reír y me alegraba el día. Dedicaba más tiempo a escuchar el canto de los pájaros y a oler las flores. La música sonaba mejor, la comida sabía mejor, mis sentidos se potenciaban. La marihuana, o *ganja*, fue una de las cosas que me atrajo de esta iglesia.

Lo otro que me atrajo fue que los hermanos me dijeron que, si buscaba a Dios, tenía que mirar en mi interior. De niño siempre pensé en Dios como una entidad externa a mí que miraba a la humanidad desde arriba. Los hermanos se referían a ese dios como un dios del cielo, un dios fuera del hombre. Pensé en ello durante un tiempo y me pareció que tenía mucho sentido, así que me uní a la iglesia. Blancos y negros unidos por las leyes de lo correcto.

La *ganja* era el sacramento de la iglesia. En Jamaica vivía una pequeña población de indios de la India. Provienen de una cultura que ha usado el cannabis durante miles de años en observancia religiosa. El nombre *ganja* quizá fue tomado de ellos. El cannabis también tiene una historia de uso religioso en África, donde se lo llamaba *dagga*. Este uso en África se remonta a cientos, si no miles de años. Tal vez este conocimiento se perdió durante la larga era de la esclavitud.

La iglesia celebraba tres servicios de oración diarios y utilizaba la versión *King James* de la Biblia. Durante estos servicios, los hombres se sentaban en círculo y se pasaban continuamente la pipa *chillum*, que también se originó en la India. Se nos enseñó a mezclar un poco de tabaco con *ganja* y a picarlo finamente. Un hermano se encargaba de la pipa o las pipas, dependiendo de cuántos hubiera en la congregación. Luego la cargaba y se la pasaba al de mayor edad, que hacía los honores, la encendía y se la pasaba al de al lado.

Durante el servicio cantábamos himnos cristianos como en la mayoría de las iglesias, excepto que cada hermano memorizaba al menos un himno propio. Un hermano dirigía una frase y el resto de la congregación cantaba o, como decíamos, "coreaba la frase".

También memorizábamos una serie de salmos para cada servicio de oración, mañana, tarde y noche. Al final leíamos pasajes bíblicos y cada uno era libre de razonar sobre lo que se leía. Razonar es algo que hacen todos los rastafaris, aunque las mujeres tenían su propio círculo aparte y no participaban en el razonamiento.

En realidad, no nos sentábamos a meditar en silencio. Siempre había algo que hacer. A veces hacíamos *cuminas*, una forma de danza jamaicana, con tambores e instrumentos musicales. Cuando te concentras en los salmos, las oraciones o las *cuminas*, te concentras en algo concreto. Esto suele detener el parloteo mental.

La gente puede preguntarse ¿por qué fumar tanto? Me di cuenta de que había creado una tolerancia. El tabaco mezclado también desempeña un papel. Decían que la hierba era celestial y el tabaco era terrenal en la medida en que ayudaba a mantener la sensación de estar conectado a tierra. En todo caso, después de consumir esa mezcla, sentías que podías realizar cualquier tarea. Después de sesiones en que se fumaba y rezaba mucho me sentía realmente bien, como si pudiera escalar la montaña física o espiritual más alta. Todo se veía claro como el cristal. Era como una resurrección espiritual.

Hay distintas iglesias o sectas rastafari en Jamaica y cada una evoluciona de manera distinta. Nunca asistí a otra congregación rastafari, así que no sé cómo hacen las cosas. En parte era una cuestión de estilo, como la forma de llevar el pelo, con rastas o peinado, por ejemplo. Había cosas más importantes. Por ejemplo, aunque pareciera que la mayoría de los rastafaris veneran a Haile Selassie como rey de reyes y el mesías retornado de la Biblia, nosotros apuntábamos a cada hombre en su interior. También hay diferencias en la dieta. Muchos grupos rastafaris son vegetarianos o incluso veganos. Nosotros comíamos carne de acuerdo con lo permitido en Levítico.

LA HIERBA SAGRADA COMO SACRAMENTO

La mayoría de los rastafaris se reúnen en torno al uso de la *ganja* para fumar, comer y beber. La *ganja* no es una droga, sino una "hierba sagrada". Los rastafaris creen que la hierba sagrada surgió de la tumba del rey Salomón, un hombre conocido por su gran sabiduría, de ahí lo de "hierba de la sabiduría" y "carne espiritual" del movimiento. A través del uso de la *ganja*, los rastafaris se sienten inspirados por la divinidad, experimentando la misma magnificencia de espíritu y unidad con la naturaleza que Moisés debió experimentar "subido" en la cima de la montaña en forma de zarza ardiente, al igual que Jesús cuando "subió" al monte Sinaí. Los rastafaris creen que la *ganja* es el bíblico árbol de la vida para la sanación de las naciones.

A lo largo de la Biblia, vemos que los antiguos patriarcas entraban en comunión con Dios a través de nubes de humo de incienso. La misteriosa nube de humo de incienso se encuentra tanto en las escrituras hebreas como en las escrituras cristianas. Por ejemplo, Apocalipsis 8:3-4 nos dice: "Después vino otro ángel con un incensario de oro, y en ese incensario pusieron mucho incienso, para que lo ofreciera ante el altar junto con las oraciones del pueblo de Dios. El humo del incienso subió de la mano del ángel, junto con las oraciones, hasta donde estaba Dios". Apocalipsis 15:8 dice: "y el templo se llenó de humo de la gloria de dios y de su poder" (versión *King James*).

Los israelitas de la antigüedad también atribuían poderes milagrosos al incienso. Se quemaba en cuencos o incensarios de oro y se colocaba sobre el altar o junto a él. También se utilizaba en incensarios de mano. El rey Salomón, que reinó del 960 al 925 e.c., fabricó veinte mil incensarios de oro para el templo de Jerusalén y se fabricaron otros cincuenta mil para llevar incienso[4].

George Andrews, editor de los textos clásicos *The Book of Grass* y *Drugs and Magic*, tras unos treinta años de investigación sobre el tema, escribió: "En los últimos años, eminentes académicos han expresado que, lejos de ser un ingrediente menor u ocasional, el hachís era el ingrediente principal del incienso que se quemaba en los templos durante las ceremonias religiosas de la antigüedad[5]". Ahora hay pruebas fehacientes que indican que el cannabis fue utilizado como planta espiritual por distintas culturas y religiones del mundo antiguo. Cuando de joven me uní a la iglesia rastafari jamaicana, no lo sabía. Supe de esa historia después y entonces llegué a comprender por qué la iglesia a la que me uní declaraba que la *ganja* era el sacramento utilizado por Cristo y sus discípulos, que no era ni el vino, ni el jugo de uva.

Como ya dije, me uní porque me gustaba la *ganja* y por la enseñanza de la iglesia de que si buscaba a dios tenía que mirar en mi interior. En mi investigación también me encontré con el uso del cannabis como enteógeno. Un enteógeno ("generar la divinidad interior") es una sustancia utilizada en un contexto religioso, chamánico o espiritual que puede ser sintetizada u obtenida a partir de especies naturales.

Es necesario comprender nuestra unión con Dios para entender el verdadero sacramento cristiano. La comprensión de la relación del hombre con Dios y de Dios con el hombre era muy conocida en el mundo antiguo, especialmente entre las religiones que utilizaban el cannabis como parte de su práctica religiosa.

Como se dice en la antigua tradición mística de la India, "en el éxtasis del *bhang*, una bebida de *ganja*, la chispa de lo eterno en el hombre convierte en luz la turbiedad de la materia o la ilusión y el yo se pierde en el fuego central del alma. Elevando al hombre por encima de sí mismo y de las mezquinas preocupaciones individuales, el *bhang* lo lleva a la unión con la fuerza divina de la naturaleza y el misterio de 'yo soy Él' se aclaró[6]".

El sistema de símbolos de las religiones del mundo y el misticismo, son profundas iluminaciones sobre el misterio humano-divinidad. Ya sea la cueva del corazón, la flor de loto del corazón, la morada de lo que es la esencia del universo, el tercer ojo o el ojo de la sabiduría, todos los símbolos se refieren a la sabiduría que penetra el alma en su camino a la progresiva autocomprensión: "Vi al Señor con el ojo del corazón. Dije: ¿Quién eres Tú?, y Él respondió: Tú[7]".

En la misma línea, el poeta del siglo xix Charles Baudelaire describió las tres fases por las que pasa un consumidor de hachís. El estado final está marcado por una sensación de calma, en la que el tiempo y el espacio carecen de significado y se tiene la sensación de haber trascendido la materia. Dice que en este estado irrumpe en la conciencia un último pensamiento supremo: "Me he convertido en Dios[8]".

La iglesia rastafari a la que me uní enseñaba que Dios está en el hombre, y el hombre está en Dios. Hemos visto en la Biblia que Cristo guiaba reiteradamente a la humanidad hacia el interior con enseñanzas como: "Porque, en verdad, el reino de Dios está dentro de vosotros" (Lucas 17:21) y "Yo os he dicho que sois dioses" (Juan 10:34). Creo que es justo decir que la mayoría de las iglesias del cristianismo actual no entiende esta verdad esencial y, por lo tanto, son incapaces de crear una auténtica cultura y un reino cristianos basados en la comprensión interior. Esto no faltaba en la iglesia antigua y era una fuente importante de entusiasmo para los profetas de antaño. De hecho, el poder de la iglesia en sus inicios se manifestaba debido a esta comprensión del espíritu de Dios que habita en el hombre, el templo de Dios.

La comprensión de que, en efecto, el espíritu de Dios y de la Diosa vive en el hombre y en la mujer es lo que unirá a la humanidad. El cannabis se ha convertido en el punto focal para resolver una crisis histórica y urgente. La crisis por la separación del hombre de su semejante e, igualmente desastrosa, la separación consigo mismo.

Para comprender el significado y el uso de la Eucaristía, debemos verla como un acto de culto universal, de cooperación y asociación; de lo contrario pierde mucha de su importancia. Ni en la práctica eucarística católica romana, ni en la protestante, el sacramento conserva el simbolismo de la unidad cristiana. Originalmente, el simbolismo era el de una comida comunitaria, un símbolo de comunidad social aceptado en todas las culturas de la humanidad[9].

El cannabis se ha utilizado como sacrificio, sacramento, humo ritual (incienso), ofrenda de buena voluntad y medio de comunión con el espíritu divino. Se ha utilizado para sellar tratados, confirmar amistades y legitimar pactos. Y, como estamos viendo de nuevo, la planta se ha utilizado y venerado durante mucho tiempo por sus propiedades medicinales.

Tenemos que ocupar el lugar que nos corresponde como dioses y diosas, convertir las armas en arados y cuidar de nuestros hermanos y hermanas. Tenemos que sanar el planeta. Con los recursos que se han malgastado en guerras y armas podríamos hacer florecer los desiertos. Podríamos alimentar, vestir y dar cobijo a todos. Podríamos producir energía ilimitada y sin contaminación. Ya no podemos darnos el lujo de esperar el regreso del hijo de Dios. Él o ella siempre ha estado con nosotros y la hierba santa puede ayudarnos a comprender esta verdad esencial.

Transformación de conciencia y la antigua sabiduría de los *sadhus* de la India

Satyen Raja

Satyen Raja, de ascendencia india, es un *coach*, mentor y líder en potencial humano conocido internacionalmente. Es el fundador de *Warrior Sage Trainings* (warriorsagetrainings.com) y de varias empresas relacionadas. Satyen también conduce grupos en peregrinaciones sagradas por todo el mundo. Una de ellas fue el Kumbha Mela 2013 en Allahabad, India. Esta peregrinación hindú dura cerca de un mes y medio y se celebra cada doce años en cuatro lugares sagrados de la India. Se considera la mayor concentración religiosa del planeta, y se calcula que en 2013 asistieron cerca de cien millones de personas.

En esta peregrinación, Satyen fue aceptado por una "familia" de *sadhus* y pasó un buen tiempo en los santuarios de lo que él denomina los "verdaderos *sadhus"*, personas de gran sabiduría. Pocos indios, y aun menos occidentales, tendrían la oportunidad de conocer y experimentar la profunda autenticidad y sabiduría de estos renunciantes altamente evolucionados. Satyen comparte con nosotros una rara y preciosa mirada a este mundo oculto.

Estas historias y enseñanzas se recopilaron en una larga entrevista que le hice a Satyen en marzo de 2015, en realidad es más bien un monólogo, con algunas preguntas y murmullos de aprobación de mi parte. Es bueno saber que muchas de las referencias en esta discusión están en el contexto de esas experiencias y de los *sadhus* que conoció y con quienes compartió en el Kumbha Mela de 2013.

• • •

EL SAGRADO MUNDO DE LOS *SADHUS*

Al ser introducido en el mundo de los *sadhus*, vi cosas muy interesantes después de estar con ellos y vivir con ellos y comer con ellos y respirar con ellos, conocer el funcionamiento interno y el orden jerárquico y de respeto y cómo interactúan con otros grupos tribales.

Es algo muy tribal y hay ciertas sectas, ciertos clanes que consumen grandes cantidades de cannabis en forma de hachís que se pasan y fuman al comienzo de la lectura de escrituras espirituales o simplemente mientras se está sentado y se pasa el rato. Estos encuentros sagrados son las *melas*. *Mela* significa "encuentro" en el que convergen varias sectas y las diferentes tradiciones de *sadhus*. Tienen un significado astrológico y se celebran a orillas de ríos sagrados como el *Ganga* (Ganges).

Yo creía que el hinduismo era muy purista, pues me crié en una familia hindú muy correcta, purista y tradicional, en la que se evitaba cualquier forma de intoxicación por considerar que nos alejaba de Dios y de la conciencia. Así que, asombrado, ahí estaba yo, fumando copiosas cantidades de hachís entre aquellos hombres santos. No podía rechazar una oferta como esa en un entorno tan poco común. Normalmente ahuyentan a los extranjeros e incluso a los indios. Si te invitan a fumar con ellos, es una invitación hacia el mundo interior.

MI INVITACIÓN AL MUNDO INTERIOR

Al entrar en el mundo de la sabiduría del cannabis con ellos, empezaron a abrirse muchas cosas. Me llevaron a una dimensión en la que pude empezar a sentir las comunicaciones psíquicas no verbales entre los más evolucionados. Pude ver rápidamente a los jóvenes o más verdes o que simplemente llevaban túnicas, pero que no sabían en que estaban metidos. Los más conscientes y despiertos eran minoría, pero estaban ahí y eran capaces de utilizar esta planta, de comunicarse de alguna manera con su esencia.

Sentí la intencionalidad, y cuando me encontré con ellos cara a cara, hubo humor e intercambio psíquico de muchísima información. Entendí que, "Dios mío, estas personas están operando en múltiples niveles de realidad". Conversé sobre esto con uno de sus líderes. Le dije que pensaba que en el hinduismo se suponía que las personas eran puras. Me dijo que puede haber una persona que fume y sea una persona iluminada y una persona que fume y no sea una persona iluminada. No es el cannabis lo que te da la iluminación, sino la conexión con la fuerza, la comunión con la esencia de esta planta que ellos veneran como la madre de Ganga (el río Ganges), la Diosa Ganga, que representa a esta Diosa joven en forma de río.

Hay una historia al respecto: la de los huesos de los cadáveres de unos príncipes que habían sido reducidos a cenizas por un sabio que se había enfadado con ellos. El río Ganga fue invocado desde una dimensión celestial y traído a la Tierra. Solo Shiva (el dios del *bhang*) podía anclar ese nivel de energía en el cuerpo y en el plano de la Tierra. Shiva era el conducto. Él representa la conciencia en las tradiciones yóguicas. Es la expansión de la conciencia que trasciende la idea de las polaridades, como fumar es bueno, fumar es malo. La clave es que si estás en un lugar donde te entregas con devoción, no por investigar sino por devoción, entonces lo que ocurre es que los *sadhus* la usan para entrar en comunión con el espíritu de Ganga (también Ganges), la refrescante fuerza vital que surge de nuestra debilidad, de nuestra muerte, y sale como la energía del ave fénix.

Uno de los aspectos de la conciencia Shiva es detener el parloteo mental y colocar la conciencia por encima de la dualidad. Cuando los *sadhus* fuman cannabis se enfrentan a la mente subconsciente y todas sus tendencias se magnifican. La vagancia, la pereza, si estuvieras atascado en ese estado mental, aumentaría con el cannabis. Si fueran nobleza, idealismo y rectitud moral, esos pensamientos y estados mentales se amplificarían con el cannabis.

En la tradición de los *sadhus*, el cannabis se toma con la intención de hacer autoestudio, poniendo más atención en el fondo de los pensamientos, imágenes y sensaciones corporales. Por lo tanto, una forma práctica de utilizar el cannabis es establecer una intención devocional elevada, más grande de lo normal. Debería costarte un poco. Hazlo con destreza, humor y felicidad. Puede ser diferente cada vez, pero se convierte en tu marca distintiva, en tu ritual. Puede cambiar y ser tan creativo como tú, porque tiene vida.

En la comprensión yóguica del reino natural, no se considera que las diferentes plantas están separadas. Las plantas no se ponen nombres entre sí. Nosotros les ponemos diferentes nombres. En la dimensión de la Diosa, todo es una sola fuerza vital que vive, surge y se forma. Somos nosotros quienes decimos: este es un cedro, un abedul o una hierba. ¡Pero no!, se trata de una constelación de energía que cae y se disuelve, que entra en las micropartículas y luego estas se convierten en otra parte de un macroproyecto llamado árbol. Todo siempre rebosa de ese intercambio vivo que nosotros, desde nuestra percepción humana, marcamos, etiquetamos, encajonamos, separamos e individualizamos.

Lo que los *sadhus* han comprendido es que, si entramos de lleno en ese espacio con una conexión alegre con el espíritu, como *"¡Jai Shiva! ¡Jai Ganga! ¡Jai Ganga Mah!"* o *"¡Bom Shiva!"* entonces se enciende. *Bom Shiva* es esa libertad, el poder de la conciencia. Yo soy. Lo hago por decisión propia. Soy Dios. No estoy tratando de llegar a Dios, soy Dios. Ese es el mayor secreto de los *sadhus*. Los que están iluminados son los que dicen: "Somos Dios. Yo soy Dios".

Mediante el trabajo con estos individuos, practicando, respirando, haciendo yoga con ellos, haciendo artes marciales con cannabis, lo que he descubierto es que hay un código muy estricto entre los verdaderos practicantes. Tiene que ver con la generosidad. No había posesiones, y los *sadhus* mayores que fumaban –porque no todos lo hacían– eran básicamente indiferentes. Si lo tenían, bien, y si no lo tenían, perfecto. Recuerdo a un *baba* a quien llamaban *el baba del té del kali yuga*. *Kali yuga* significa "fin de los tiempos". Era el *baba* del té del fin de los tiempos. Se alimentaba solo de un té llamado *chai*. Su cuerpo era muy delgado y tenía una gran cara cuadrada; era un *sadhu* muy animado y excéntrico.

Me llevaron a una tienda de campaña y el hombre que estaba a mi lado me dijo: "Te gustan los *sadhus* raros, ¿verdad?" Entonces se volvió hacia uno de sus discípulos, le hizo un gesto para que abriera la entrada de la tienda de atrás y me dijo que fuera con él. Así que mi grupo y yo le seguimos y entramos en la tienda de atrás, y de repente había filas y filas de *sadhus* o renunciantes, en un área apartada donde no se encontraban con nadie. No había occidentales, ni indios, ni civiles, solo ellos, fila tras fila.

Yo le dije: "Por favor, muéstreme lo real, lo demás lo puedo descubrir yo". Así que este hombre nos llevó en un viaje para conocer a los guardianes de la sabiduría, los auténticos. Pude sentir su corazón, este hombre era muy puro. Y dijo: "Debido a que entraste con apertura, encontraste esto, y porque también tienes discernimiento, no fuiste embaucado por otros guardianes. Tienes que desilusionarte y seguir buscando, desilusionarte, seguir buscando, desilusionarte, seguir buscando". Así ocurre durante los primeros años del viaje yóguico. Los opuestos, las idas y vueltas entre sentirse digno e indigno, merezco o no merezco.

OPINIONES POLARIZADAS SOBRE EL CANNABIS

En cuanto a la práctica real, ellos conectan el espíritu de Shiva con el espíritu de la *ganja*, y entran en unión al juntar los principios masculino y femenino. Esto abre los centros femeninos del cuerpo. Hay menos direccionalidad. La mayoría de la gente cuando fuma cannabis es menos direccional, más espaciosa. Es una energía que feminiza. Así, por ejemplo, cuando alguien es excesivamente masculino, eso le quema, le cansa. Sufren de presión arterial alta, ansiedad, tensión, ira, frustración, ese exceso de energía masculina de estar en modo "ir hacia adelante" todo el tiempo. Así, como energía de apoyo, el cannabis trae al cuerpo a la Diosa, lo femenino. Te permite ser más expandido, con mejor flujo sanguíneo, te puedes estirar mejor, con más movilidad en tu cuerpo, hacer taichí, yoga, cualquiera de estas cosas.

Algo que descubrí en la India con estas prácticas yóguicas es que existe el camino de la derecha, que abarca todas las formas positivas y limpias para elevar la vibración en el trabajo con la conciencia. Luego están las escuelas menos conocidas de la izquierda, las escuelas tántricas, que no se enfocan en ascender, en dejar la naturaleza y entrar en el estado absoluto del espíritu o de unidad o de luz. Los del camino de la izquierda dicen, "no, no, ya está aquí. Esto *es* eso". Así pues, impregnémonos de todo, persigamos placeres, deseos, aversiones y contracciones, hay que sentirlos plenamente, conozcámoslos y utilicémoslos como crisol para el despertar. Busca la divinidad aquí y ahora, en el cuerpo.

El camino de la derecha; todas esas cosas tradicionales hindúes de las que a menudo oímos hablar rechazan el camino de la izquierda. Dicen que es ilusorio, irreal, que no es el yoga verdadero. Si realmente buscas la iluminación, esas son solo trampas en el camino. No adoptes esos métodos de baja vibración que te dan una falsa sensación de iluminación, o los subidones momentáneos, o las obsesiones con ciertos mundos que te chupan y secan la energía. Se habla mucho de eso.

Están las escuelas de la izquierda que dicen: "No oigas a esos tipos. Se ocupan de un ámbito muy estrecho de la vida. Tienen el trasero demasiado apretado, son mojigatos, y no entienden que todo es Dios". El cannabis es Dios, tus pulmones negros son Dios, perder la salud es Dios, morir es Dios, decidir todo eso es Dios, no hay nadie que muera. Ya eres eterno. Así que cualquier charla sobre lo bueno y lo malo, comer carne o no, beber vino o no, si debo tener sexo o no, es mi decisión y, como Dios, ejerzo esa decisión siempre que no haga daño a los demás.

Así pues, el punto de vista de la escuela de la izquierda es contrario al de la escuela de la derecha, y viceversa. Descubrí con los *sadhus* que, dependiendo de a quién preguntes o con quién hables, tendrás uno u otro de estos puntos de vista polarizados en torno al cannabis. Para mí, los dos se han integrado. Ahora los veo como caminos diferentes para momentos diferentes de la vida. Son diferentes lecciones que necesitamos aprender si estamos muy atascados en una forma de vida particular. La automaticidad está muy arraigada y nos cuesta salir de ella. Así pues, formar parte de este movimiento contracultural que en realidad es cultura antigua, sabiduría y guía antigua, eso es el cannabis. Es un guía ancestral que viene de cada rincón del planeta, especialmente promovido por ciertas sectas dentro del yoga y del sijismo.

CONECTAR CON EL DIOS DEL CANNABIS

¿Cómo usar esta planta en casa? ¿Cómo puede hacer uno? Primero, encuentra una conciencia femenina devocional con la que te puedas conectar, la más elevada posible y hónrala, bien sea la Virgen María, la Madre Tierra, una Diosa o la misma naturaleza o el cosmos como tal. Expande tu corazón para albergar la mayor expresión de gratitud antes de fumar o ingerir. Pon esa energía en tu cannabis. Coloca tus manos sobre él, conéctate con él como puerta de entrada a esa gran energía femenina, la Diosa. Luego fuma y respira; cuando inhalas estás inhalando el regalo de la vida. Visualiza cualquier cosa que necesites y deja que tu cuerpo te invite a ello. Pon música sagrada, música revitalizante, calmada, de la naturaleza. Aléjate del rock ácido o intenso y de cosas por el estilo. Busca más bien un tipo de música alcalina, suavizante y expansiva. Y podrías tener a mano libros que te hayan inspirado: poesía sagrada, Rumi, escrituras, cualquier escritura del mundo. Luego lee con la intención de conectarte con las enseñanzas o escucha una grabación de alguien que te inspire. Conéctate con algo más elevado que tú.

Al hacer esto estar empezando a abrir un canal. El cannabis abre un canal entre tú y aquello en lo que tienes puesta tu atención. Eso magnifica la conexión, disminuye las barreras, la imposibilidad entre el yo y esa expresión. Y aquí es donde entra tu intención. Continúa con tu intención de forma relajada, para magnificar. Puedes pensar: "¿cómo puedo aprender?, ¿cómo puedo convertirme en un mejor ser, para mí y para el mundo en general?".

Luego descubrirás que, momento tras momento, tus pensamientos se contraen en esa elevada expansión. Esta es la práctica para cuando fumas cannabis. En la tradición *sadhu* se hacen respiraciones y yoga físico, yoga de respiración, yoga mental, yoga de concentración, mirando a un punto entre los ojos, centrándose en la glándula pineal, ciertos tipos de respiración circular, ciertos movimientos posturales.

Recuerdo que estábamos caminando y conocí a dos jóvenes que parecían tener veintitantos o treinta años de edad. Llevaban ropa muy sencilla. Se me acercaron y nos dijeron que los siguiéramos. Nos hicieron pasar a su tienda, ofrecieron bendiciones y luego sacaron un *chillum* y lo pusieron a circular. Luego procedieron a darme una clase increíble de yoga, dónde colocar las manos para liberar energías mientras realizo ciertas posturas. Después, uno de ellos echó un vistazo a mi grupo y nos dio a cada uno recomendaciones en base a nuestros tipos de cuerpo y energías, solo con una mirada. Su presencia era muy fuerte y se palpaba su compasión. No aceptó donaciones ni ofrendas de ninguno de nosotros. Yo dije: "me encantaría seguir en contacto con ustedes". Él dijo: "no tengo más que esto". No tenía ningún tipo de información de contacto en ese momento, excepto el momento presente, él está con quien tenga que estar.

INTEGRAR LA SABIDURÍA

Vi usar el cannabis de formas muy inspiradoras. Me quedé con la sensación de que podría haber alguna manera de utilizar esta planta sagrada para acercarnos a los deseos de nuestro corazón, con esa intencionalidad. Idealmente, purificamos y elevamos nuestra intencionalidad por encima de nuestras ganancias personales, incluso por encima de nuestra sanación personal, porque la sanación aún tiene que ver con el yo. El que necesita sanación es el ego que oculta sus heridas. Si te das cuenta, eso no acaba nunca, de hecho, nunca comenzó. Esa es la practica más importante de un *sadhu*. Yo soy Dios, yo soy Eso. Esta es la verdadera declaración.

Cuando entra esa grandeza, ese ideal superior, se eleva la vibración de nuestra fumada. Esto es lo que aprendí. Está la vibración de la planta, la elevación a una dimensión superior por nuestra intención. Luego hay que trascender si es bueno o malo para ti. Has integrado la sabiduría. No importa. Así que, si estás con amigos y te ofrecen fumar, fuma. Si estás con otros que no fuman, no importa. No es una obsesión, no es un "tengo que". Los auténticos *sadhus* que conocí no dependían de la planta, la trascendían. También forma parte de la cultura, como fumarse un puro, o pasar el "bastón de la palabra". Y es una energía cultural, como si la palabra *chill* (calmarse) viniera de *chillum*. Cuando fumas el *chillum*, te calmas.

Estás compartiendo un objeto que se pasa de una persona a otra y, por supuesto, cada uno tiene su propia forma de sujetarlo para no tocar la pipa con la boca. Usan tela y sujetan el *chillum* de distintas formas. Muchos lo llenan con una mezcla de tabaco y cannabis. Les pedí: "por favor, solo cannabis", y me dijeron: "¿de verdad, puedes aguantar? ¿estás seguro?" Les dije: "claro, vengo de Columbia Británica". Entonces se unieron con gusto. Compartir este ritual es también una experiencia de unión.

Creo que no es unidimensional. ¿Hay gente que abusa del cannabis? Sí, por supuesto, igual que hay gente que abusa de las hamburguesas. No es la hamburguesa. ¿Pero el cannabis? Sabemos que tiene muchas cosas buenas. Está disponible libremente. Tiene beneficios bioquímicos, beneficios medioambientales. La lista de sus beneficios es muy larga. Es literalmente una de las plantas que puede cambiar el estado del planeta. Es por eso que es venerada en culturas como la de los *sadhus*. Ellos entienden que el cannabis tiene potentes usos sociales, medicinales, espirituales y múltiples usos prácticos. En la India es considerada una Diosa por la gente que tiene el conocimiento.

Estos conocimientos pasaron a la clandestinidad con la colonización de la India por los británicos, cuando nació la demonización de la planta y se extendió por el mundo en distintas épocas. Esa ola de pensamiento llegó a la India. Y lo que ahora comparto es poco conocido por los indios, por no hablar de los eruditos. Si vas con mentalidad de erudito ni siquiera te dejan pasar por ciertas puertas. Hay una dimensión que aparece cuando pasas ciertas puertas, pero si lo miras desde un punto de vista observacional las puertas no se abren. Tienes que relajarte en la dimensión en la que estás para abrirte a otra dimensión. Al hacerlo se dan encuentros casuales que parecen estar muy sincronizados.

Conocí a quien está a la cabeza de toda esta cultura *sadhu*. Fue el último *sadhu* que me presentaron. Me preguntaron: "¿te gustaría conocer a nuestro abuelo, el *Mahababa*?". Tenía 113 años. Me llevaron a una pequeña tienda donde vi a este anciano sentado en un catre más sencillo que el de cualquier otro *sadhu*. Sus ojos eran infinitos, como el cosmos. Ahí estaba el anciano que llevaba cien años haciendo yoga. Nos contaron que a los trece años se fue al bosque y empezó a practicar yoga intensamente; vivió cien años en el bosque, más allá del cannabis o no cannabis, simplemente en otra dimensión.

Esas dimensiones pueden abrirse y el cannabis puede servir de ayuda. La veo como una planta maestra, una Diosa, como en la India. Quieres entrar en contacto con muchos dioses y diosas para que te iluminen. Son potencialidades del ser, impresiones y potencialidades de las posibilidades en nuestro interior.

Y al final, la esencia de lo que aprendí es que la pureza de la intención eleva la experiencia con el cannabis, y no solo al inicio de la sesión sino durante, y después, venerando la experiencia. Consúmela con devoción a la fuerza vital de la que forma parte la planta. Así creas espacios donde pueden surgir la celebración, el corazón, la comunidad, la benevolencia, nuestro idealismo más elevado. Este proceso puede reimprimir nuestras impresiones negativas e impulsar una revolución hasta que deje de ser necesaria. Así, naturalmente, la superaremos hasta que aparezca algo nuevo que nos dé nuestras próximas lecciones de vida.

12

Sabiduría del cannabis de un chamán brasileño de ayahuasca

Mariano da Silva

Mariano Da Silva es un experimentado y muy respetado ayahuasquero brasileño que me fue presentado por unos amigos que trabajan en el campo de la medicina sacramental. Es también un apasionado defensor de la revitalización de las comunidades indígenas brasileñas y participa activamente en los esfuerzos para promover el uso sabio y respetuoso de la ayahuasca en Brasil y más allá. A pesar de las complicaciones derivadas de la ilegalidad del cannabis en Brasil, Mariano accedió generosamente a compartir su sabiduría y su experiencia con la hierba sacramental. Me puse en contacto con él en su casa en la selva brasileña y hablamos por Skype.

◆ ◆ ◆

Stephen: Básicamente se reduce a una pregunta general de la que pueden surgir otras más adelante. Esa pregunta es: ¿Qué crees que deba entender una persona que lea un libro como este sobre cómo hacer un uso espiritual del cannabis de manera eficaz, respetuosa y, en última instancia, beneficiosa?

Mariano: Existen dos tipos de movimientos de liberación con el cannabis. Uno es a nivel legal, donde todas las investigaciones demuestran que el cannabis no es tan perjudicial. Para entender mejor el final de la historia tenemos que ir al principio de la historia. Vemos que el cannabis fue reprimido en los años treinta en los Estados Unidos y que esto no era debido a la sustancia en sí. Era debido al uso por parte de mexicanos y negros*. Ahora, unos ochenta años después, podemos ver que estaban equivocados porque no hay nada en el cannabis que justifique la represión.

Así que ese es un aspecto, la cuestión legal de liberar a la planta de esta represión. Hay otro aspecto que no tiene que ver exactamente con la sustancia, sino con la intención y el tipo de uso. Pero primero volvamos un poco atrás. El cannabis llegó fuerte en los años sesenta. Hasta ese momento los jóvenes eran generalmente violentos y agresivos. El cannabis en ese tiempo vino a enseñar la paz. Trajo otra dimensión sobre la paz, sobre la conexión con la naturaleza. El efecto fue realmente fuerte porque antes era más el alcohol, y el alcohol trajo el efecto de la violencia. Era mucho más pesado. El cannabis trajo algo mucho más ligero, más agradable, mucho más sensible en todo. Realza la sensibilidad. Realza los sentidos. Ves más detalles. Hueles mejor. Saboreas mejor. El cannabis abre la percepción.

Cuando hablo de cannabis, hablo de una planta sacramental. A la mayoría de la gente no le importa eso, lo usan más recreativamente. Pero hay un uso sagrado, y no solo un uso sagrado, sino, ¿cómo decirlo?, por ejemplo, quieres tener una charla seria sobre algo, quieres examinar o estudiar algo para lo cual necesitas estar inspirado. El cannabis facilita

---

*Hay claras evidencias que respaldan la afirmación de que la represión también estaba fuertemente influenciada en ese momento por poderosos intereses corporativos como DuPont, que quería sacar del camino a los productos a base de cáñamo para poder introducir en el mercado sus productos a base de petróleo recientemente desarrollados. (Para más información, véase *El emperador está desnudo*, de Jack Herer).

ese tipo de canal de inspiración o canal intuitivo. Y entonces puedes usar algo de clarividencia o algo de transparencia para hablar o investigar algo serio, o para hacer algo para lo cual necesitas inspiración. O puedes usar cannabis para meditar, para concentrarte, para orar, para cantar, para hacer algún tipo de práctica religiosa. Esto no es exactamente un uso recreativo.

Pero la gente consume marihuana de forma excesiva. La consumen todos los días. La usan por la mañana, la usan para dormir, la usan para despertarse, la usan antes de comer, la usan después de comer. La usan porque están felices, la usan porque están tristes, la usan antes del sexo, la usan después del sexo. Así, pueden volverse dependientes. El uso recreativo permite la adicción, lo mismo que el tipo que llega a casa del trabajo y siempre abre la nevera para coger una cerveza. Eso se ve en las películas, algo muy común, un hábito para relajarse, digamos. Mucha gente ahora hace lo mismo con el cannabis y esto puede crear una especie de adicción. Así que el uso religioso o el uso inspiracional, digamos, no permite la adicción, porque con la adicción no tienes el efecto especial de la hierba. Comienza a ser común, casi normal. Pierde su calidad.

Así que es importante no usarlo entre semana. Los días laborables estás trabajando, tienes cosas que hacer. Si tienes un intervalo de al menos cinco días, entonces, cuando lo usas el fin de semana, tienes efectos de alta calidad. Eso es necesario para este tipo de uso inspiracional, de meditación, de fusión con la naturaleza. El cannabis da muchas cosas cuando se usa de esta manera.

Stephen: ¿Dirías que, aunque se utilice la planta con intención y respeto, como en la meditación, no es prudente ni eficaz usarla a diario?

Mariano: Para mí, en mi experiencia, sí. Se trata de consagración, porque si lo haces todas las noches te vuelves adicto. Tienes el hábito, te atascas, te confundes y pierdes la capacidad de elegir. ¿Quiero hacerlo esta noche o no? No, tengo que hacerlo ahora. Este tipo de uso sagrado necesita disciplina, parar y continuar, parar y continuar, crea la disciplina. Es una especie de disciplina antiadicción. ¿Entiendes lo que quiero decir?

Por ejemplo, si lo usas todas las noches y luego no lo usas, te va a costar dormir. Entonces necesitas acostumbrarte a dormir sin cannabis. Eso es adicción. Pierdes la libertad, y la libertad es muy importante para el uso sagrado del cannabis. De otra manera no puedes llamarlo uso sagrado.

También diría que la gente debería tener mucho cuidado con la sobredosis de cannabis. Con las drogas duras es fácil darte cuenta de que tienes una sobredosis, pero con el cannabis, no. Puedes tener una sobredosis y no sentir el efecto de la sobredosis tan fácilmente. Es como una intoxicación a largo plazo, y ahora existe este nuevo peligro de que el uso natural se esté perdiendo porque hay muchos productos nuevos de cannabis debido a la legalización. Hay mantequillas y dulces y *brownies*. Increíble, hay tantos y muy fuertes, mucho más fuertes que el uso natural de la hierba. Las mejores hierbas contienen cerca de 25 por ciento de THC. Pero ahora hay aceites y otros productos comestibles que tienen un 75 por ciento de THC. Así que la gente debe ser consciente de eso y realmente encontrar su tipo de velocidad de crucero, ¿sabes? Si consumes muy poco y vas demasiado despacio, no sientes nada. Pero si tomas demasiado, se vuelve incomodo y no es saludable, principalmente para la mente. La mente se vuelve perezosa. Pierde poder real. Pierde memoria a corto plazo. Hay muchos efectos secundarios.

Creo que es muy importante adoptar este enfoque de que se puede tener otro tipo de uso sin adicción. Esa es la forma en que la estamos usando aquí. El primer punto es tener respeto por la planta, y un tipo de intención que necesitas tener para mostrar tu respeto en tu práctica. No es un respeto teórico, es un respeto práctico.

Creemos que todas estas plantas tienen sus seres. Quiero decir que hay un ser espiritual en la planta que puede enseñarte, darte revelaciones, traerte sanación, abrir tu percepción y expandir tu conciencia; eso puede traerte muchos beneficios. Pero tienes que respetar la planta. De lo contrario, te va a enseñar de una manera muy dura. El uso del cannabis para nosotros es más un uso sacramental. Usamos esta planta con respeto, como una planta sagrada, como una planta de enseñanza. Usamos esta planta por razones espirituales.

También la utilizamos a veces cuando necesitamos tiempo de alta calidad para abordar algunos temas. En una conversación seria, una conversación sanadora, una conversación para abrir la mente y explorar reinos. Pero para tener este tipo de efecto especial, no puedes usarla todos los días. Si la utilizas todos los días te vuelves adicto, y si eres adicto, tu desarrollo se detiene. En lugar de una planta liberadora se convierte en una planta prisión. La misma planta, pero con el efecto contrario. Con esta planta puedes liberarte y puedes ir a otros reinos de la realidad, reinos trascendentales de la realidad. O puedes pasar por lo mismo todos los días, y luego vienen todos los efectos secundarios de perder el poder personal, volverse muy perezoso, dormir mucho, comer mucho, es el efecto contrario. Para tener respeto por el cannabis es necesario tener disciplina.

Stephen: Ya has dicho antes que menos es más. Pero una persona de tu comunidad me dijo que, en ciertos momentos, cuando estás con gente de tu círculo íntimo, les dices que más es más, los animas a ir a por ello.

Mariano: Son situaciones especiales y personales. No es lo que suelo decir al respecto. Esta cuestión de menos es más tiene que ver con la tolerancia. Si la consumes todos los días, o si la consumes varias veces, si tomas un poco y una hora después tomas un poco más, empiezas a tener más tolerancia a la sustancia. A medida que tienes más tolerancia, necesitas cada vez más. Eso ocurre con las drogas duras como la heroína y la cocaína. Con una tolerancia alta, la persona necesita estar inyectándose todo el tiempo y el efecto se vuelve realmente bajo.

Así, si te tomas cinco o siete días para hacer el ayuno antes de consumir cannabis, vas a tener una tolerancia muy baja a la sustancia. Entonces un poco te dará un gran subidón. Ahí es cuando menos se convierte en más. Viene un tipo y se fuma tres porros y casi no siente nada. Por otra parte, una persona que hace el ayuno le da tres o cuatro caladas y eso es más que suficiente. Podría ser incluso menos con algunas de las variedades de cannabis tan fuertes de hoy en día, pero algo así de fuerte no es tan bueno. Entonces, incluso con la segunda calada podrías tener problemas si no sabes lo que estás haciendo. Es mejor trabajar con hierbas suaves que sean mucho más fáciles de controlar, de manejar. Hay todo un estudio sobre eso, un proceso de aprendizaje basado en tu propia experiencia: encontrar una calidad alta, tu velocidad de crucero, los días que la usas, el entorno en el que la usas, la intención con la que la usas.

Stephen: ¿Puedes explicarnos más concretamente cómo utilizas la planta y en qué contextos? Ya has hablado de explorar otros reinos de la realidad trascendental y de entablar conversaciones de alto nivel. ¿Tienes alguna práctica o ritual?

Mariano: Lo digo por experiencia propia. No la utilizo entre semana, a no ser que haya una necesidad muy fuerte de hacerlo, como un trabajo espiritual o alguna sanación que alguien necesite o algo muy especial. Los fines de semana es muy bueno porque vivo en el bosque. Me encanta pasear por el bosque los fines de semana y luego hacer algunas meditaciones especiales en el bosque. Es un efecto trascendental que realmente abre tu mente, mejora tu percepción, ablanda más tu corazón, te calma y facilita una especie de interacción. Tengo mucho respeto por el cannabis. Pero si lo uso todos los días, ya no siento este tipo de efecto.

Así que se necesita algún tipo de disciplina y lo que llamamos una dieta, un ayuno. Cuando vamos a tener una ceremonia especial de cannabis en la selva, hacemos por lo menos cinco días de ayuno, o siete días de ayuno, o nueve días de ayuno, o quince días de ayuno de cannabis antes de hacer un ritual especial. Es una ceremonia muy especial y muy privada con cannabis y ayahuasca en la selva. Nunca lo hacemos de manera pública porque respetamos la ley y no queremos que la gente piense que tiene luz verde para consumir marihuana como quieran. Lo mantenemos dentro de un grupo privado que se reúne en el bosque y para ellos hacemos esos ayunos. Por ejemplo, vamos a hacer una de estas ceremonias en el bosque en un par de días. Durante las últimas dos semanas, nada de cannabis.

Stephen: Cuando haces las ceremonias con cannabis y ayahuasca, ¿cómo es el efecto combinado? ¿en qué momento de la ceremonia tomas el cannabis y cómo interactúan los dos sacramentos?

Mariano: El efecto es como tener la luna y el sol en el mismo cielo. Tomamos la primera dosis de ayahuasca y trabajamos durante dos horas. Luego tomamos la segunda dosis de ayahuasca y trabajamos dos horas más. Antes de tomar la tercera dosis, paramos la ceremonia y meditamos un rato en total silencio. Con el cannabis en este ritual, el silencio es una condición básica. Silencio. Ni siquiera solo silencio externo, sino también silencio mental, porque el cannabis es psicoactivo. Si lo consumes puedes empezar a pensar muchas cosas, imaginar muchas cosas, vienen muchas imágenes y entonces puedes quedar atrapado ahí, en una capa de ilusiones. Así que es muy necesario tener silencio interior, concentración, y una conexión con la divinidad.

Se trata de un uso enteogénico del cannabis. Lo utilizamos para conectar con la divinidad. Para recordar y contactar con nuestra naturaleza divina y también para contemplar los aspectos divinos de la naturaleza. Nos fusionamos porque para nosotros el cannabis es la hierba de la fusión. Es muy importante para la unión. Ayuda mucho a unirse con uno mismo, con Dios, con la divinidad en la naturaleza, con todo. Así que para nosotros es la hierba de la unión.

Stephen: ¿El cannabis fortalece el efecto de la ayahuasca cuando lo tomas después de haber bebido ayahuasca?

Mariano: "Fortalecer" no sería el término adecuado. ¿Cómo podría decirte? Potencia los efectos de claridad y clarividencia de la ayahuasca. En este tipo de práctica, la ayahuasca te lleva a la cima de la montaña, y en ese momento el cannabis te da alas para despegar y volar.

El cannabis también aporta mucha presencia femenina. La ayahuasca es como el fuego: quema tantas cosas y purifica tantas cosas. El cannabis aporta bienestar ternura, delicadeza, es sutil, etéreo. Es lo que viene después de la purificación.

Para nosotros el cannabis tiene que ver con la divinidad femenina. Tiene que ver con la unión, con la paz, con la compasión, con la ternura. Es como la Gran Madre. Nuestra intención es recuperar esta planta del mal uso y ponerla en el altar de la Madre, consagrar su uso. Y eso ya está ocurriendo de forma general, porque estamos cerrando un ciclo muy importante de comprensión del cannabis. El origen de la represión fue por los políticos y no fue por la hierba en sí. Fue vinculado a los mexicanos y a los negros: si usas marihuana te van a dar ganas de matar, de robar, de volverte criminal, bla, bla, bla. Esto es un mito. Tú lo sabes, pero la mayoría de la gente no lo supo durante tal vez dos o tres generaciones.

Ahora, las próximas generaciones tienen que ver con una conciencia global que está cambiando. Por eso se está liberando en varios lugares y se va a liberar mucho más. Vas a ver el siglo XXI como el siglo del cannabis. El alcohol va a disminuir. Los cigarrillos ya están disminuyendo y el cannabis los está reemplazando. En Boulder, Colorado, ya tienen el martini de cannabis. En tu *happy hour* no necesitas beber alcohol y tienes un efecto mejor que el del viejo martini. Así, empezarán a verse los cambios culturales. El alcohol se utiliza a menudo como un rito de iniciación para que el joven demuestre que es un hombre, que es valiente. Necesita beber mucho con sus amigos y bla, bla, bla. Sabes, esto ya no está tan presente, al menos a ciertos niveles. El cannabis vino a cambiar muchas cosas.

Para terminar, el cannabis es una espada de doble filo. Hay un filo que, si sabes cómo usarlo, puede proporcionarte claridad, paz, puedes hacer otras cosas, puedes conducir, puedes manejarlo. Existe este uso. Pero el otro filo de la espada es que la gente puede fumar cannabis continuamente para aislarse, para escapar.

Por supuesto, Stephen, sabes que practicamos el primer tipo de uso con gran respeto por esta hierba sagrada.

13

Manifestar la presencia
Entrevista con dos chamanes sanadores

Stephen Gray

SEAN HAMMAN Y STEVE DYER son dos líderes ceremoniales y chamanes muy experimentados que han trabajado extensamente durante muchos años con varias plantas medicinales manifestadoras de la mente, así como con rituales de sanación y despertar sin uso de plantas. Tienen un profundo entendimiento sobre las raíces de la enseñanza de la quietud como puerta de entrada a la sabiduría no condicionada y una rara comprensión de cómo el cannabis puede ayudar a desprenderse del yo y a relajarse en la quietud. Antes de empezar la entrevista, nos sugirieron que hiciéramos lo que ellos suelen hacer: empezar con una fumada y unos veinte minutos sentados en silencio antes de encender la grabadora.

Veinte minutos después...

◆ ◆ ◆

Moderador (Stephen Gray): Tal vez cada uno de ustedes podría empezar a hablar de lo primero que le venga a la mente con respecto a la forma de entender esta planta.

Sean: Ya hemos hablado antes sobre si los principiantes podían trabajar con la hierba sagrada. Me ha hecho reflexionar sobre cuál fue mi propia experiencia con ella como principiante. Solía fumar hierba hace muchos años, pero no entendía cómo trabajar con ella. Luego tuve la oportunidad de trabajar tres años en paisajismo. Trabajé en jardinería con una empresa que operaba de una forma muy zen. Teníamos una manera muy particular de hacer los jardines, cómo se cortaba la hierba, cómo se podaban los árboles. Por ejemplo, sacábamos todas las hojas secas de los jardines.

Desayunaba por la mañana y me fumaba un buen porro con lo que llamaban la bomba de cogollos. Se trata de una técnica que enfría el humo a medida que va entrando en ti, generando una buena cantidad de humo y un tremendo subidón. Entonces salía y trabajaba en los jardines. Tenía las manos en la tierra, extraía las malas hierbas y tenía que estar muy presente, trabajaba rápido y duro en ese estado de subidón. Descubrí que era una manera increíble de empezar a comprender la potencialidad de esta planta porque me di cuenta de que cuando tenía las manos en la tierra, estando bajo los efectos de la hierba, me volvía muy sensible a cualquier forma de pensamiento en mi conciencia. También tenía la sensibilidad para reconocer que, si comía algún dulce o papas fritas o algo por el estilo, se acabaría esa increíble experiencia de presencia.

Fue muy bonito trabajar en los jardines porque me dio el espacio para ver: "ah, cuando fumo, hay un espacio sagrado muy profundo". Es una oportunidad para estar presente a través de la quietud. Y es una quietud activa. No es solo una quietud en la que te sientas y encuentras un poco de quietud dentro de ti. Es una quietud activa, estar completamente presente en la experiencia que estoy teniendo sin darle energía a mis pensamientos. Así que participo en la actividad desde un lugar de presencia, desde un lugar de quietud. Entonces al tener ese ablandamiento con la Santa María, con la hierba, hay espacio para ver todos los pensamientos que van surgiendo.

Steve: En vez de ser un complemento para prácticas como la meditación o el yoga, puedo hablar más del uso ceremonial, cuando estoy, o estamos, dirigiendo una ceremonia. No es algo que haga todo el tiempo. Cuando uso Santa María o marihuana en las ceremonias, ella hace su trabajo habitual de amplificar lo que esté sucediendo.

Es muy importante, al menos para mí, fumar en un estado realmente presente, estando muy consciente de dónde estoy a punto de entrar. ¿Adónde va esta energía? Porque las plantas nos dan su energía, al igual que cuando las comemos para tener energía para caminar y demás. Esta energía está entrando y estamos alimentando otros aspectos de nuestro ser.

La idea es estar presente y hacerlo de una manera consciente. Así la planta sabe qué va a energizar porque has establecido tu intención y el espacio. Entonces nos brinda apoyo, mientras que generalmente cuando la gente fuma en la vida diaria, en los altibajos de la vida cotidiana, amplifica la dificultad de lo que esté sucediendo. No queremos eso cuando entramos a una ceremonia. Se utiliza la energía que la planta nos ofrece de una manera muy específica. Usualmente, desde mi punto de vista, se trata de una apertura. Normalmente lo llamamos "mirar por la ventana". Es abrir la forma en que podemos ver lo que está pasando en el espacio. Ciertas formas de pensamiento se volverán obvias desde este lugar diferente desde el que ahora estamos mirando. Se convierte en una herramienta en las circunstancias adecuadas para estar más presente en el espacio, para estar más presente en más aspectos de lo que realmente está sucediendo en ese espacio.

Sean: Para la gente que desea trabajar con cannabis de esta manera, hay ciertas instrucciones de funcionamiento que son especialmente útiles. Es reconocer que cuando la fumamos alcaliniza nuestro sistema. Nos abre a la conciencia universal. y nuestro sistema se alcaliniza. Nuestro cuerpo es esencialmente ácido, así que vamos a tener antojos de grasas y azúcares. Por eso surgen los antojos. Cuando el sistema se agita demasiado, envía señales al cerebro de que necesita grasas y azúcares. Así, las personas van y comen chocolate o papas fritas y eso le resta energía a la experiencia de presencia que están teniendo y quedan drogados; ahora están ingiriendo azucares o lo que sea que acaben de comer y sus cuerpos entran en un estado acídico.

Al trabajar con cannabis, alcalinizamos el cuerpo. Cuando el organismo tiene antojos, una forma de lidiar con ello es tener un poco de sal de roca del Himalaya en un poco de agua. Contiene la mayoría de los minerales que tu cuerpo necesita. La sal en el agua permite al organismo aumentar sus electrolitos. Cuando tu nivel de electrolitos es alto, tu cuerpo está feliz. No tiene antojo de grasas o azúcares y puede estar presente a través de tu experiencia con la planta por mucho más tiempo. Tu cuerpo se siente anclado a tierra, apoyado y sostenido. Así, ahora eres capaz de estar mucho más presente a través de tu cuerpo físico mientras experimentas el subidón, sabiendo que eres un ser multidimensional.

Moderador: Mi impresión es que mucha gente no es capaz de entrar en esa presencia tan fácilmente como vosotros dos. En términos de preparación a largo plazo, ya sabes, hablan del contexto interno y externo, entendiendo por contexto interno "todo lo que aportas a la experiencia". Ambos parecen tener mentes meditativas para poder entrar en ese espacio. No estoy seguro de que todo el mundo pueda hacerlo tan fácilmente.

Steve: No, es una especie de práctica.

Moderador: ¿Crees que consumir cannabis es una buena forma de practicar esa capacidad? ¿O podría ser mejor meditar durante diez años si a la gente no le resulta fácil calmar su mente y luego incursionar en el cannabis?

Steve: Es distinto para cada persona. No conozco ninguna norma o ley al respecto.

Sean: En términos de lineamientos generales, creo que, si vas a fumarlo, fúmalo adecuadamente. Es decir, fúmalo puro, no con tabaco, sino completamente puro.

Moderador: ¿Y los vapeadores? ¿Tienen experiencia con ellos?

Sean: Solo puedo hablar de mi propia experiencia. Si tuviera un dolor, si estuviera pasando por alguna molestia física o dolor de espalda constante o algún otro tipo de problema físico, entonces el vapeador sería fantástico. Pero no tengo dolor y por eso busco un efecto de subidón un poco diferente.

Steve: Es como si se cortara, como puede cortarse el sonido, cuando pierdes los altos y los bajos. Según mi experiencia, eso es lo que sucede con los vapeadores. Es como no tener esas frecuencias realmente elevadas. No sé por qué, solo sé que cuando fumo algo que es verde y está prácticamente vivo, hay una experiencia particular y parece ser una banda ancha de conciencia a la que se le da energía. Cuando se procesa de cualquier otra manera, no hay la misma claridad.

Moderador: ¿Y qué hay de la ingestión oral, con un té o un *brownie*?

Sean: Una maravilla. [Risas de parte de todos].

Steve: No lo trabajamos así en una ceremonia. Es una situación en la que ingieres algo y en algún momento durante la hora siguiente, o no sabemos cuándo, sientes los efectos. La forma en que lo usamos en la ceremonia es mucho más en el momento y tiene que ser un proceso simple. Ahí está y este es el momento apropiado y allá vamos. Centrémonos en la situación que se presenta en el momento. Entonces la idea de ingerir algo horas antes es demasiado vaga.

Moderador: ¿Y qué hay del hecho de que, potencialmente, puede ser mucho más intenso cuando lo comes? Algunas de las antiguas prácticas tántricas de la India, por ejemplo, consistían en beberlo en un *bhang lassie* (bebida tradicional de la India hecha con cannabis, leche y especias) o lo que fuera. Se dice que los tántricos conectan con la divinidad mediante una preparación especial.

Steve: Hablaba desde nuestro punto de vista en nuestro trabajo. Sin embargo, si alguien lo está haciendo de una manera ceremonial y están dispuestos a soltar todo y tumbarse [risas], eso ya es otra cosa.

Sean: Un día allanaron mi casa. Afortunadamente, mi amiga me llamó por teléfono de madrugada para decirme que la habían arrestado y que estaba registrada como residente en mi casa. Así que saqué todo al jardín, pero me quedé con un buen pedazo de hachís negro, cerca de siete gramos y muy fuerte.

A primera hora de la mañana me despertó la policía y tuve que dejarlos entrar a mi casa. Empezaron a dar vueltas por la casa y entonces recordé que tenía ese trozo de hachís en el bolsillo. Me lo comí discretamente mientras enseñaba mi casa a los agentes.

Me las arreglé para mantener la compostura mientras daban vueltas por la casa sin encontrar nada. Pero cuando empezaban a retirarse, comencé a sentir que algo muy evidente estaba ocurriendo. Entonces fui y me tumbé en mi cama. Cerré los ojos y me desperté en un espacio donde yo era solo espacio y solo había un enorme globo ocular [risas].

Me encanta comer porque creo que se le puede sacar mucho provecho, sobre todo si vas a dar un paseo por el bosque y quieres entrar en un espacio de introspección. Comer una buena cantidad y pasear por la naturaleza es realmente magnífico. Es el único momento en el que puedo comer todo tipo de cosas sin tener que preocuparme por la acidificación de mi sistema. Parece funcionar de manera muy distinta cuando lo ingieres. Y cuando comes otras cosas, no afecta al subidón.

Volviendo a nuestro análisis anterior sobre cómo la gente maneja la planta, si entras en ella, entonces entras en una experiencia con ella. La gente la utiliza a menudo para evadir la autorreflexión. La fuman y durante un momento todo se detiene. Todo se queda quieto, en silencio, entran en esa experiencia en la que todo deja de importar y luego viene el deseo de volverlo a hacer. Es entonces cuando aparece la adicción, porque ahora quieren volver a vivir esa experiencia.

Steve: Lo que tengas en mente en ese momento se amplificará. Por eso es bueno despejar la mente antes de fumar. Solo siéntate y ten unos momentos de quietud y entra a partir de ahí. Tiene sentido hacerlo.

Moderador: Me he dado cuenta de que parecen estar en sintonía con la planta específica que están utilizando y las diferencias entre una y otra. ¿Podrían explicarlo?

Steve: Creo que la mayoría de la gente sabe que cada una de las plantas con las que te relacionas tiene su propia personalidad. Con algunas de ellas decimos que "tienen piernas" porque cinco o seis horas más tarde acabas de pasar la noche en una ceremonia con esta planta en particular y ha funcionado realmente bien. Y luego hay otras que realmente no tienen la energía.

Sean: Para responder a eso voy a contar la historia de alguien que vino a trabajar con nosotros. Lo llamaremos Anil en esta ocasión [risas, claramente una broma entre ellos dos]. Cuando conocimos a Anil, tenía hierba que había cultivado en su casa. Nos dio a fumar y enseguida nos dimos cuenta del tipo de proceso que estaba atravesando por la experiencia que estábamos teniendo con su hierba. Era un reflejo muy claro de la conciencia de la persona que la había cultivado.

Así que hablamos con él en ese momento sobre dónde estaba su nivel actual de conciencia. Luego pasó un tiempo, tal vez un año. Él ya había trabajado un poco para entonces y cultivó más hierba. Volvimos a fumarla y acabamos echándole una buena bronca porque seguía en el mismo punto en el que estaba un año antes. Y sí, cuando fumamos hierba, creemos que es muy importante saber quién la ha cultivado, qué tipo de conciencia tiene, si está en una conciencia de dualidad y cómo está expresando su experiencia. Las hierbas que han sido cultivadas con más amor son las más hermosas.

Moderador: ¿Ustedes pueden saber el origen de la planta con la que están trabajando?

Sean: Generalmente ella nos encuentra. Existe una relación. Hay momentos en los que ella está disponible y en otros no. Yo no la uso si no está disponible de esa manera.

Moderador: ¿Pasan por épocas en las que no consumen hierba, tal vez semanas enteras?

Ambos: Sí.

Steve: Meses enteros.

Sean: Solemos consumir la planta cuando trabajamos (como conductores de ceremonias). Nos relaja mientras trabajamos.

Steve: Y realmente amplifica lo que está pasando y, si no lo has notado, lo harás ahora. Si hay algo de miedo en el ambiente u otra cosa, de repente se hace muy obvio.

Sean: A veces, cuando nos metemos en la sesión, como en una ceremonia reciente, después de fumar nos damos cuenta de que hay muchos pensamientos entre los participantes. Era como un pensamiento que lo abarcaba todo. Viendo esto, me resultó más fácil expresárselo a todos al principio de la sesión: esos pensamientos pueden apoderarse de todo.

Hay un momento en el que no experimentas nada distinto y de pronto entras en una experiencia donde todo cambia y ahora estás teniendo un pensamiento que se apodera de todo. No hay espacio entre tú y el pensamiento, estás completamente atrapado en ese proceso con él. Trabajar fumado hace que sea mucho más fácil para nosotros reconocer y luego expresar a los participantes la naturaleza del pensamiento para que, cuando entren (en el espacio de la medicina), lo hagan con conciencia. El cannabis nos ayuda a ver todo eso con más claridad. Nos da una sensibilidad mucho más profunda ante los pensamientos que están presentes en el entorno de la ceremonia.

Steve: Y en ocasiones cuando la energía es realmente clara y vibrante, son increíbles las diferentes energías que están allí, seres o como quieras llamarlos. El cannabis facilita la conexión con algunos de estos seres.

Moderador: Con frecuencia han hablado de la presencia de seres en las ceremonias que, por ejemplo, son antepasados del lugar. ¿Has sentido alguna vez un espíritu identificable de la planta de cannabis? La gente habla a menudo de los espíritus de las plantas enteógenas, como la madre ayahuasca y demás.

Sean: Te refieres a Santa María.

Steve: Creo que Santa María se le aparece a mucha gente que está en este camino trabajando con la Santa María.

Moderador: ¿Pueden decirnos algo sobre cómo funciona el cannabis en conjunción con otras plantas?

Steve: Creo que la clave está en la amplificación que esta genera. Pero yo siempre diría que consumas la otra planta primero porque esa es la energía a la que quieres acceder.

Sean: A menos que vayas a trabajar con dos plantas y no conozcas la naturaleza de una de ellas y la otra planta sea la hierba. Si vas a acceder a la otra planta por primera vez, entonces es útil fumar primero hierba, para sentarnos y aquietarnos un poco. Así podrás hacerte una idea de lo que vas a experimentar.

Steve: En otras ocasiones simplemente no usarías cannabis porque vas a hacer otra cosa con otra planta. Todo se reduce a lo que realmente está pasando, cuál es tu intención. Es añadir una energía extra y, si estás explorando con una planta en particular, entonces con eso es que estás trabajando.

Moderador: Volviendo a la pregunta sobre el origen de la planta, no debe ser fácil para la mayoría de la gente tener acceso a esa información. ¿Recomendarías a la gente que cultive sus propias plantas?

Steve: No es que siempre sepas con exactitud de dónde proviene la planta. pero a veces tienes una buena relación con la persona de la que procede. A algunas personas que conoces no se les ocurriría ofrecerte algo que no supieran que es de buena calidad. Intentar definir "buena calidad" es como intentar definir qué es una flor bonita. Todas tienen formas y colores diferentes. Es más fácil hablar de lo que no funciona. Como las flores o los seres humanos, todos son hermosos a su manera. Pero a veces hay características de una planta que no resultan agradables. Estoy seguro de que se debe a la forma en que se ha cultivado, a la energía con la que se ha cultivado.

Sean: He notado con algunas hierbas cultivadas comercialmente que el primer pensamiento que aparece es el de paranoia y, en el momento en que se energiza ese pensamiento, se hace real. Así que tienes que lidiar con un nivel diferente de pensamiento.

Steve: Seguro. La planta habrá absorbido la energía del lugar donde ha crecido, de quien la ha cuidado.

Sean: Tenemos unos amigos que solo cultivan para uso ceremonial. Es una experiencia increíble.

Moderador: Antes de terminar y apagar la grabadora, ¿se les ocurre algo más que pueda ser útil para que la gente entienda cómo trabajar con esta planta de forma eficaz?

Sean: Sí, uno de los problemas que surgen en torno a fumar hierba es que la mayoría de la gente que empieza a fumar suele acabar fumándola en un porro mezclada con tabaco. Eso es muy común en el Reino Unido. Mucha gente fuma hachís con tabaco. También he visto en este país [Canadá] a mucha gente mezclando tabaco y cannabis en sus porros.

Hay algo en relación al tercer ojo o glándula pineal. La glándula pineal, nuestro tercer ojo, es la sede de nuestra introspección y nuestra iluminación. Es ese lugar por donde nuestra alma deja nuestro cuerpo. Dentro de la glándula pineal está la sede de nuestra alma y el lugar donde está nuestro DMT. Está rodeada por un muro impenetrable y no deja que entre nada, excepto las proteínas que la alimentan. La nicotina tiene una estructura molecular similar a la de las proteínas que alimentan nuestro tercer ojo. Asípues, cada vez que fumamos tabaco, la nicotina va directo a nuestro tercer ojo y cierra la tienda. Ahora, cada vez que fumamos hierba con tabaco, se produce una contraindicación, porque por un lado tenemos una experiencia en la que nos abrimos a la conciencia universal y. al mismo tiempo. cerramos la tienda y ocultamos lo que está pasando. Tenemos esa contraindicación y ahora hay espacio para que entren muchas formas de pensamiento. Es como una experiencia de esquizofrenia, porque ahora la persona está oscilando entre una polaridad y otra, estados pico mezclados con supresión. Hemos visto a mucha gente en nuestras ceremonias realmente dañada por mezclar hierba con tabaco.

Moderador: ¿Creen que el mundo sería un lugar más sano y apacible si más personas hicieran uso del cannabis en sus vidas?

Steve: No lo sé. Diría que muchísima gente que fuma cannabis tiene dificultades con ello. Es como dijimos, amplifica lo que sea que esté ocurriendo en sus vidas cuando fuman. Así que no se trata de la planta. La planta solo está aportando la energía.

Lo importante es: ¿Te está aportando lo que quieres aportar a tu vida? ¿O de algún modo simplemente lo estás alimentando? ¿Se están apagando tus manifestaciones externas porque toda tu energía y tu atención están dedicadas a la planta? Ese es el otro extremo y eso no es saludable. Definitivamente, es una cuestión de cómo se está utilizando.

Sean: Es interesante que las personas que la fuman pura, suelen ser personas bastante sensatas. Suelen tener los pies en la tierra. Puedes mantener una conversación con ellas sobre lo que realmente está pasando. Pero a la mayoría de la gente no le gusta fumarla pura, quieren mezclarla con algo, por ejemplo, con tabaco, como dije antes.

Si la fuman pura, ahora van a morir. Implica una muerte. Esta es la oportunidad, porque mucha gente no conoce la quietud a través de la hierba. No se dan cuenta de que la quietud requiere tener que morir y atravesar el velo.

Moderador: ¿Entonces un entorno de ceremonia sería bastante útil para mucha gente en ese sentido?

Sean: Estamos iniciando a la gente en una práctica de vida, tanto si trabajamos con ayahuasca como con *iboga*, o si simplemente vienen a una ceremonia. También podemos hacer exactamente la misma práctica con la hierba, usándola como sacramento. Es la misma experiencia. En muchos sentidos, el cannabis es como la ayahuasca porque puede provocar la desconexión a tierra y ser bastante celestial. Puede llevarte al interior de tu cabeza, a los pensamientos. Te empuja a ese lugar donde la única opción que tienes es estar presente para ti mismo. Es una oportunidad absolutamente maravillosa.

Nos ha gustado mucho trabajar con la gente, presentarles la hierba, verlos entrar directamente en la muerte solo con la hierba y luego poder hablar de su relación con esa muerte mientras están allí. Cuando lo ven, todo se desvanece y lo único que queda es la experiencia.

Así es como yo veo la hierba. No la veo realmente como Santa María, donde fumas e invocas al espíritu. Simplemente siento que me relaja profundamente en la experiencia de lo que ya es, a diferencia de entrar en algún tipo de espíritu de la planta y entablar algún tipo de conversación.

Moderador: Como bien dices, es una oportunidad maravillosa para experimentar la muerte del ego y relajarse en lo que es. Parece un buen lugar para concluir la entrevista. Caballeros, muchas gracias.

14

Santa María y ayahuasca
Una mezcla de medicinas sacramentales

Francisco

FRANCISCO es un experimentado y comprometido aprendiz de ceremonias con ayahuasca. Actualmente trabaja con un grupo con el fin de aportar una experiencia protegida y eficaz con medicinas sagradas, en un espacio seguro para quienes buscan explorar este camino, de acuerdo a las formas tradicionales establecidas en Sudamérica, particularmente en Brasil.

• • •

USOS PRODUCTIVOS Y PROBLEMÁTICOS
DE LA SANTA MARÍA

Me gustaría empezar diciendo que podemos abordar tanto el uso positivo y productivo de la planta sagrada Santa María como también advertir de ciertos peligros potenciales. En relación al uso combinado de medicinas sagradas en ceremonias suele haber dos posiciones distintas según cuán cómodo se sienta cada grupo. Por un lado, hay un segmento más purista u ortodoxo que cree que el uso de otra planta sacramental como la Santa María se desvía de los formatos iniciales de los líderes y chamanes originales de ceremonias de ayahuasca. Por otra parte, ha habido una evolución en las ceremonias y en los entornos donde el uso de la Santa María es aceptado que está contribuyendo a mejorar la experiencia general de dichas ceremonias.

Sin embargo, se puede argumentar que en todos los casos tenemos que estar atentos a no romper con el uso disciplinado del sacramento y, especialmente, en lo tocante a la disciplina espiritual. Es necesario tener buenas directrices sobre el marco en el que se utiliza como parte de las ceremonias espirituales. Esto abarca aspectos tales como frecuencia de uso, intención general de su uso y forma de utilizarla dentro de la ceremonia.

Es importante tener en cuenta que la planta tiene efectos diferentes según la persona. Un aspecto se relaciona con la potencia. Por lo general no tomamos en cuenta la potencia de la Santa María por estar asociada a fines recreativos. Medicinas poderosas como la ayahuasca y otras medicinas sacramentales y psicodélicas no se consideran sustancias para "solo divertirse". Pero, como a menudo vemos a la Santa María de esa manera, tendemos a restarle poder y sacralidad. Así pues, del mismo modo en que el consumo de ayahuasca puede ser problemático para algunas personas, por ejemplo aquellas que padezcan ciertas afecciones psicológicas, lo mismo ocurre con la Santa María.

He tenido experiencias que me han abierto los ojos sobre la fuerza del impacto que tiene la Santa María en algunas personas, tanto con el uso recreacional como con el sacramental. Esto tiene que ver con cómo la mente de cada uno es capaz de afrontarlo. Algunas personas, por su naturaleza, tienden a presentar ansiedad o sentimientos paranoicos que pueden verse intensificados con la Santa María. El hecho de que una persona no pueda hacer frente a esas experiencias intensificadas en el momento podría crear un impacto negativo.

Me gusta y a veces uso el término "amplificador" para describir el efecto de la Santa María. Dependiendo del estado de ánimo y mental del momento, bajo la influencia de la planta, se puede tener un momento presente muy fuerte. Con los pensamientos y el contexto adecuados, se podría usar creativamente para escribir, componer música y demás y lograr efectos realmente buenos. Pero, para otra persona, tratar de manejar esa increíble cantidad de vibración con un mayor enfoque en el momento presente podría ser abrumador e inalcanzable, lo que conduciría al tipo de impacto negativo que acabo de describir.

Respeto y *disciplina* son dos términos clave. El respeto se refiere al contexto en el que se utiliza la Santa María y la disciplina se refiere más a la frecuencia de uso. Algunas personas podrían utilizar la planta con más frecuencia, pero sin el mismo impacto, aunque yo advertiría a esas personas –me incluyo en esa categoría– que no sean demasiado complacientes. Tal vez para ti sea más fácil de absorber, puedas usarla de forma más productiva y llegues a pensar que no necesitas ninguna disciplina en cuanto a la frecuencia. Pero una forma de observar la diferencia en los efectos y beneficios de la Santa María es simplemente dejarla durante un tiempo. Cuando vuelvas, notarás el poderoso efecto que puede tener la hierba sagrada.

USOS CEREMONIALES Y NO CEREMONIALES

Ahora podemos hablar del uso de la Santa María tanto dentro como fuera de una ceremonia de ayahuasca. Fuera de las ceremonias, quisiera pensar que incluso si la estás usando a título personal y en tu tiempo "normal", sigues usando la planta con la intención y la actitud adecuadas. Por ejemplo, cuando usamos Santa María durante las ceremonias con ayahuasca, el silencio y la calma de la mente y del ambiente que rodea a los participantes son de suma importancia. Sería bueno reproducir ese enfoque en la medida de lo posible puertas afuera del contexto ceremonial.

En las ceremonias, antes de consumir la Santa María, nuestra gente suele ofrecer una oración rápida y entrar en un momento de meditación. A fin de cuentas, solo muestran su respeto y ponen una intención en la conexión que se produce a través del uso de la planta. No soy un purista en esto y no quiero decir que sea malo consumirla en un entorno social informal con unos buenos amigos en la ocasión adecuada. No existen reglas definitivas en esto. Se trata más bien del estado de ánimo que se le imprima a la situación.

Hay otro aspecto en relación al tema de la frecuencia de uso. Hablaré de esto en el contexto de un grupo como el nuestro. En los últimos tiempos ha habido una discusión cada vez mayor sobre el tema de las "dietas sagradas". Es la misma discusión referente a limpiar y purificar nuestros distintos chakras. Así que, si eres de los que tienen una mejor combinación de mentalidad y características personales respecto a tu interacción con la Santa María, para tener un buen equilibrio puede ser importante de vez en cuando pasar por las dietas (o paradas), el ayuno de la planta y los resultados que esto produce.

A veces podrías hacer ayunos más cortos. Por ejemplo, si trabajas durante la semana quizá prefieras esperar hasta el fin de semana, así puedes disfrutar de un mejor ambiente, tal vez salir a la naturaleza, o aprovechar durante tu tiempo creativo. En otras ocasiones, puedes estar preparándote para una ceremonia espiritual importante con la ayahuasca y harás un ayuno más largo de Santa María, tal vez de diez días o incluso tres semanas, dependiendo de la ocasión. En el pasado reciente hemos sido mucho más disciplinados al respecto, lo cual no siempre fue así. En la comunidad me alegra oír cada vez más ese respeto y esa disciplina que no había hace unos años. Lo estoy viendo en todos los niveles, desde la gente nueva hasta los mayores.

MÁS DETALLES SOBRE EL CONTEXTO CEREMONIAL

Ahora daré más detalles sobre el uso de la Santa María en nuestro contexto ceremonial de ayahuasca. He participado en dos tipos de ceremonias en las que hemos utilizado la Santa María. Una versión es que, cuando el foco está en el sacramento ceremonial principal, la ayahuasca, la Santa María no se consume antes de la ceremonia. Se quiere empezar con la cabeza despejada y con el foco principal en la ceremonia de ayahuasca en la que se está participando. En tales ocasiones, normalmente damos entrada a la Santa María en una fase posterior y como complemento de la ceremonia. Esto puede ocurrir aproximadamente en el último tercio de la ceremonia, cuando pasamos a una fase diferente, la fase de cierre o aterrizaje. La ceremonia formal suele durar entre cinco o seis horas y a veces más.

En general, para nosotros es apropiado utilizar la Santa María en una ceremonia de ayahuasca de esta forma, siempre y cuando estés en un ambiente donde puedas consumir la Santa María abierta y cómodamente y sepas que estás en un grupo donde todos tienen la misma mentalidad y todos están abiertos a ello. Esto no significa que se espere que todos consuman la Santa María, pero sí que todos estén de acuerdo en que los demás participen. De nuevo, queremos hacerlo en una fase meditativa grupal y en silencio, en la que el objetivo no sea solo la calma entre los miembros del grupo, sino también en cada uno dentro de sí mismo.

Nuestro enfoque se basa en la idea de que esto puede permitir que los participantes empiecen a comprender algunos de los mensajes y percepciones que acaban de recibir con la ayahuasca. Esto va de la mano de la meditación y la calma y también es una experiencia que se potencia cuando se hace colectivamente. En la ceremonia, todos intentan conectar con la misma fuente divina y las mismas vibraciones; eso crea una dinámica de grupo que ocurre en un nivel por encima de todos, por así decirlo. En la ocasión adecuada, a veces he sentido que la Santa María puede ayudar a la gente a asentarse mejor y a relajar el cuerpo y la mente. A veces esto es difícil de alcanzar bajo la gran fuerza de la ayahuasca.

Así pues en esos momentos puede haber una apertura porque estás más calmado físicamente y más presente en tu mente y en tu corazón. Como resultado, se facilita una mayor apertura de la visión para terminar de procesar las experiencias y todo lo que ha estado sucediendo a tu alrededor.

En la mayoría de los demás casos, la Santa María solo se utilizará una vez finalizada la ceremonia. Para aclarar, aunque la parte formal de la ceremonia esté cerrada, la ceremonia espiritual general aún no ha terminado. En ocasiones, la ceremonia se celebraba en el bosque y, una vez que todo había terminado oficialmente, hacíamos que los participantes caminaran hasta un lugar donde sentarse cómodamente en círculo. Entonces entrábamos de nuevo en estado meditativo para utilizar la Santa María. La mayoría de las veces, en ese contexto, le decimos a la gente que es una buena oportunidad para reflexionar sobre el trabajo espiritual que acaban de hacer.

Otro contexto en el que hemos utilizado la Santa María de forma sacramental es cuando se trata de la principal o única medicina utilizada. En mi experiencia, esto ha ocurrido cuando no ha habido disponibilidad de la medicina principal, la ayahuasca. En tales circunstancias hemos experimentado con el uso de la Santa María como sustituto respetado y sagrado. Se conduce toda la ceremonia exactamente igual que con la ayahuasca, el mismo protocolo y formato, las mismas oraciones de apertura, el mismo cronograma. También se seleccionan canciones y oraciones específicas para honrar la medicina de la Santa María y su energía, cantando a la planta para de esa manera atraer esas vibraciones.

Me ha impresionado lo poderosas que han resultado ser estas ceremonias, con momentos en los que la fuerza prácticamente no se puede distinguir de la experiencia habitual que se siente con la ayahuasca. En general, cuando usamos la Santa María dentro de la ceremonia de ayahuasca, la fumamos. Pero cuando la usamos como sustituto de la ayahuasca, es una combinación. Preparamos una bebida similar al *bhang lassie* de la India.

Esto tiene dos propósitos. Uno es que se reproduce la parte de la ceremonia en la que se bebe la infusión de ayahuasca. Pensamos que es mejor ser conservadores con la cantidad que se ha de tomar para que no se produzca una sobredosis y haya que esperar a que salga del sistema. Esto se equilibra durante la meditación con disponibilidad de Santa María para fumar, de modo que pueda haber ajustes individuales según la magnitud de los efectos.

Sentados en circulo se crea una sensación de unión en el grupo, al tiempo que se va pasando la medicina con respeto. Mientras se hace esto, todos oran y meditan en silencio, lo cual tiende a potenciar la experiencia porque todos están actuando en la misma vibración. Como ya he dicho, algunas ceremonias que realizamos de esta manera resultaron ser muy poderosas. Las dos primeras veces me costaba creer que con la Santa María pudiera abrirse una experiencia tan importante.

Es fundamental reconocer que, al igual que con otras poderosas medicinas sacramentales, se pueden abrir portales. Algunas personas, por naturaleza, tienen mayor sensibilidad a las energías que nos rodean. La mayoría de las cosas pueden descomponerse en una longitud de onda y nosotros percibimos un pequeño porcentaje de un espectro tan amplio. Lo que hemos visto es que a través del uso de estas medicinas sagradas puede haber una apertura para percibir más de eso. Así que quienquiera que esté usando Santa María debería ser consciente de ese impacto potencial. Quizá puedan hacer un autoestudio sobre cuál es ese impacto, ¿me siento constantemente más reservado y ansioso y paranoico?, ¿es una tendencia que tengo incluso sin usar Santa María? Si es así, con los efectos intensificadores de la planta tal vez necesites ajustarla o evitar usarla en ciertos contextos.

Para otros, por supuesto, las cosas pueden abrirse favorablemente. ¿Cuántos ejemplos hay de personas creativas que dicen haber recibido información importante en un sueño o algo similar, incluyendo a científicos que han llegado a algunos de los descubrimientos más importantes que el mundo haya conocido? Estas son las otras vibraciones y energías de las que hablamos. No importa en qué lenguaje lo expresemos, si consideramos que estas energías son una musa, un ángel o lo que sea, con la Santa María existe un gran abanico de posibilidades. Intentamos dar directrices y sugerencias para que la gente pueda mejorar sus capacidades y crear un entorno y un estado mental propicios. Si esto fuera algo para lo que pudiéramos crear un manual de instrucciones, sería un juego totalmente diferente, pero ese no es el caso de las experiencias individuales sagradas. Hay muchas respuestas acertadas.

EL EQUILIBRIO ES CLAVE

Se trata realmente de tener equilibrio, respeto y disciplina en el uso de la Santa María, para que cada individuo sea consciente de cómo le afecta, de cuán adecuada es para él, porque simplemente es una receta personal. Lo que es bueno para mí puede no serlo para ti, aunque los fundamentos básicos se aplican a todo el mundo.

Para la gran cantidad de personas que usan la planta de forma recreativa y que posiblemente no participen en otro tipo de ceremonias, o que no se consideren espirituales o religiosas, sigue siendo bueno que la analicen con el mismo tipo de visión que he descrito aquí. El objetivo es que la Santa María sea productiva en sus vidas, que las mejore. No quieres que se convierta en algo que te haga más perezoso, que te haga comer en exceso por los antojos, reaccionar de forma ansiosa, albergar sentimientos depresivos, etc. Incluso en el caso de quienes no se vean afectados de esa manera, tal vez consuman demasiado por mucho tiempo y descubran que se irritan un poco, que les afecta el sueño o cualquier otra cosa.

Como en muchas otras cosas, la clave está en el equilibrio, y cuanto más equilibrado seas, mejor será la experiencia, por mucho que te sientas tentado a querer más porque es muy buena, como el chocolate o cualquier otra experiencia placentera que quieras repetir una y otra vez. A veces menos es más, y menos significa "con menos frecuencia". De lo contrario, puede producirse un fenómeno de rendimiento decreciente. Eso también se aplica a los encuentros con la planta. Las primeras dos caladas te llevan a la mayor parte del recorrido, y varias caladas más apenas pueden fortalecer el efecto.

Sin embargo, debo decir que a veces, dentro de una ceremonia específica, cuando tenemos una sesión con Santa María, podríamos animarnos a adoptar el enfoque de "más es más" con el fin de profundizar y realmente hacer la conexión lo más fuerte posible. Pero, de nuevo, te recuerdo que siempre lo haremos de forma meditativa y silenciosa y con un enfoque sacramental determinado.

Para terminar, diré algunas palabras más sobre el uso de la Santa María en las ceremonias de ayahuasca y en combinación con otras medicinas en general. Es necesario hacerlo con cuidado y con consideración para mantener el formato y la intención originales. Nosotros, en estas nuevas culturas, tendemos a querer entrar en las cosas y modificarlas y adaptarlas exactamente a como nos gustaría que fuesen. Pero de ese modo también se pueden perder el propósito y el poder adecuados. Además, cuando empiezas a creerte un experto, puedes perder la humildad necesaria que acompaña a las enseñanzas de estas medicinas.

Por otro lado, es natural también que haya un poco de innovación y evolución y está bien a veces porque demuestra apertura y progresión. Sin eso podemos quedar atascados en estructuras rígidas e invariables. Por ejemplo, a veces en nuestras ceremonias, cuando participa alguien de una cultura diferente o nativos de una comunidad diferente, está bien mezclar las medicinas, ya sea la misma o una medicina sagrada relacionada que se utilice en una u otra cultura. Pero siempre recordamos quiénes somos y cómo hacemos nuestras cosas para no perdernos. Y es igual de importante que la otra parte no se pierda, y recuerde hacer lo que sabe siguiendo los caminos de sus tradiciones sagradas.

Por último, es importante que las personas en esas situaciones adopten una mentalidad abierta. Al entrar en el espacio de una ceremonia sagrada todos respetan la ayahuasca y defienden los valores y principios que son la base de por qué hacemos esto y recibimos las enseñanzas. De lo contrario, al exponerse a otra planta medicinal como la Santa María, algunas de esas personas se llenarán de juicios sobre ella y se crearán divisiones.

Tal y como nosotros lo entendemos, estas medicinas están diseñadas para unir y no para crear divisiones. Para ello se necesita tanto apertura como firmeza y respeto acerca de dónde está uno con respecto a cómo se mezcla todo esto. Siempre que las intenciones sean buenas, se mantenga una actitud respetuosa y se sigan ciertas directrices, los resultados podrán ser productivos y sanadores para todos los involucrados.

15

Reflexiones sobre la hierba Parte II

Lecciones de la hoja

Jeremy Wolff

El Escritor y Artista Jeremy Wolff ha sido un atento observador de la comunidad psicodélica desde 1995. Contribuyó con el muy ingenioso y lírico capítulo "Thots on Pot" del libro *The Pot Book*, editado por Julie Holland. También es músico, cronista de viajes y fotógrafo, y sus palabras y fotografías han aparecido en las portadas de revistas importantes.

◆ ◆ ◆

El mundo visible ya no es una realidad
y el mundo no visible ya no es un sueño.

W.B. Yeats[1]

UNA HERRAMIENTA PARA EL PENSAMIENTO Y UNA FORMA DE PENSAR

El cannabis es nuestro amigo y maestro más antiguo, nuestro aliado en el planeta. Como alimento, fibra y medicina, sus usos van de la mano con las necesidades humanas. La marihuana y la gente evolucionaron juntos, como se refleja en nuestro sistema endocannabinoide, una red corporal de moléculas similares al cannabis que promueve la homeostasis en todos los niveles de la vida biológica, "de la subcelular al organismo, a la comunidad y más allá"[2]. La homeostasis es equilibrio, todos los sistemas funcionando, la armonía del yang y el yin. La mente funciona por proyección y reflexión; la homeostasis es permitir el reflejo en la mente, aportar conciencia al proceso. Conocer el espejo es entender la tecnología: lo que percibes en el otro es lo que crees de ti mismo. El miedo es proyección, pero también lo es la belleza. Toda la belleza que puedes percibir en el mundo también está en ti. La regla de oro es el reflejo: la razón de no hacer a los demás lo que no te gusta para ti es porque los demás son tú mismo. La experiencia de la marihuana, la deshabituación del pensamiento, la ruptura de los hábitos mentales es inseparable de las comprensiones que se adquieren con ella. Sentirás lo que necesites sentir, quieras o no. La marihuana nos dio las herramientas básicas para ser humanos, tanto ideas como materiales. Es la planta más extendida y fácil de cultivar de todas las plantas beneficiosas. Piensa en el cáñamo. ¿Tu sustancia psicodélica puede hacer lo mismo?

El cáñamo es el cultivo para aceite de semillas más nutritivo y productivo. Media hectárea produce cuarenta y cinco toneladas de semillas de cáñamo, una proteína vegetal completa. Produce también más de mil cien litros de aceite de semilla de cáñamo, de donde se extrae un biocombustible diésel. Subproductos: tres toneladas de harina rica en proteínas, seis toneladas de fibra de líber (para cuerdas, encajes y papel ultrafino: papel de fumar y páginas de la Biblia), veinticinco toneladas de estopa de cáñamo (el resto de fibras gruesas) para cualquier tipo de papel y material de construcción compuesto. Media hectárea. El cáñamo no necesita fertilizantes ni pesticidas y mejora el suelo en el que crece. La prohibición del cáñamo es la gran historia, la prohibición de la marihuana, solo una cortina de humo.

China era "el país del cáñamo y la mora". Los chinos veneraban a la Doncella del Cáñamo, Diosa de la longevidad y protectora de las mujeres. Las semillas de cáñamo por sí solas proporcionaron nutrición durante la hambruna. *Ma* es la raíz de muchas palabras primitivas como frotar, moler, piedra, entumecer y desperdicio. El ideograma chino representa a macho y hembra bajo el techo de una cabaña de secado, el yang y el yin de la naturaleza en el refugio de la cultura humana: el huerto. El lienzo impulsó la exploración humana, desde las velas de los barcos hasta las telas de las obras de arte. La ropa era una tecnología para la supervivencia.

CANNABIS: CULTURA Y CONTRACULTURA

Ahora lo llamamos *Cannabis sativa* (no la palabra que empieza con M), pero ¿qué significa *sativa*? "cultivada". El cannabis es, tal vez, la primera planta que se cultivó, cannabis cultivado, ¡qué paradoja! El cultivo es la raíz biológica de la cultura: la unión de hombre y planta para el bien mutuo, la cooperación y la interacción de los reinos humano y vegetal.

Esto plantea una pregunta espiritual: ¿qué tal si viviéramos en un huerto, donde nos cuidaran, nos mantuvieran? ¿Podemos permitirnos el equilibrio de esa perfecta debilidad? Eso también es homeostasis. Nuestra conexión con el cannabis es de las pocas fuerzas que enfrenta el actual cáncer del yang, el desequilibrio masculino y de testosterona que hoy amenaza al mundo.

Las culturas nómadas veneraban el cannabis como instrumento de cambio, no colonizador. Su revelación de lo habitual y cultural puede alterar la autopercepción y la identidad social, lo que la hace subversiva por naturaleza a las formas de pensamiento y gobierno reinantes. Sus raíces son profundamente subterráneas, y su cultura rebautizada como "contracultura".

El cannabis es información básica de la naturaleza, como el ritmo de las estaciones y los solsticios. Cualquier religión que no reconozca el sol, la luna y la Tierra es sospechosa. La cultura que niegue los hechos naturales de las esferas y los ciclos encarnados en lo femenino no es digna de esa denominación. El sol, fuente de luz y energía, es redondo, va y viene, hay oscuridad y luz. La comprensión poética de los cielos (la astrología) funciona, al igual que la física cuántica. Todo es aplicable, por experiencia o por analogía. El astrónomo es útil para el chamán, y viceversa. Nadie que observe los objetos del cielo o mire al horizonte del mar diría que el mundo es plano. La naturaleza es redonda y encantada, la realidad es mágica y cambiante. Estas verdades son observables a todo nivel, desde el átomo hasta las galaxias más remotas. La ciencia siempre encontrará lo que pueda ver con instrumentos y confirmará lo que ya sabemos sobre el espacio, el tiempo y el infinito. La naturaleza tiene las cualidades de inefabilidad y unidad. Y eso te incluye a ti: *tu cuerpo es tu yo en la naturaleza*. La forma en que sostienes y tratas tu cuerpo físico refleja tu propia naturaleza y cómo ves la naturaleza.

El monoteísmo occidental surgió de desiertos estériles donde los dioses no proveían. El jardín era una historia de pérdida y culpa, el mito creacionista del autojuicio. El mito aceptado fue el de la debilidad y vergüenza de las mujeres. *Nos echaron a todos* y fue culpa de las mujeres. La negación del yin comienza aquí. Las realidades de la sexualidad, en particular la sexualidad femenina, se ocultaron a la conciencia de la cultura. El cuerpo y lo femenino, el todo y lo sagrado, fueron demonizados. El sexo se apartó del amor, y viceversa. El cannabis se sustituyó por vino e incienso, los sacerdotes se pusieron los hábitos de brujas y mujeres sabias. El Papa aún lleva vestido.

La familia es nuestro primer modelo de comunidad. Nuestros mitos comienzan con el padre echando a sus hijos y sigue con hermanos matando a hermanos. Los agravios son insalvables y el padre tiene el poder absoluto (ya sabes dónde buscar abusos en esta familia). Las cosas funcionan con el engaño y la violencia, según cuentan las historias. No existía el "conocimiento del bien y el mal". Este surgió de la creación de un acto imperdonable: el uso de una planta, la sabiduría de la madre naturaleza. El pecado original es el complot de la serpiente para hacerse con el jardín: la conspiración yang y el nacimiento de la guerra contra las drogas.

EL CANNABIS COMO INFORMACIÓN

Estas verdades son evidentes. Como dijo Joan Bello, "los usos medicinal, recreativo y sacramental del cannabis son en realidad idénticos.

Estar sano es ser feliz, es ser sagrado". Los rituales de danza, trance y canto facilitados por el cannabis y otras plantas no eran solo estéticos o recreativos: eran terapias y sacramentos. Un momento de éxtasis puede transmitir sabiduría y unidad a través del vínculo orgánico del amor. Una tecnología de supervivencia; *el amor es dar sin esperar nada a cambio*. ¿Qué modelo de negocio es ese? y ¿cómo hemos tratado a nuestra pareja en el tiempo? La hemos rechazado y dejamos de oírla. Hemos prohibido, quemado y golpeado su lugar en el mundo.

La hierba resistió la prohibición en su modalidad recreativa. El artista-músico siempre ha estado vinculado al chamán, al curandero. Desde su prohibición, la hierba ha estado ligada a la música y a los músicos: al jazz, a los *beatniks*, al folk, a Dylan, a los Beatles. Producidos en masa y eléctricos, surgieron del *underground* [subsuelo] y se apoderaron del mundo. La psicodelia del pueblo y la música del pueblo mantuvieron vivo el espíritu del huerto.

Como la información y la música, la hierba tiende a ser gratuita... o al menos barata. En la clandestinidad se fortaleció, se clonó a sí misma, se electrificó y se mercantilizó en su pacto fáustico por sobrevivir, alimentándose del sistema y nos sigue reflejando, querámoslo ver o no. *Piratería* es un término, *código abierto* es otro. La hierba y la música son intrínsecamente de código abierto, y la razón por la que están y deben estar disponibles libremente es que son útiles para las personas que buscan ser "sanas, felices y sagradas". Es antinatural que las cosas funcionen mal y cuesten más. Napster fue popular y revolucionario porque hubo un uso natural de la tecnología; los anticuados anuncios televisivos que nos imponen en muchos sitios web son la antítesis, un uso retrógrado, disfuncional e ineficaz de la tecnología. La cultura y la tecnología se degeneran cuando se controla la información.

El bajo de tina, el instrumento de música folk más sencillo de hacer, da el rango inferior, el corazón palpitante de la canción. Pero la iconografía de este "bajo campesino" es tan fuerte que cualquiera que lo vea de cerca piensa que se trata de una broma. Estos son sus secretos: es de bajo costo y cualquiera puede tocarlo y ser una estrella, no se trata de ser una estrella del rock, sino de tener un rol. Por eso se rechaza al bajo de tina, por ser pueblerino y tosco, junto al campesino pagano que lo toca. El mundo del libro y las leyes, el mundo del padre que invalidó a las sabias mujeres y al cannabis también desestimó su música.

La música es el lenguaje del cuerpo y el corazón. En las lenguas asiáticas, la palabra que se usa para "mente" es la misma que para "corazón". El alfabeto fonético abstracto, una tecnología relativamente reciente que se extendió hacia occidente desde Fenicia hace menos de cuatro mil años, es el lenguaje de la mente. La conciencia del corazón es víctima de este paso de lo acústico a lo visual, del yin al yang. El corazón es ciego, su sentido es la resonancia. La mente se ha separado de nuestro cuerpo, es nuestro yo en la naturaleza. La naturaleza es todo o nada, lo espiritual vive en lo mundano. ¿Cuándo se hizo mundano el mundo? ¿Cuándo se ensució la Tierra?

No puede haber espíritu sin cielo y tierra, el aliento que fluye entre ambos. El yang y el yin surgen y se retiran juntos. La cultura de prohibición, paranoia y represión *crea la exigencia* de un reequilibrio espiritual y físico que no se puede retener. Desde la prohibición, la hierba ha pasado de ser la humilde hierba del músico de jazz, al cultivo comercial número uno en Estados Unidos, una consecuencia inesperada de la protección de la industria frente al cáñamo.

COMERCIAL VERSUS SACRAMENTAL

En el mundo de las drogas, lo comercial ha usurpado lo sacramental. Usamos las drogas como recreación y medicación, y no tanto para lo sagrado. Separamos alimentos y drogas, pero en la naturaleza conviven a lo largo de un espectro sin líneas claras. Las hierbas y especias, el café, el cacao, la amapola y el azúcar caen todos en un área gris; el cannabis también. Más allá de la nutrición, lo que atrae es el sabor y la sanación, la estética y la medicina. Todo marcado por la historia del capitalismo, el control estatal o religioso, como factor en las guerras, el desarrollo de rutas comerciales, imperialismo y esclavitud.

La palabra "droga" significa "seco" en neerlandés. Una hierba se secaba para aumentar su potencia y aligerarla para el transporte. *Brandewjin* significa en neerlandés "vino quemado": se hervía el vino para reducir el contenido de agua y enviarlo al nuevo mundo. Pero en la otra orilla no se le volvía a añadir agua, se disfrutaba y se vendía como un *brandy* más fuerte. Al licor destilado se lo llamaba rectificado o corregido y lo que quedaba era su "espíritu". Ron, sodomía y látigo: el eslogan de la armada imperialista británica. Thomas Jefferson dijo, "ninguna nación donde el vino sea barato es ebria, y ninguna es sobria donde la escasez de vino sustituya a los licores ardientes como bebida común". Drogas refinadas, desde el *whisky* hasta la oxicodona y el *crack*, favorecen las ganancias y la adicción. Las formas y los medios de hacer dinero con las drogas son el esqueleto del cual se cuelga el cuerpo del capitalismo.

La adicción es el modelo de negocio perfecto. El 60 por ciento del alcohol de Estados Unidos se vende a adictos, alcohólicos o "bebedores problemáticos", que consumen una media de diez tragos al día. El objetivo de lucro del mercado es indiferente a los resultados, al daño a la comunidad. Vender armas, productos químicos y alcohol no es diferente a vender cualquier otra cosa. Es un crecimiento sin corazón, sin razón, un cáncer y acabará matando al cuerpo.

George Orwell definió la libertad económica como "el derecho a explotar a otros para obtener beneficios". El "libre mercado" no es libre: depende de la estructura particular de nuestra comunidad para funcionar. El individualismo occidental es un mito: como el amo y el esclavo, la explotación sigue siendo una relación de dependencia. Los negociantes como Trump disfrutan de su éxito montados en los hombros de otro hombre, como dijo Thoreau. El *marketing* de "letra pequeña" y el engaño del $9,99 son síntomas infantiles de corrupción e ineficacia y hacen del engaño, no del altruismo, el sello distintivo de nuestra cultura. Si algo tiene la hierba es su eficiencia: la más fácil de cultivar de todas las plantas beneficiosas, ella misma se comparte. La cooperación –y no la competencia,– es la columna vertebral de la supervivencia humana.

MIEDO A NUESTROS RIVALES, A NOSOTROS MISMOS

Las personas pelean porque son iguales, no diferentes. Los rivales son "personas que viven en la otra orilla del mismo río", con muchísimas cosas en común. Luchan por los recursos en lugar de cooperar porque no tienen la perspectiva, no tienen el subidón suficiente para poder ver que son la misma familia. ¿Cómo defines la *familia*? ¿A quién echas? La *raza humana* implica competencia; el color de la piel solo tiene un significado visual proyectado. Según Orwell: "Casi todas las aristocracias con poder real han dependido de la diferencia de razas, alemán sobre eslavo, inglés sobre irlandés, hombre blanco sobre negro, y así sucesivamente. Para el aristócrata resulta más fácil ser despiadado si piensa que su siervo no es de su misma sangre. De ahí su tendencia a exagerar las diferencias raciales. Es una forma de llevar la explotación más allá de lo normalmente posible, al pretender que los explotados no son humanos"[3]. Todas las guerras son guerras raciales, basadas en diferencias imaginadas o inventadas.

Cuando dejas de mirar, empiezas a proyectar. Eres capaz de tratar a los demás con el odio y la indiferencia que reservas para la parte avergonzada y oculta de ti mismo, lo que nos lleva de nuevo al jardín.

El miedo es una herramienta crítica para la supervivencia. La lucha, la huida, el *shock*, el adormecimiento, son necesarios y necesariamente inconscientes. El miedo yang también engendra coraje yang, y coraje significa corazón. El corazón yang tiene sus motivos: el servicio y la seguridad del yin. Nos hace superar montañas y atravesar la nieve, llevándonos a casa, al bosque oscuro, para confortarnos y cuidarnos. El corazón yang vuelve a casa con la mente yin. El soldado se convierte en esposo en un ritual de retorno.

Una vez que te has quemado ya le pierdes el miedo a la estufa: aprendes, sintetizas. El miedo se atasca cuando nuestra mente le da significado; un soldado sigue cargando con su miedo al sentir algo más crucial que volver al equilibrio de la familia y la comunidad. En estos tiempos de testosterona, el sadismo y el miedo son promovidos por los intereses propios de los cultos yang: deportes, religiones fundamentalistas, ejércitos, fuerzas de orden público y cárceles, por medio del negocio eléctrico de las noticias y el entretenimiento y por drogas de estimulación y adormecimiento.

El miedo en sí luce de esta manera: la guerra misma, el consumo excesivo y la insatisfacción. El estrés fomenta la adicción a las drogas yang: el cigarrillo, la droga cotidiana, el alcohol, los analgésicos y las anfetaminas.

Nuestros problemas no son fracasos de los que haya que escapar, sino el locus de nuestra supervivencia. Todos tus ancestros vivieron para reproducirse; los demás murieron. Las sombras y las cicatrices son las huellas de la lucha en la que triunfamos. Los impulsos inconscientes son nuestra fuerza: estar conscientes de nuestro inconsciente es nuestro poder. Tus miedos son sagrados, una señal de dónde encontrar el amor frustrado. En el valle de la sombra de la muerte solo hay unidad e inefabilidad. Aborda tus miedos sagrados con reverencia y encontrarás en ellos un reflejo de amor. Eres más fuerte allí donde más te han herido. Eres mejor en aquello que más temes que te falta. Lo que más deseas, la necesidad que ocultas con mayor vergüenza, aquello por lo que más ciegamente luchas, eso es lo que ya tienes.

La hierba refleja la paranoia en una cultura paranoica: echa un vistazo a tu alrededor. El cannabis en un contexto posparanoia ayuda a redescubrir lo que es sentirse sin riesgo, ni miedo, ni vergüenza (es la vida). La paranoia del cannabis propicia la conciencia del miedo retenido en el cuerpo. Adéntrate en él: los miedos básicos son un verdadero viaje. Afronta a la familia en la vida y en la muerte, a las historias ocultas en el fondo de la ira y la vergüenza, no para sentirte mejor, sino para ser mejor sintiendo, como dice el escritor y periodista Michael Brown en su libro *The Presence Process*. Quédate en casa. Te derrumbará y te reconstruirá.

POSTURA Y CONCIENCIA

La vida es movimiento; el envejecimiento es un proceso de reducción del movimiento. La evolución apunta a una variedad y complejidad del movimiento. A la variedad y complejidad del movimiento también se la llama juego. Las pantallas son intangibles, un trastorno del movimiento. Los niños envejecen antes de tiempo, trabajan. El efecto más profundo de las pantallas en nuestras vidas no tiene nada que ver con internet ni con ningún otro aspecto de su contenido: se trata de la postura física y el prejuicio visual. Al deshabituar la propiocepción (percepción de nuestro cuerpo en el espacio), el cannabis nos ayuda a encarnarnos: a habitar nuestros cuerpos, a vivir y sentir dentro de ellos, a ser conscientes de la postura, de nuestras "inclinaciones". No hay problema mental que no se nos muestre con una manifestación paralela en el cuerpo. La perversión se manifiesta como puritanismo: el líder Metodista del Sur se manifiesta en contra del yoga. Jesús en la cruz es un hombre que abre los hombros, el pecho y el chakra del corazón: una postura de mera vulnerabilidad yin. El amor es un cambio físico que presenta los brazos abiertos, la evolución del mamífero que protege su pecho.

Cuanto más enfermo estás, más fuerte es la medicina que necesitas. Para la mayor parte del mundo, la mayoría de las veces, el cannabis es suficiente. Es la "sustancia psicodélica" del pueblo que no necesita médicos, chamanes o sacerdotes, ni dosis heroicas, ni viajes al Perú. La hierba está en el mundo y es del mundo. Es el elefante en la sala de la ciencia psicodélica, el olor en los pasillos de sus conferencias. Cultiva tu propia hierba y conserva tu trabajo.

Si estás enfermo lo más peligroso es perder la esperanza. Si nos dicen que el medicamento que necesitamos proviene de un laboratorio caro, a través de un médico caro y una póliza de seguros cara, entonces sentimos que no merecemos estar sanos, ese no es nuestro Dios ni el derecho que se nos otorgó en el jardín. El cannabis nos dice lo contrario, ese es el mensaje de esta planta: hay esperanzas para el planeta. Podrán restringirla financiera y militarmente, pero solo por un tiempo.

La esperanza está en el modelo herbal; el fracaso de nuestro sistema sanitario está forzando un "renacimiento arcaico", para usar el término de McKenna. He visto esto en relación a la epidemia de la enfermedad de Lyme, particularmente en el trabajo de Stephen Harrod Buhner. Él está investigando y publicando libros, pero básicamente regala la información en su sitio web. A diferencia de muchos médicos de la enfermedad de Lyme, él no vende "mezclas patentadas". Está utilizando la tecnología para distribuir información médica necesaria de manera eficiente a miles de personas de forma gratuita. Imagínate. Hay recompensa en la comunidad, no solo en el capital.

Si tienes un remedio como afirman los hermanos Stanley, que han salido en la televisión y venden aceite de cáñamo caro y tienen lista de espera para su cepa especial de CBD, ¿por qué ocultarlo?, ¿por qué no difundir las semillas y los clones? Nada sería más fácil, más barato ni más gratificante. Esa es la lección que nos da la hoja. Pero el modelo de negocio es obvio en su página web: el modelo de las palomitas en el cine más el modelo de bata de laboratorio de rayos X. El cannabis es un aliado natural del modelo herbal: barato, fácil, seguro, eficaz y divertido, palabras que causan temor en la gran industria farmacéutica.

No se trata de negar al mundo los ingeniosos tratamientos salvavidas marca yang, sino de sugerir que se equilibren con cierta facilidad y disponibilidad para el jardinero, para la sabia mujer del mercadillo de los agricultores. Puede que las hierbas no sean para ti, pero ahí están si no tienes más remedio. La comunidad cultiva cuando no hay otra esperanza.

El capitalismo se basa en la insatisfacción con el lugar donde te encuentres. Aunque el lugar donde estés sea el más seguro, rico y bello del planeta, otras personas están mejor que tú. El capitalismo exige un éxito visual: dinero, sexo, objetos materiales. Pero eso no te hará feliz. La gente con raíces en la comunidad es más feliz. Generalmente son gente más pobre y su música es mejor. La masculinización exacerbada, la competición despiadada, la feminización humillante y las novatadas de la violación anal: estas son las reveladoras perversiones de los extremos malsanos del desequilibrio yang. Son cultivadas por la vanidad y la brutalidad, reflejando en el yo la vergüenza de lo femenino, haciendo del "fundamento" un "fundamentalismo".

Nuestros sentimientos son las resonancias literales del sentido del tacto y estamos fuera de contacto. El cannabis pone de relieve este desequilibrio y nos permite sentir lo que se ha reducido a hábitos. Nos recuerda la mutabilidad de la conciencia, que se puede volver a aprender la sensación percibida.

Antes de que los sentidos estuvieran tecnológicamente separados, ver era creer, porque la vista estaba en unión cerebral con nuestros sentidos del oído, el olfato y el tacto. Ahora es imposible procesar todo lo que vemos y mucho menos creerlo. Así que nos creemos lo que nos dicen, lo que nos muestran. La tragedia del GPS: lo que regalamos, no se nos devuelve. Utilizamos los sentidos de los demás, no los nuestros. Este estrés visual, un desequilibrio yang, se revela en nuestro sexo: nos dejamos la barba y nos ponemos tetas falsas y nos afeitamos los genitales. El efecto es táctil y olfativo, vello incipiente y menos olor, de aspecto limpio e infantil.

El olfato es nuestro sentido más profundo y el más ligado a nuestra supervivencia. La cultura de la hierba también es en esencia olfativa; los fuertes olores sexuales de la hierba son como feromonas, algo profundo y preconsciente. Una pareja que se encuentra por la vista en lugar del olfato tiene menos probabilidades de producir un vínculo fuerte o una descendencia vigorosa. El sexo a través de la pantalla es distante y plano, voyerista y masturbatorio, una actuación para un público que a su vez está apartado. Te observas a ti mismo.

TODO LO QUE ESTÁ AFUERA ESTÁ DENTRO DE NOSOTROS

Nos hemos vuelto tecnológicamente insensibles a la ley de que "todo lo que está afuera está adentro", ciegos a la existencia del espejo. Somos adictos al impulso de expresarnos externamente. No podemos dejar de hablar o de enviar mensajes de texto o de masturbarnos, intentando llegar a algo que siempre está en otro lugar.

Cualquier cosa para evitar el silencio y la soledad: lo absurdo de esta tarea oculta precisamente la profundidad de aquello a lo que no podemos recurrir en nosotros mismos. Es el "narciso como narcosis" de McLuhan, en el que lo que necesitamos, lo que amamos, está "ahí afuera". Miramos fijamente y no podemos parar porque olvidamos que es un espejo. Perdemos nuestro amor. Nos proyectamos hacia afuera.

Esto de separar al otro ocurre en ambos lados de nuestros cerebros al igual que ocurre afuera. La separación se refleja en nuestros cerebros, comportamientos y mitos. Dios, encarnado en todas las cosas, ha abandonado el planeta y se ha llevado el cielo con él. Es hora de volvernos hacia nosotros mismos, de mirar hacia adentro y no hacia afuera.

La reflexión es la práctica del regreso, del reequilibrio de los dos lados, el cuerpo calloso en funcionamiento. Permite que se produzca esa danza, elevarsea un tono puro y recuperar el amor verdadero.

La cultura de la distracción no es más que eso: distraerse del silencio, la oscuridad y la soledad. Para contrarrestar esta sobrecarga visual tenemos la tecnología al alcance de la mano: cierra los ojos y busca el silencio. Así como en la oscuridad oyes con agudeza, en el silencio ves con claridad. El ruido distrae e impide ver la imagen completa, las pantallas distraen de la resonancia que sentimos. Las Vegas es un cliché y un arquetipo de la distracción de los sentidos al servicio de la venta. No puedes oírte pensar ni ver lo que realmente está ocurriendo. La sobreestimulación visual retrasa el desarrollo del procesamiento auditivo, de ahí el TDAH.

La única manera de conocer y aquietar tus proyecciones es estar a solas contigo mismo. La soledad es necesaria para darte cuenta de tu conexión con todo. Todo es uno. El hueco, el vacío, es la totalidad y lo sagrado. El lenguaje poético es tan válido, preciso y útil como cualquier sistema para conocer la experiencia humana.

Hay otro mundo ahí afuera (aquí adentro), y para apreciarlo solo hay que cerrar los ojos o encontrar el silencio. Los tapones para los oídos pueden cambiar el mundo tan repentinamente como la oscuridad. O intenta nadar bajo el agua. Oír es como ver bajo el agua. La vista, en el espacio, es como el sonido: mirar a lo lejos es escuchar, esperar a que algo llegue. Como el trueno y el relámpago, el sonido está desligado de la vista. La luz se hace eco de acontecimientos pasados, separando el ver del creer.

La realidad no es euclidiana: es fluida, táctil y esférica, con la oscuridad del espacio y la resonancia del agua. Nadie creía que el mundo fuera plano, y nada ocurrió antes del *Big Bang*, salvo una serie infinita de *Big Bangs* con infinitos espacios entre sí. La hierba facilita el reencantamiento de la naturaleza, dando dimensión a lo plano, mundano y habitual. Encantamiento e incantación significan "cantar en": volver al sonido. El mundo yin es acústico.

Yin-yang es izquierda y derecha, cerebro izquierdo y cerebro derecho, visual y acústico, transmisión y recepción, acción y reflejo, lineal y esférico, agarrar y soltar, mente y corazón, palabra escrita y palabra hablada, fuego y agua. El yin es el útero, el contenedor. Los soles y las estrellas pueden ser todo luz y poder, pero el yin es el espacio mayor que los contiene. La noche es yin: la oscuridad de los sonidos lejanos, de las pasiones y los sueños profundos, ahora atravesados por la luz artificial del día. Buscar es yang; la intimidad, yin. Juicio y aceptación, movimiento y quietud, sativa e índica, perros y gatos, materialismo y espiritualismo. La derecha y la izquierda no son aleatorias. El concepto de juicio está sesgado hacia la derecha, como el signo del género masculino. El signo de género femenino es la rueca, la hilandera, la imagen de lo creativo, que convierte las plantas en hilo. El "espejo de bronce" –al cual se hace referencia en otro sitio– es la proyección de la vanidad masculina.

Cuando digo "hombres y mujeres", no siempre me refiero a hombres y mujeres; la cuestión del género no es tan sencillo. El yang y el yin a menudo se correlacionan con los genitales, aunque no siempre. Se trata de una energía básica y de su opuesto, la polaridad que está presente en cada forma. No podemos escapar de ella. Las fuerzas yang y yin operan en todo. Destacan sobre todo allí donde se niegue el yin, el fundamentalismo masculino en todas sus manifestaciones. En la obsesión por los hechos visuales físicos se pasa por alto la complejidad y el misterio de la variación y es un indicio de represión. Macho = homo.

¿Qué perdemos?, ¿qué pierden los hombres cuando negamos lo femenino, el yin, adentro y afuera? Perdemos la alegría, la conmovedora experiencia de la belleza. Eso que quizá descubriste en la adolescencia cuando viste a una chica que también te veía, y ahí todo cambió, todo cobró sentido. Viste eso que estaba reprimido en ti, belleza y arte.

Lo más difícil para un hombre es tener que mirarse en el espejo. Para el hombre, la medicina es una sesión de alegría, aunque cueste aceptar la intensidad. Tenemos miedo a la alegría, incluso más que al dolor. Podemos lidiar con el estrés, pero entregarnos a la alegría nos pone en riesgo de que nos pillen y nos acusen. En cierto modo es afeminado. Pero, ¿es afeminado sentarse, observar, "asimilar cosas"? Esa es la mente yin. La caza y la pesca, con su virilidad implícita (el poder sobre la vida y la muerte), gustan mucho porque permiten al hombre relajarse en la naturaleza. Lo que más necesitamos es alegría, no traumas heroicos. Como dijo Thoreau: "La ardilla que matas en broma, muere en serio".

Al aprender a vivir sin belleza, los hombres pierden su papel de protectores y compañeros de la belleza. Perdidos en batallas yang, solo trabajamos por dinero y otras formas de poder sobre el más débil. Es la pérdida de la ética en la pérdida de la estética. La religión es clave: el monoteísmo materialista secular. El Jesús crucificado es la imagen de lo que te ocurrirá si predicas el amor radical, si te conviertes en una amenaza para el comercio por dar sin esperar nada a cambio. Y esa cruz está en todas partes, para que no lo olvides.

DEFINICIONES DE MISERICORDIA

Misericordia y mercenario tienen la misma raíz: "géneros o mercancías". Esto se transformó en "ganancias, salarios", eso que te dan cuando eres empleado en un trabajo. Los esclavos son de otras tribus, y tú no eres de esos. El dinero permitía a los hombres servir de mercancías, no en propiedad sino pagadas. Recibías el favor, la piedad de tu amo: tu supervivencia estaba "a su merced". No sobrevivir sería la recompensa que recibirías en el cielo: Te pagaré más tarde... mucho más tarde. El poder del dinero separa al actor del acto y define la capacidad del mercenario de cometer actos inhumanos, es decir, de actuar de forma contraria a todo instinto humano natural. Mostrar misericordia es permitir vivir, dar alimento y techo. Jesús en la cruz muestra una postura de perdón y redención; abrir los brazos, sin miedo. Significa acoger a los refugiados. Es la ruta del corazón que va del miedo a la alegría.

¿Qué hacen los hombres en el cielo, cuál es tu trabajo? Eres el hombre-esposo, protector del jardín. Atiende a la belleza, permite el equilibrio. Amar al país no es amor a la bandera. Significa amor al campo, al polvo, a este lugar, a esta Tierra. Mejor que cualquier salario o paga es volver a disfrutar el yin, la tierra, sus bellezas y sabores, los misterios del sexo, la profundidad de la envolvente oscuridad.

"¿Es el universo un lugar amigable?" es una pregunta que se le atribuye a Einstein. Su respuesta: "Esta es la pregunta más básica que la gente debe responderse a sí misma. Si decidimos que el universo no es amistoso, utilizaremos nuestra tecnología y nuestros recursos naturales para lograr seguridad y poder: muros más grandes para que no entren los enemigos y armas más grandes para destruir todo lo que no sea amistoso. En ese proceso podemos aislarnos o destruirnos por completo".

Ahora estamos bastante aislados en nuestros automóviles y mundos electrónicos, quemando recursos irremplazables como si nuestras vidas dependieran de ello, vendiendo y usando armas que son videojuegos en este lado del mundo, y máquinas de matar fuera de nuestra de vista.

Einstein añadió: "Pero si decidimos que el universo es un lugar amistoso, utilizaremos nuestra tecnología y nuestros recursos naturales para crear herramientas y modelos que nos permitan comprenderlo. Porque el poder y la seguridad solo se consiguen comprendiendo su funcionamiento y sus motivos"[4].

El cannabis es precisamente una herramienta y un modelo de universo amistoso. Podemos volar, pero no escaparemos de la gravedad. La atracción hacia el centro te mantiene aquí, en la superficie de un punto en el espacio vacío, un lugar de aire y agua y crecimiento. Un momento en la superficie de una burbuja, dentro de una película diminuta, más pequeña que un escupitajo en una bola de boliche. Este es el milagro: el breve y frágil espacio que habitamos donde *todo* funciona. Donde podemos correr y jugar y tener sexo y el suelo da frutos y hierbas. Si pudieras ver el cielo, te regocijarías. El regalo del cáñamo y el espíritu del cannabis nos ayudan a abrir los ojos y el corazón al hecho de que seguimos aquí.

Dios nos da este momento de conciencia, solo este lugar. Que nada dure para siempre no significa que tengamos que estar preparándonos siempre para el final de los tiempos. No tenemos que seguir el brutal camino expuesto en las primeras historias hasta su brutal final.

16

El Ministerio
THC de Hawái

Roger Christie

ROGER CHRISTIE es un decidido defensor de vieja data del derecho humano básico a utilizar nuestro antiguo amigo y aliado como sacramento. Roger fundó, y durante casi diez años operó y condujo, el legendario (en algunos círculos) Ministerio THC en Hawái. Como muchos otros, ha pagado un alto precio por su valiente compromiso, pasando cincuenta meses en una prisión federal entre 2010 y 2014 por su trabajo con la iglesia y su negativa a acobardarse ante la ignorancia y la injusticia. Desde que salió de la cárcel, Roger ha continuado con su defensa y con los desafíos legales ante las desacertadas leyes que tantas penurias han provocado a tanta gente y que han impedido que muchos otros disfruten de los múltiples beneficios de la planta del pueblo.

◆ ◆ ◆

EL PODER DEL BIEN

En mi experiencia, la espiritualidad es el *software*, o programa, que opera el *hardware*, o equipo, del cuerpo. Considero que la espiritualidad es práctica y resuelve problemas. Por ejemplo: confesión, perdón, gratitud y amor. "Lo siento por... (lo que sea). Por favor, perdóname. Gracias. Te amo". Cada una de estas palabras son herramientas espirituales y metafísicas que se pueden utilizar para enfrentar los retos del mundo real e incluso los problemas más dolorosos. Los pensamientos son cosas. Cuando aprendemos a utilizar nuestros pensamientos de forma más específica, nos resulta más fácil alcanzar nuestras metas, satisfacer nuestros deseos y dar una mano a quienes nos rodean.

Ahora sé que hay un poder para el bien en el universo que está disponible para cada uno de nosotros, en cada momento. Podemos elegir buenos pensamientos, buenas palabras y buenas acciones, o no. Por ejemplo, ¿conoces el poder de bendecir? Bendecir lo que queremos ayuda a atraer cosas y personas buenas hacia nosotros, y bendecir lo que no queremos ayuda a que las cosas y personas negativas desaparezcan o disminuyan su poder sobre nosotros. Así de simple.

He aquí nuestra bendición del Ministerio THC, que funciona el 100 por ciento del tiempo para ayudar a transformar decepciones en bendiciones: "Dios, ¡qué grandioso! Por favor, muéstranos las bendiciones en esta situación... ¡y date prisa! Estamos a salvo, somos amados y todo está bien". Esta bendición puede usarse al afrontar problemas realmente difíciles de la vida. No sé con qué rapidez funcionará, simplemente lo hace.

Otra ley de la metafísica es que "aquello en lo que me concentro... crece". Centrarse en pensamientos, palabras y acciones positivas genera más positividad. Centrarse en la negatividad genera más negatividad. La elección es nuestra, pero solo si somos conscientes del libre albedrío, de nuestro poder de elegir.

Cuando empecé a consumir cannabis en 1968 tuve una epifanía personal, como si la planta me dijera: "seamos amigos".

"Esto no puede ser ilegal", le dije al tipo que me inició aquella primera vez, "es tan apacible y divertido".

Siendo un adolescente y un bebedor excesivo, de una familia mayoritariamente irlandesa, el subidón que me produjo el cannabis aquella primera vez fue profundamente sanador y me ayudó a poner fin a mi relación enfermiza con el alcohol, la enfermedad familiar y maldición de muchas culturas. Unas caladas a un buen porro de *Colombian Gold* me ayudaron a ser bautizado en una forma totalmente nueva en mi yo espiritual, una experiencia de elevación de conciencia duradera y de gran valor personal.

Aquella noche memorable tomé el camino del cannabis y ahora, cuarenta y siete años después, puedo decir con certeza que fue una de las mejores decisiones que he tomado en mi vida.

¿Qué significa llegar alto, al subidón? Veamos: alta vida, alta escuela, altas expectativas, alto tribunal, alto sacerdote, alto camino, altas esperanzas, alto terreno, altas apuestas, alto estándar, alta energía, alto apostador, alta calidad, alto caballo y alto poder, para empezar. Muchas religiones incluso llaman a Dios el Altísimo. Está claro que con la palabra pasa algo muy especial y más aún en la acción de elevarse. Y obviamente se trata de algo espiritual, no físico: no estamos levantando el cuerpo del suelo. Se trata de elevar el espíritu.

¿Cómo es posible que el subidón del cannabis produzca tanto bienestar en el consumidor y a la vez tanta ansiedad y miedo e incluso violencia en sus opositores? Es un misterio milenario, una mezcla de mito y superstición religiosa. Algunas religiones incluso consideran que consumir cannabis es brujería y lo castigan con la muerte. Afortunadamente, la verdadera naturaleza de la planta y su enorme potencial sanador para cada individuo y el mundo en general se están revelando ahora a un público mucho más amplio.

El cannabis ha sido la fruta prohibida por excelencia. Sin embargo, para muchos de los que se han atrevido a probarlo, se convierte rápidamente en nuestra planta amiga de confianza y desarrollamos una relación especial y sagrada con ella, sin importar la pena que nos impongan. ¿Eso es bueno o es malo? ¡Qué mensaje tan contradictorio! Esta pregunta fundamental sigue en la mente de la mayoría de la gente hoy en día y cada uno de nosotros debe responderla por sí mismo. Afortunadamente vivimos en la era de la información, en la que las respuestas a la mayoría de las preguntas están a solo un clic de distancia en Google o YouTube.

UNA PLANTA ENTREGADA POR DIOS

En Génesis 1:29, Dios presuntamente dijo "... He aquí que os he dado toda hierba que da semilla que está sobre la faz de toda la tierra, y todo árbol con semilla en su fruto lo tendréis para comer". Poco después en la narración del Génesis, Dios (quienquiera que sea o lo que sea) luego prohíbe los dos árboles más especiales para nosotros: el Árbol del Conocimiento y el Árbol de la Vida. Si crees, como yo y millones de personas, que el Árbol de la Vida es el cáñamo de cannabis, entonces esa es la prohibición original, una pesada maldición espiritual transmitida desde hace miles de años y que recae sobre aquellos que la consumen.

¿Cuál es mi respuesta? He llegado a la conclusión de que el cannabis es un sacramento sagrado y como tal lo he utilizado durante décadas. Significa tanto para mí, que creé un ministerio dedicado a cultivarlo, consumirlo y compartirlo con personas afines: el Ministerio Cannabis THC de Hawái. Somos un ministerio del cannabis, no un ministerio de la Biblia. Lo que nos une es el sacramento del cannabis y no algún sistema de creencias en particular.

¿Qué es un sacramento? Mi definición favorita es "la forma visible de una gracia invisible". ¿Cuáles son las gracias invisibles? La salud y la felicidad, la sensación de conocer y estar conectado con la naturaleza, con Dios o como quieras llamarlo. Qué bueno es que todos podamos disfrutar de buena salud y de los elevados beneficios espirituales que el cannabis puede aportar de forma natural, plácida y segura, sin tener que acudir al médico o a la iglesia. Mmm... tal vez por eso los poderes fácticos lo prohíben tan contundentemente. Y... también sospecho que hay otra razón oculta, mucho más profunda, por la que el cáñamo de cannabis, o marihuana, está tan severamente prohibido. Ese es el tema de un libro que estoy escribiendo ahora.

Uno de los factores más importantes del ministerio del cannabis, y de la vida en general, es la sinceridad: una cualidad genuina y verdadera del carácter. Según viejos cuentos populares, la palabra sincero deriva de las palabras latinas *sin* y *cere*, que significa "cera". Se dice que los escultores de la antigua Roma, cuando hacían sus estatuas sin ningún tipo de defectos sin necesidad de parches de cera, eran apodados *sin cere*, o "sin cera". La sinceridad es también el factor más importante a la hora de ser juzgado por el gobierno en un caso de derechos religiosos. Al intentar que nos aprueben una exención religiosa para cultivar, usar y distribuir el sacramento del cannabis a nuestros miembros, primero debemos ser juzgados como *sin cere*. Afortunadamente, mi mujer y yo lo somos. Exigimos la misma sinceridad a nuestros empleados del Ministerio THC y a nuestros miembros.

UN SANTUARIO PARA EL MINISTERIO

Uno de los puntos más importantes para poder realizar nuestras prácticas y servicios en el Ministerio THC era el de conseguir un espacio sagrado, un santuario para el uso del cannabis. Mirando por nuestras seis ventanas frontales que dan al océano y al otro lado de la bahía Hilo, podemos ver la isla del Coco, que en su día fue un antiguo *pu'uhonua* o santuario hawaiano. De ahí surgió mi inspiración para crear un lugar seguro para los practicantes sinceros del consumo de cannabis como sacramento espiritual. Nuestras oficinas quedaban en el segundo piso, al que se accedía a través de veintiséis escalones.

A quienes acudían allí los invitábamos a lavarse con jabón de cáñamo, ponerse cómodos en nuestra hermosa y privada sala de capilla, hacer unas cuantas respiraciones profundas, estirarse un poco para centrarse y luego disfrutar del cannabis con nosotros en un ambiente de oración y paz. Los contextos interno y externo son dos de los componentes más importantes para obtener una experiencia sacramental agradable y eficaz, y nuestros pulcros y confortables espacios del edificio Moses, construido en la década de 1930, encajaban a la perfección.

Decoramos algunas de nuestras oficinas con grandes carteles e ilustraciones de biblias antiguas, con imágenes de Moisés y la zarza ardiente y de David siendo ungido en la cabeza como el joven líder de Israel. Queríamos ofrecer a la gente una perspectiva histórica y espiritual a la que pudieran unirse y sentirse más seguros en nuestro uso compartido del cannabis como herramienta espiritual ancestral, ya que hemos estado en muy buena compañía a lo largo del tiempo y de generaciones.

En el Ministerio THC acogíamos a quienes generalmente no eran bienvenidos en otras iglesias. Queríamos a los marginados, a los excluidos, a los indigentes, a los "bichos raros" únicos y especiales de la sociedad en todos los niveles. El único criterio era la sinceridad. ¿Y cómo medíamos la sinceridad? Por los buenos modales y el respeto.

Hicimos todo lo posible por ser el lugar que dijera "sí" a personas que llevaban toda la vida escuchando "no". Nuestra meta era que todo el mundo saliera del edificio con una sonrisa en el rostro, y lo conseguimos.

Al inicio de nuestros círculos de confraternidad yo preguntaba si alguien estaba enfermo o dolorido y necesitaba cannabis de inmediato. Pensaba que debíamos descartar eso en primer lugar. En segundo lugar, preguntaba si alguien estaba allí solo para consumir cannabis, con el fin de descartarlos amablemente, por así decirlo. Quería crear una sensación de unión y armonía en la sala. En cierto modo, como un director de orquesta, sentía que había que afinar la energía de cada persona para lograr los mejores resultados como grupo. Solo quería a personas que realmente desearan vivir la experiencia grupal. También honrábamos a todas las personas que asistían pidiéndoles que se presentaran y nos contaran brevemente por qué estaban allí. Así se rompía el hielo de la timidez que muchas personas sentían al entrar en el edificio por primera vez y también permitía conocer a la gente un poco mejor.

Además de la importancia de un buen contexto interno y externo, uno de los factores más importantes a la hora de tomar una sustancia que altera la mente es la dosis. En nuestros servicios, la "infradosificación" era crucial para administrar la cantidad justa de sacramento para que cada individuo tuviera una experiencia cómoda y memorable y un sentimiento de conexión con el espíritu y con los demás.

EL CANNABIS COMO AMPLIFICADOR

El cannabis puede ser un espejo de nuestra mente o conciencia, además de un potenciador de cualquier "estado en el que nos encontremos". ¿Te sientes bien? El cannabis puede hacerte sentir aún mejor. ¿Te sientes mal o triste? ¡Cuidado! El cannabis puede amplificar nuestros pensamientos y sentimientos internos a fin de proporcionarnos una valiosa revisión de la realidad, si se consume y no se huye de ella con pánico o paranoia temporal.

El propósito de administrar dosis bajas de nuestro sacramento de cannabis es poder dar con la cantidad justa para cada persona. Nuestros sacramentos se preparaban con tinturas homeopáticas de cannabis y coñacs franceses (Grand Marnier y Chambord) y una versión sin alcohol a base de glicerina vegetal y flor de cannabis. Ambas eran realmente deliciosas. ¿Cuántas gotas?, ¿dos?, ¿o diez? No importaba mientras recibieras lo que deseabas y necesitabas: la dosis apropiada para cada uno. ¿Nuestro lema para las tinturas? "Hay un cogollo en cada botella".

¿La intensidad del subidón? El mayor subidón que recuerdo haber tenido durante un servicio con el grupo de confraternidad de la iglesia fue una vez que todos fumamos hachís de Nepal y luego hicimos un trabajo de respiración y cantamos juntos. ¡Fue fantástico!

Al igual que un barman, un ministro de cannabis tiene que ser cuidadoso respecto a quién le está sirviendo, qué está sirviendo y cuánto debe servir a cada persona. También advertía a las personas de la responsabilidad de ser conscientes en cuánto a la cantidad de sacramento que iban a consumir, para que se pudieran retirar al final del servicio y sentirse seguros a la hora de conducir o caminar.

Otro aspecto valioso de nuestro trabajo era el de cultivar nuestras propias plantas. El cultivo de plantas de cannabis a partir de semillas o clones es una forma excelente de entrar en comunión con la naturaleza y apreciar de dónde procede nuestro sacramento, en lugar de comprar en dispensarios, tiendas o a un amigo. ¡Qué arte y qué ciencia es poder cultivar y luego cosechar tus primeras plantas y recortar tú mismo las flores que se utilizarán como sacramento!, ¡y qué placer! Nos encantaba ofrecer semillas y clones a nuestros miembros e incluso organizamos una escuela del cannabis que se reunía un sábado al mes, para poder aprender de algunos de los mejores cultivadores de la isla.

DONES TERAPÉUTICOS DEL CANNABIS

Nuestro sacramento más importante y especial era el del aceite sagrado de la unción, preparado de acuerdo con la receta que aparece en Éxodo 30:22-26. Chris Bennett hizo el reportaje sobre este asombroso hallazgo a principios de la década del 2000 y yo lo puse en práctica casi inmediatamente después de hablar con Chris al respecto. La receta sagrada es muy específica y yo la respeté al pie de la letra, sin sustitutos. Tenía el cannabis necesario para la receta, solo debía ir a la tienda naturista local y comprar los aceites esenciales de mirra, canela y casia y el mejor aceite de oliva que pudiera encontrar.

Al preparar el aceite sagrado de la unción lo probé ("unge tu cabeza con aceite", etc.), pero no comprendí su gran valor hasta que un día ayudó a curar las piernas gravemente gangrenadas de una joven que vivía en la isla de Maui. Una botella de media onza líquida del aceite sagrado de la unción que preparé con intención sanadora y con oración, de uso tópico, curó lo que comúnmente se conoce como gangrena incurable y salvó las preciadas piernas de Mindy de la amputación. Así es como funciona un sacramento de sanación y esa es la evidencia de su poder milagroso. ¿El costo? Unos tres dólares. Sí, ella se opuso a la orden de su médico de amputar ambas piernas a la altura de las rodillas, a un costo de unos treinta mil dólares y de una vida llena de dolor y sufrimiento, pero ¡qué gran resultado el de esa antigua receta de la Biblia!

Mediante el respetuoso uso sacramental del cannabis podemos llegar a ser mejores personas, de mente más abierta, más amorosas, apacibles y reflexivas. Dado que Cristo y Mesías significan "ungido", he llegado a pensar que el profetizado regreso de Cristo significa el regreso de la unción (literal) y que la tan esperada "era mesiánica" llegará tan pronto como practiquemos la unción con cannabis como parte de la receta.

17

La nueva iluminación de la marihuana

Steven Hager

STEVEN HAGER es una figura destacada y pionera en el mundo del cannabis desde hace varias décadas. Es activista del cannabis y de la contracultura, periodista, cineasta y productor de eventos. Durante veinticinco años, de manera intermitente, fue redactor jefe de la emblemática revista *High Times* y fue durante su mandato cuando la revista alcanzó su mayor nivel de circulación. Entre otros logros notables, fundó la Cannabis Cup (el festival de cannabis más importante del mundo), organizó las primeras 420 Ceremonias (una fiesta contracultural que se celebra anualmente el 20 de abril en ciudades de varios países) desde el condado de Marin, y lanzó el movimiento del cáñamo con Jack Herer (activista pionero del cannabis y autor del legendario libro *El emperador está desnudo*). Autor de treinta libros, Steven fue también el primer reportero en documentar el *hip-hop*.

Steven actualmente dirige Abakus Media, cuyo fin es fomentar el turismo responsable del cannabis en Colorado.

• • •

Toda la materia está hecha de energía, y los sistemas energéticos pueden armonizarse (sintonizarse). La Tierra es un sistema energético autorregulado. Como mi definición de Dios es "todo", creo que hay un campo de energía creado por todo. No dudo de que Dios existe. Como dicen los nativos americanos, "el gran espíritu fluye a través de todas las cosas". Todas las religiones son como ríos que corren hacia el mismo mar.

El cannabis como sacramento cumple un rol esencial en el despertar y la armonización del planeta. A esto lo llamo la "nueva iluminación de la marihuana". El cannabis representa el fin del fanatismo, del odio cultural y de la guerra por la religión. Es el sacramento de la paz. Y como nuestra sociedad sufre de sobredosis de violencia, todo lo que podamos hacer por manifestar la no violencia,tendrá un gran valor.

El aspecto más importante de la nueva iluminación de la marihuana es la voluntad de aprender de ceremonias y rituales de todas las culturas sin tener que someterse a ninguno de sus dogmas. Así como las plantas alcanzan el vigor híbrido, igualmente pasa en las culturas cuando se permite la mezcla de ceremonias libremente. Me gusta que las ceremonias sean improvisadas y prefiero que no se asigne el papel de "sumo sacerdote" a una sola persona, para que todos tengan la oportunidad de ponerse el sombrero.

Este es otro punto clave en la nueva iluminación de la marihuana: todos tienen el mismo acceso al gran espíritu, acceso que no se basa en la inteligencia o en habilidades especiales. La verdadera Biblia está escrita en nuestros corazones y es fácil encontrarla allí siempre que no hayamos sido abusados. Y si han abusado de nosotros o sufrimos de estrés traumático, el cannabis puede ser la mejor medicina para aliviar esos síntomas, en una prueba más de sus poderes mágicos y sacramentales.

Fundé mi propia institución religiosa y libre de corrupción: los Illuminati de la Marihuana, una organización antiviolencia dedicada a la creatividad improvisada, inspirada en gran parte en James "Chef Ra" Wilson (carismático organizador de eventos contraculturales y articulista de *High Times*). Después de organizar ceremonias contraculturales para *High Times* durante veinticinco años, aprendí mucho sobre magia ceremonial y necesitaba un lugar donde aparcar parte de esta sabiduría para poder transmitirla. Se me ocurrió la idea de una logia secreta estilo masónico que aceptara todas las culturas. Entre nosotros nos pasamos el sombrero y no hay dogmas: haz lo que quieras, siempre que no hagas daño a nadie. Me he robado los sigilos (símbolos mágicos) de los *illuminati* del mal para transformarlos en símbolos del bien. Yo la llamo la Gran Logia de los Illuminati de la Marihuana.

Parte de la nueva iluminación de la marihuana consiste en comprender que podemos crear sociedades que simpaticen con la marihuana y puedan organizarse en grupos para establecer una cultura ceremonial que se pueda transmitir. Solo que esta vez hagámoslo sin corrupción y de forma más democrática que la típica religión. Y, por favor, que no resulte en un montón de fumadores de porros. Hay caminos más profundos y significativos que seguir.

Así pues, animo a todo el mundo a crear sus propias sociedades de cannabis para honrar los amplios poderes ceremoniales de la hierba. Solo tengan en cuenta lo más importante que aprendí en mis veinticinco años en *High Times*: cuantas menos caladas, mayor el subidón. Hay que tratar el cannabis con respeto, pues fácilmente puede transformarse en un hábito caro y sin magia alguna. No se trata de quién puede darle la mayor calada a la pipa, sino de quién puede obtener el mayor beneficio con la menor cantidad.

MANIFIESTO DE LOS ILLUMINATI DE LA MARIHUANA

El cannabis ha sido un guardián constante del bienestar humano en el largo viaje de la humanidad. Ha llegado el momento de que los Illuminati de la Marihuana nos unamos y ocupemos nuestro lugar como custodios del cannabis. Buscamos disolver las leyes opresivas contra nuestro sacramento. También queremos aprovechar el poder y la energía del cannabis en beneficio del mundo.

Siempre hemos valorado los regalos de esta planta tan especial, como medicina, alimento, combustible, cordelería, pinturas y plásticos, papel, así como la llave sacramental hacia reinos superiores de conciencia (si se usa con sabia moderación). Hemos esperado pacientemente a que la humanidad despertara de la ignorancia causada por el olvido, ya que muchos de nuestros miembros han sufrido grandes persecuciones solo por reconocer y amar las muchas bendiciones que el cannabis nos ha conferido.

Pero ahora nos encontramos en el umbral de un gran despertar del cannabis, un renacimiento a lo ave fénix del poderoso espíritu sanador del cannabis. Los Illuminati de la Marihuana, como fieles custodios y defensores del cannabis, reclamamos nuestro derecho a determinar, dar forma y proteger el futuro del cannabis de la dominación y explotación estatal y corporativa.

La logia de los Illuminati de la Marihuana es una entidad apolítica que acepta a todas las personas sin importar raza, religión o nacionalidad. Buscamos mezclar las grandes religiones, muchas de las cuales han sido pervertidas para manifestar la guerra con fines de lucro. También buscamos desarmar a los señores de la oscuridad que apoyan la prohibición, y lo haremos robando sus signos, sus nombres, sus tótems, y mezclándolos con nuestras vibraciones de paz y respeto por la madre Tierra.

GRAN LOGIA DE LOS ILLUMINATI DE LA MARIHUANA: REGLAS Y DOGMAS

No hay dogma. Haz lo que quieras, pero no hagas daño a nadie. Sin embargo, eso no significa que no estudiemos y celebremos la poesía y los mitos de las religiones del pasado. Lo hacemos, y también hay libertad para fusionar conceptos de todas las religiones, ya que son ríos que desembocan en el mismo mar.

Se fomenta la improvisación: deja que siempre se manifieste la inspiración del momento y confía en tus instintos porque demuestran que tu corazón es sincero.

El amor es la principal vibración para manifestar y, al compartirla, llena nuestro templo de una vibración palpable que puede ser utilizada para sanar las almas dañadas. Se puede sentir esa energía después, en el templo vacío, cuando todos se hayan ido.

La segunda vibración es la diversión, tanta como sea posible; se aceptan bromas y chistes siempre y cuando todos se rían, porque si alguien llora acabas de crear una mancha en tu karma.

Cuando los Illuminati de la Marihuana se reúnen para una ceremonia de improvisación, no deben manifestar ira ni deseos telepáticos malignos en el templo. Si la energía de alguien no es la correcta, un maestro iluminado debe rectificar la situación inmediatamente, lo cual a menudo se logra invitando a la persona a fumar cannabis.

Si alguien gritara o iniciase enfrentamientos violentos en el templo, deberá ser expulsado de inmediato y todos deben desalojar el lugar mientras un maestro iluminado resuelve la situación. Los miembros no deben regresar hasta que el perpetrador o los perpetradores hayan abandonado el templo o hayan sido excusados por el maestro iluminado. La sala debe ser bendecida con salvia y ceremonia, y los miembros deben rezar en silencio hasta que regrese la vibración adecuada y se pueda continuar con las funciones normales del templo.

Ningún miembro debe mentir, engañar o robar, y si es sorprendido haciéndolo, debe, ser expulsado. Esto atañe a todos los miembros, o a quien se presente al juicio. El acusado puede ser salvado por un maestro iluminado si cree que los hechos no están claros.

Los Diez Mandamientos Hippies

1. Todo está conectado (yo estoy en ti y tú en mí) así que actúa en consecuencia.
2. La verdadera Biblia está escrita en los corazones de la gente, así que escucha tu corazón.
3. Haz a los demás lo que quieres que te hagan a ti.
4. Procura no ser violento en pensamiento, palabra y acción.
5. No mientas, ni engañes ni robes.
6. La energía del corazón es energía limpia (a diferencia de la energía del ego), así que amplifica tus vibraciones de amor y controla tu ego.

7. El cannabis es "el árbol de la vida" y lo ha sido desde los inicios de la civilización. Aprovecha el cáñamo al máximo.

8. En cuanto al cannabis, mientras menos, mayor el subidón. Procura saber cuándo se puede estar intoxicado y cuando no (a menos que haya una necesidad médica).

9. Honra a tus mayores, tus ancestros y tus hijos.

10. Pasa a la izquierda. ☺

18

Cannabis y creatividad

Una perspectiva espiritual

Stephen Gray

Lo que realmente valoro del cannabis es la forma en que nos sorprende con ideas inesperadas.

TERENCE MCKENNA,
"NOTES FROM THE PSYCHEDELIC SALON"

La creación es amor, y el amor encuentra su máxima expresión en el acto mismo de la creación.

TONY VIGORITO, *NINE KINDS OF NAKED*

Nada es original. Roba de cualquier sitio que resuene con la inspiración o alimente tu imaginación. Devora películas viejas, películas nuevas, música, libros, pinturas, fotografías, poemas, sueños, conversaciones aleatorias, arquitectura, puentes, señales de tráfico, árboles, nubes, masas de agua, luces y sombras. Elige robar solo cosas que le hablen directamente a tu alma. Si haces esto, tu trabajo (y tu robo) será auténtico. La autenticidad es invalorable; la originalidad es inexistente. Y no te molestes en ocultar tu robo: celébralo si quieres. En cualquier caso, recuerda siempre lo que dijo Jean-Luc Godard: "No es de dónde tomes las cosas, sino adónde las lleves".

JIM JARMUSCH, *THINGS I'VE LEARNED*

◆ ◆ ◆

Te preguntarás por qué se cuela un debate sobre creatividad en un libro sobre cannabis y espiritualidad. Así que, para empezar, espero que estemos de acuerdo en que, visto desde cierta perspectiva, no hay una distinción real entre "espiritualidad" y "creatividad". En un sentido más amplio, se podría decir que la creatividad es una expresión del espíritu. El conocido término "musa" parece apropiado en este contexto.

Espero que también estemos de acuerdo, como los ancianos de la sabiduría llevan tiempo diciendo, en que el fruto del trabajo espiritual es la comprensión de nuestra verdadera naturaleza no condicionada.

¿Y entonces qué? Los sabios también nos dicen que despertar de la ilusión del ego separado no es un fin en sí mismo, sino un comienzo. Como dice una enseñanza budista, "el vacío se convierte en luz". El cosmos está vivo y nosotros ya formamos parte de la danza.

Reconocer que, si te sientes inspirado a sentarte a meditar todo el día, ¿quién puede juzgarte? Pero a muchos nos encanta imaginar y participar en la comprensión de una idea. Como dice mi fiel diccionario Wikipedia, "la creatividad es un fenómeno por el que se crea algo nuevo y valioso". Como un punto aparte, me complació observar que incluían "un chiste" en su lista de formas de creatividad.

El propósito de una obra de arte es la acción "bodhisattva".

CHÖGYAM TRUNGPA, *THE ART OF CALLIGRAPHY*

ABRIR Y PROFUNDIZAR CANALES CON CANNABIS

¿Cómo encaja el cannabis en todo esto? A pesar del rechazo de los cínicos que afirman que las grandes ideas que surgen bajo los efectos del cannabis lucen ordinarias o incluso absurdas a la luz de la sobriedad, la experiencia de muchos artistas y pensadores creativos demuestra lo contrario.

Cuando se le aplica una prueba de fuego a la manifestación de una idea en el mundo, muchos podemos ofrecer pruebas de que algunas, y digo "algunas" deliberadamente, de nuestras ideas inspiradas por el cannabis han superado esa prueba. Sí, una idea puede parecer más interesante y brillante bajo la mirada del subidón. Pero eso no implica necesariamente un problema. Como dijo una vez el gran poeta estadounidense Allen Ginsberg, "si escribes drogado, edita sobrio". Es obvio. Y hablando del proceso de escritura, también se dice que los escritores reescriben. Después del primer borrador siempre hay que recurrir al editor para un examen sobrio.

Con sustancias que alteren la mente o sin ellas, por lo general los artistas tratan de salirse de los usuales patrones de pensamiento, de lo conocido, y abrirse al flujo de ideas que surgen de la musa o, como describe el director de cine Jim Jarmusch en una de las citas que abre este capítulo, de donde sea.

El cannabis ha demostrado que puede abrir esos canales. Como la energía y el entusiasmo tienden a generar ideas, quizá la capacidad amplificadora del cannabis tenga mucho que ver con dicha apertura. En este contexto, me gusta la descripción que hace Joan Bello de la farmacocinética de la planta. Ella nos dice que el cannabis estimula el flujo de sangre fresca y oxigenada a los dos hemisferios cerebrales y, de ahí, a las extremidades.

Al ser acogidos por la planta, cambia nuestra forma habitual de ver las cosas. Se llama pensamiento divergente. No se trata, y no creo que sea así, de hacer todo el trabajo bajo los efectos del subidón. Como verás en algunas de las citas y testimonios de este capítulo, hay ciertas etapas del proceso creativo que parecen amplificarse aún más con la ayuda del cannabis.

Yo he vivido esa experiencia y a menudo me he encontrado con descripciones similares de otras personas. Para citar un ejemplo, Alex Grey, un conocido pintor de increíbles imágenes inspiradas por sustancias psicodélicas, dijo que solía trabajar en un cuadro en estado de sobriedad por un tiempo, quizá por varios días. Después se fumaba un porro y se sentaba a contemplar la obra desde una perspectiva nueva.

El siguiente informe fue extraído del sitio web *Marijuana Uses* del doctor Lester Grinspoon, donde la gente escribe testimonios sobre cómo han utilizado el cannabis. Un exitoso compositor musical, citado a continuación, que se hace llamar Herb Garden, se describe como un hombre de cuarenta y un años con un Ph. D. de Harvard, que se gana la vida escribiendo música clásica y cuya música es "a menudo interpretada en los Estados Unidos por los mejores músicos". Después de veintitrés años de consumo frecuente de cannabis, sus conclusiones sobre lo que funciona y lo que no funciona son las siguientes:

> *Cosas que van bien con el subidón: música electrónica, conceptos básicos de piezas nuevas, detalles de orquestación, tocar piezas bien conocidas y estudiadas, improvisaciones de dos minutos o menos. Cosas que van mal: contrapunto complejo, coordinar todo el proyecto, lectura a primera vista de música desconocida, resolución de problemas técnicos informáticos, memorización.*
>
> HERB GARDEN, "GANJA THE MUSICMAKER"

La descripción de Herb corrobora la idea de que el cannabis nos invita a entrar más en el momento. Aquella actividad que requiera de una perspectiva más amplia y de un enfoque lineal, podría verse afectada. Por cierto, esto explica en parte el fenómeno tan mencionado del "¿de qué estábamos hablando?". Aunque si eres capaz de estar presente y concentrado, esa disfunción tiende a minimizarse.

Pero creo que la caída del tren lineal se debe en parte a que la atención es limitada. Si uno está bien enfocado en el objeto de nuestra atención, el ruido de fondo tiende a disminuir. Esto incluye la atención a procesos mentales lineales. Como contrapartida el cannabis puede contribuir plenamente a intensificar la concentración, y las personas creativas entienden que cualquier cosa en la que estén trabajando se abre y cobra vida con ese tipo de concentración en un solo punto.

Un paréntesis: la pérdida de memoria a corto plazo, la mente ocupada y la distracción son, al menos en parte, formas de evitar los efectos disolventes del ego que provoca el cannabis. Cuando estás "subido", tal vez no estés muy presente y despejado como para procesar y recordar información. Cuando estás "en el subidón", como dice Ganesha Baba, cuando estás tranquilo y sabes bailar con la medicina, puedes estar concentrado y contemplativo al mismo tiempo.

CREAR Y TOCAR BAJO SU INFLUENCIA

Como artista, para mí la marihuana tiene la cualidad de ser agradable y de ponerte en marcha... Cuando tengo un subidón, las ideas surgen y el velo tiende a caer un poco, por así decirlo.

ALANIS MORRISSETTE, "LAND OF ALANIS"

Crear y ejecutar bajo los efectos del cannabis es otra de esas situaciones en las que la primera palabra que viene a la mente es "depende". Depende, entre otros factores, de la persona y de la actividad específica en cuestión. Como ya se mencionó, algunas funciones se potencian y otras pueden verse comprometidas.

Las personas creativas afirman que las etapas de inspiración y de nuevas ideas mejoran con el uso del cannabis. Otras etapas, quizá las que se inclinan más hacia el hemisferio izquierdo del cerebro, pueden asumirse mejor sin cannabis.

No hay consenso sobre si el cannabis mejora o interfiere en la ejecución de una pieza musical, por ejemplo. Algunos dicen que la planta les permite profundizar en la música con menos inhibición. Otros dicen que las alteraciones de percepción y reequilibrio de la función cerebral pueden crear una interferencia desorientadora.

He aquí un interesante informe sobre el efecto del cannabis en la ejecución. Los músicos en cuestión, tal vez lo sepas, tenían fama de ser brillantes intérpretes en vivo. Los Beatles eran amantes del cannabis, lo que sin duda influyó en su producción creativa. Pero como dijo una vez Ringo Starr: "Muy pronto descubrimos que, si tocabas drogado o en mal estado, salía una música de mierda, así que vivíamos las experiencias y luego las incorporábamos a la música"[1].

Como músico, he tocado mucho bajo los efectos del cannabis. La mayoría de las veces ha sido en situaciones de improvisación con uno o dos amigos, más que en un ambiente de actuación. En las ocasiones en que he tocado bajo un estado de subidón, puedo decir con certeza que me ha ido bien con dosis bajas. Esto ha agudizado la atención y la pasión y ha relajado las cuerdas vocales.

En situaciones de improvisación, pueden ocurrir las dos cosas. Nosotros improvisamos mucho, y con dosis más fuertes he observado cierta disfuncionalidad a la hora de orientarme en el cuello de la guitarra. A veces pierdo la perspectiva lineal. (Recordemos la observación de Herb Garden de que las improvisaciones de menos de dos minutos son simpáticas con cannabis). Para ser claro, nunca he dominado el instrumento hasta el punto de que la técnica deje de ser un problema.

De nuevo, es más probable que la planta mejore tu actuación cuando no tienes que volver a entrar en la mente calculadora. Como más de un gran jugador de hockey ha señalado, no puedes pensar y jugar al hockey al mismo tiempo. Al igual que con la música de improvisación, todo sucede muy rápido. Solo puedes entrar relajado al momento presente a través de la presencia plena.

Con el cannabis pareciera ser una situación de "o estás en el autobús o no estás". Si no conecto realmente, mi ejecución suele ser peor bajo el efecto del cannabis que sin él. Pero si me enciendo y la música fluye por sí sola, el efecto de la planta puede llevarme a lugares asombrosos y mis limitaciones mecánicas son superadas con creces.

Este fenómeno se ha observado en el uso ceremonial o disciplinado de otras plantas enteógenas como la ayahuasca, el peyote y los hongos de psilocibina, por nombrar algunas. En la religión del Santo Daime, en la que usan la ayahuasca, lo llaman *força*, la fuerza que puede tomar el control y guiar a los músicos. En las ceremonias del peyote se habla de la guía del espíritu que llega a través del tambor y de los cantos del peyote. Esa fuerza implica la inclusión del corazón. Cuando el corazón se activa en relajada concentración, es más probable que la música fluya sola.

Por poner otro ejemplo de la relación entre la creatividad y las experiencias espirituales, cuando mi buen amigo Aden y yo improvisamos, ambos pasamos por momentos o segundos en los que accedemos a un reino sublime en medio de una canción mientras improvisamos.

En una de esas ocasiones, estábamos improvisando vocalmente sobre una simple progresión de repetición de acordes en las guitarras. Volábamos alto con nuestros falsetes, escuchando con total concentración e improvisando las ideas musicales del otro. A veces ninguno lideraba. En uno de esos momentos, sentí por instantes una presencia distinta arriba y a mi derecha. No era realmente visual, salvo que había una sensación de blancura, como de luz blanca. Se sentía una presencia angelical. Luego Aden dijo haber tenido la misma experiencia en ese mismo momento.

Una aclaración final sobre el principio de "en el autobús o fuera del autobús" y la capacidad del cannabis para entrar profundamente en la presencia del "no pensamiento"; es lógico que cuanto más domines la mecánica de tu medio, más te ayudará el cannabis a conectar con expresiones poderosas. Creo que los artistas realmente comprometidos estarían de acuerdo en que, en cualquier caso, debes dominar las herramientas de tu oficio hasta el punto de que tu técnica se haga a un lado. Con la inclusión del cannabis, suben las apuestas por ese estado de mayor comprensión o de mayor incompetencia causada por tener que recurrir a la mente pensante para expresar una idea.

MÁS SUGERENCIAS PRÁCTICAS

Si entiendes y aceptas que el principio del vacío, también llamado quietud interior o silencio interior, es la base de la existencia y de la creación, tal vez la manera más eficaz de estar en contacto con la claridad y el corazón de la presencia silenciosa sea –y no sorprende– seguir conectándose a él. He trabajado esto de un par de maneras que espero te sean útiles.

Un método consiste en no dedicar demasiado tiempo a trabajar en algo que active la mente, antes de volver al pozo a reponer la conexión. Esto será diferente para cada persona y dependerá, al menos en parte, de su capacidad para permanecer conectada con el centro de quietud mientras realiza una actividad. El otro, que podría preceder a la práctica anterior, es comenzar la sesión de cannabis con un tiempo estimado para sentarse a meditar y con la promesa de cumplir con el tiempo establecido. Como cualquier devoto del cannabis sabe, y quizás aquellos con mentes vivaces también, la tentación de acceder a algo puede ser irresistible. Me digo a mí mismo: "seguro que puedes renunciar a esas tentaciones y dejar de lado las grandes ideas por veinte minutos".

Mientras trabajaba en este libro, a menudo fumaba o vapeaba una o dos veces por semana. Parece que el motor creativo del cannabis se pone en marcha al tener un proyecto. En cuanto terminaba con la pipa empezaban a surgir ideas que me parecían excelentes para el libro.

Pero no siempre quiero caer en esa tentación. Recientemente he descubierto un par de compromisos muy eficaces para atrapar algunas de esas ideas sin perder la conexión con la quietud. Uno es decirme a mí mismo que lo recuerde más tarde. Otras veces simplemente apunto o grabo unas palabras como recordatorio para cuando termine la sesión cronometrada, de modo que apenas interrumpo la práctica.

Luego hay gente como Floyd Salas, un escritor maravilloso y vivaz cuyo ensayo viene después de este capítulo. Floyd admite libremente, o quizá debería decir proclama alegremente, que casi siempre fuma hierba para escribir. Nos dice: "Escribo porque quiero contactar con el espíritu del amor en la mayoría de la gente. Fumo hierba para escribir con amor". Estoy seguro de que Floyd domina sus habilidades, las herramientas y técnicas de su oficio, para poder seguir conectado a medida que surgen las ideas.

◆ ◆ ◆

Y ahora le paso el bastón de la palabra a Floyd Salas para que él hable por sí mismo.

19

El cannabis, la escritura y el espíritu universal del amor

Floyd Salas

FLOYD SALAS es un galardonado y aclamado autor de seis libros: las novelas *Tattoo the Wicked Cross, What Now My Love, Lay My Body on the Line* y *State of Emergency*; las memorias *Buffalo Nickel,* y un libro de poesía, *Color of My Living Heart.* Ha recibido premios y becas de entidades tan prestigiosas como el Endowment for the Arts, The California Arts Council, Eugene F. Saxton Memorial Trust y Rockefeller Foundation. También ha recibido el premio PEN Oakland Literary Censorship, el premio Joseph Henry Jackson de San Francisco Foundation y dos destacados premios a la docencia. Es fundador y presidente del grupo de escritura multicultural PEN Oakland.

Antes de pasarle el bastón de la palabra, quiero añadir un breve comentario sobre la afirmación de Floyd de que "la marihuana es para los pensadores. La hierba te hace pensar". Es una afirmación muy interesante en el contexto de un libro que se enfoca en acceder a comprensiones profundas en el estado de presencia sin pensamientos. El legendario y místico poeta Jelaluddin Rumi es solo uno entre los muchos que han comprendido este principio, con frases como, "El silencio es el lenguaje de Dios. Todo lo demás es una mala traducción" y, como se citó anteriormente, "Mira más allá de tus pensamientos para que puedas beber del néctar puro de este momento". Jeremy Wolff, hablando específicamente del trabajo con cannabis, ha escrito: "En silencio ves con mayor claridad. Es el ruido lo que nos impide ver".

El uso que hace Floyd de la palabra "pensar" es muy diferente al tipo de pensamiento discursivo y compulsivo que, como indican las enseñanzas de la sabiduría, es la estrategia principal del ego para evitar la presencia. Floyd habla de una especie de "metapensamiento", un estado de atención focalizada, presencia sincera y, en sus palabras, "conciencia superior". Nótese, por ejemplo, su afirmación en el segundo párrafo de que "pensar es ver". Este proceso es similar a la meditación que se enfoca en un punto, la práctica de concentración que consiste en vaciarse en el espacio, donde no hay separación entre sujeto y objeto.

◆ ◆ ◆

RUMIAR HIERBA

De naturaleza solitaria y monacal, la hierba me sienta como la capucha de un sacerdote. La hierba es para pensadores. La hierba te hace pensar. Te hace más consciente e inteligente. Tu estado de ánimo determina qué pensarás con la hierba. Si tienes problemas, la hierba te hará pensar en esos problemas. La gente dice que pensar en los problemas es preocupación. Esto puede ser desagradable. La preocupación es desagradable. A la gente no le gusta estar preocupada y por eso no le gusta fumar hierba y preocuparse.

Pensar también es ver, y no solo el proceso interno de la mente, sino el panorama externo a tu alrededor. Sensibilidad es ver de pronto una gota de rocío en el brote de un peral. Eso es conciencia. Es conciencia superior. Conciencia superior es poder ver el patrón de conducta en los actos de una persona, incluyendo los tuyos. Conciencia superior es ver significado en un poema. O cuando surge un gran amor por todo y por todos los que te rodean: un estallido de alegría que hace que te invadan olas de amor. El mundo es hermoso. Las pequeñas cosas cuentan. Y puedes entender que una hebra de hierba es digna e importante en sí misma.

Esto es conciencia superior y se alcanza a través del uso de la hierba. Esto no es emborracharse para escapar de tus problemas. Se trata de usar un vegetal natural sin elementos extraños en él como en el caso del alcohol, la heroína, la morfina, la cocaína y las anfetaminas, para aumentar tu percepción. La hierba es el cultivo de Dios. Te hace bien porque te abre a tu instinto creativo de amor, en lugar de a tu instinto de depredador asesino, el instinto de supervivencia, como lo hace el alcohol. Arthur Rimbaud, el niño prodigio de la poesía francesa del siglo XIX, fumaba hachís para poder escribir. Según sus palabras, "un poeta se hace visionario a través de una larga, ilimitada y sistematizada desorganización de todos los sentidos"[1].

Deja que la mente de los sueños guíe a la mente del día. Permitir que la mente de los sueños te guíe, te llevará más allá de los hechos prosaicos de tu vida y de tu conocimiento consciente, tanto si ese conocimiento preexistente proviene de libros como de experiencias propias. Esto te pone en contacto con la memoria racial universal y el símbolo cósmico. Entonces tu pensamiento superará lo que tu mente consciente sabe o incluso piensa. Luego el mundo de los sueños te llevará al mundo del instinto y de los sentidos, a los extraños misterios que te rodean, pero no estás consciente de si estás apenas despierto o soñando despierto.

Fumo hierba para amar, para seguir mi vocación espiritual. Sigo mi vocación espiritual escribiendo piezas creativas y expositivas como es el caso de este ensayo. Escribo porque quiero tener contacto con el espíritu universal del amor en la mayoría de las personas. Escribir es mi manera de llegar con amor a la gente y tocarla con mi espíritu de amor. Escribir y fumar hierba me ayudan a amar. Así que fumo hierba y escribo. Fumo hierba para escribir con amor. Casi siempre fumo hierba para escribir.

Fumé hierba para escribir esto, pero solo después de haber estudiado el tema, revisando libros y notas sobre la hierba, en busca de cualquier material que pueda aportar algo a este ensayo, buscando en lo posible, el 100 % de comprensión. Luego, basándome en mis estudios, fumo hierba, lo que me permite dar un salto a la espontaneidad y a la libre asociación de pensamientos, una corriente de conciencia que aprovecho para escribir mis pensamientos cuando los pienso, basado en un estudio extensivo. Esto produce pensamientos originales que trascienden lo que ya se conoce y se ha escrito.

ACCEDER TANTO A LA MENTE CONSCIENTE COMO A LA MENTE SUBCONSCIENTE

En cuanto fumo hierba, comienzo a pensar. Así que me siento ante la *laptop*, o computadora, y escribo lo que pienso. La marihuana libera el cerebro, lo deja divagar por su propio camino porque solo lo adormece un poco, no tanto como la bebida, que sí anula el control racional. Con la hierba te llega un ligero zumbido que te hace soñar despierto, estando consciente y controlando tu cerebro y tu cuerpo mientras te deslizas bajo el velo de la conciencia cotidiana y percibes el mundo con la mente sub-consciente, debajo de la mente consciente y a través de la mente consciente.

Así, ahora tienes toda la mente bajo control y funcionando. Ahora estás utilizando todo tu cerebro, no solo la parte común que funciona socialmente, sino también el mundo cósmico de símbolos y significados surrealistas en la parte subconsciente, la que llaman intuición. Ahora estás a nivel del chamán, que utiliza su gran conciencia para ver los patrones ocultos del subconsciente y los patrones que se esconden en las fuerzas del mundo que lo rodea, y le da un uso social para ayudar en la supervivencia de su tribu. Para mí, el uso es escribir lo que veo y reve-lar el patrón que detecto a nivel consciente, con el dominio consciente del subconsciente que me ha dado la hierba, y plasmar estos escritos en libros que den a la gente, a la sociedad, un reflejo de sus propias vidas y tiempos, que tenga significado. Por eso fumo marihuana.

He aquí un poema que recoge ese estado de ánimo, esa capacidad de verte a ti mismo mientras experimentas la vida y de entender en el momento lo que estás experimentando.

En esa luz

Sigo oyendo mi voz, ahora que estoy fumado,
y mi mente flota

Un sentido de sí mismo, en tercera persona como demente o
genio artístico, en el apogeo de su inspiración

Yo, bajo el velo nebuloso del hachís, me veo por accidente
de repente oigo mis palabras, todos los yo y lo que hice y hago
me siento muy satisfecho conmigo mismo, pasando el
        tiempo en el ocio
una calma en la tormenta, de lo que suele pasar conmigo

hasta que mi voz llegue a la mente interior
donde está la luz y, el camino a la verdad si se sigue
y

en esa luz, qué pequeño y, sin embargo,
qué bien oírse a uno mismo

Luego tengo poemas de alegría, en uno de los cuales, "Trip to the County Fair", utilicé marihuana para controlar la oleada de sentimientos y visiones surrealistas bajo los efectos del ácido. Ya había tomado ácido un par de meses antes, en 1968, y fui incapaz de controlar las sacudidas de mi cuerpo y dar sentido a las imágenes surrealistas y a veces grotescas que el ácido me hizo ver. Esta vez me fumé una pipa de hierba comercial justo después de la caída de los efectos del ácido y no pude dejar de escribir en todo el día, mientras iba a la feria del condado, veía un rodeo, y mil personas, y cien caballos, y vacas, y toros, y escribía uno de mis poemas de amor más alegres. La marihuana me dio ese control. La marihuana me permitió pensar y crear belleza a partir de las imágenes y las acciones que vi, experimenté, capturé y conservé aquel día.

Viaje a la feria del condado
Choza al fondo de mi patio con tu chimenea galvanizada
y tu puerta a cuadros
Hola
desde aquí
en las escaleras del patio trasero, a la sombra
con el sol sobre mi pie derecho nubes
chimenea galvanizada echando humo
rayas
en tus tablillas de madera camino de tierra

hasta tu puerta
a través de la maleza amarilla
Gran rocío de suave nube
en el cielo azul
¡Hola!

•

Tengo un subidón de ácido y marihuana
Y le hablo a todo
Todo es lo mismo
Casa
árboles
gente
vacas
todo es lo mismo

Siento el viento en mi mejilla
y en mi pecho desnudo
Bob de vides espinosas a la brisa
Herb Alpert y su Tijuana Brass
a mi espalda
y rosas miniatura
como la uña de mi meñique
al lado del porche
y quiero besarlas
y decirles muchas cosas

APLICACIONES DE LA MARIHUANA

Uso la marihuana de muchas formas. Lo primero es la percepción inmediata que me da, algo muy satisfactorio. Veo dentro de todo lo que me rodea porque veo todo lo que me rodea con una luz clara, con ojos frescos. El movimiento de un ser querido, mi dulce Claire, me asombrará con la belleza de su existencia, aquí conmigo. "Para siempre" es solo un segundo en tiempo cósmico. Este momento es nuestro para siempre, porque el momento es para siempre si lo percibes, cosa que generalmente no hacemos, pero yo sí, con marihuana.

También fumo hierba cuando voy a bailar, por la soltura y flexibilidad de mi cuerpo y el contacto interno con la música y su ritmo. La hierba permite que mi cuerpo fluya con el sonido, que salte con el sonido, en trance con el sonido y el movimiento de mi cuerpo, una especie de trance vudú, pero sin perder el control mental. No hay pérdida de conciencia de ningún tipo. Simplemente, la mente a través del cuerpo llega a soñar despierta mientras el cuerpo baila. El sueño está inspirado por el movimiento del propio cuerpo, la sensación de gracia vuelve a inspirar el sentimiento encantador, que se convierte en pensamientos encantadores que corren a lo largo de una ola de movimiento corporal y éxtasis espiritual. Estoy seguro de que todo el mundo ha experimentado esto, pero la hierba lo potencia. Por eso fumo marihuana cuando bailo.

Cuando salgo a correr por la tarde doy una o dos caladas y me pongo en marcha. Es como meditar. Mi cuerpo ya se ha calentado ligeramente por la hierba y luego se calienta a medida que la sangre lo recorre, lo que aumenta la actividad mental al esparcir la sangre por mi cerebro. La marihuana, como ya he dicho, aumenta la actividad mental. Así que pienso mientras corro. Intento resolver ciertos problemas, afrontarlos mientras troto. El trote se convierte en una actividad espiritual porque me aporta una sensación de satisfacción y bienestar, porque me siento bien al poder pensar en mis problemas en la privacidad del trote. ¿Recuerdan el gran cuento inglés y la película *The Loneliness of the Long Distance Runner*? El corredor está aislado en su carrera y tiene privacidad para pensar. Así pues, la hierba me proporciona un placer distinto pero afín al acto de correr.

Al correr también entro en contacto con la naturaleza, y cuando corro por las tardes y fumo hierba, veo la belleza de la naturaleza a mi alrededor. Esto se suma al placer que me da mi cuerpo y al placer que me da pensar mientras corro. Por eso fumo hierba cuando corro por las tardes. Y, de nuevo, la hierba no desgasta el cuerpo, así que no me canso ni siento fatiga. Solo experimento el placer del pensamiento, la belleza del mundo que me rodea y la alegría de usar mi cuerpo.

Luego está el tema de vivir de mi ingenio cuando estoy rodeado del cartero, un vecino, un ladrón, un estafador, un policía, una puta. Vivo al límite porque fumo hierba y he sido y soy perseguido por la policía de muchas ciudades y países, lo cual ha sido una dura cruz en mis tiempos. Y tengo que vivir de mi ingenio. Todo el tiempo. Me rodean hechos prosaicos, pero cuando fumo hierba veo debajo de ellos y eso me ayuda a sobrevivir.

No soy un delincuente. No soy un bebedor. Soy un dador. Doy, pero me tratan como a un delincuente porque fumo hierba y tengo que vivir de mi ingenio. Cuando fumo hierba, todos mis problemas policiales se aclaran. Entiendo el comportamiento de todo el mundo, como el novelista que entiende los patrones de la vida y la mente de sus personajes. Todo esto se aclara. Veo cómo actúa la gente. Percibo cuándo fingen, cuándo se esconden, incluso si son buenos actores.

Eso no significa que no me divierta en la situación con ellos o que los espíe. Es solo que, si hay falsedad en su conducta, lo sentiré en ese momento o más tarde, y podré evaluarlo y tratar de entenderlo. Esto lo hago a un nivel de marihuana consciente, persigo el problema, trato de verlo desde distintos ángulos, sin prejuzgarlo, pero reflexiono sobre la acción que me hizo dudar y luego trato de entenderlo sin prejuzgar, desde mi propia sospecha.

Sin embargo, lo juzgo si se ajusta a un patrón de engaño que haya visto en otras situaciones, con otras personas,, entonces tomo medidas para evitar a esa persona en lo posible. La marihuana me da la capacidad de ver personajes en la gente como si fuera un novelista escribiendo sobre ellos. Así pues, mi formación como escritor y la percepción natural que me da la marihuana me permiten estudiar a las personas al interactuar con ellas. Esto es gracias a los hábitos de quien ha sido cazado, del fugitivo, de un estado mental en el que estoy siempre alerta y que, afinado por la hierba, hace que las acciones de las personas que estoy considerando sean tan claras como un mapa. Observo las acciones y los rostros y las voces de los interlocutores mientras actúan y puedo ubicar esos elementos en un patrón que ya he deducido, por ser cazado, por escribir sobre el comportamiento de mis personajes en los libros y por ser capaz de traspasar el velo de la existencia cotidiana con la ayuda de la hierba. La hierba hace esto. La hierba refina mi mente.

La marihuana puede ayudar a transformar el sufrimiento. Una vez escribí un poema tras el suicidio de un amigo. De ese sufrimiento surgió la alegría y así publiqué mi primer poema, la alegría de ver belleza en el sufrimiento y la alegría de ver esa belleza publicada y la alegría de no sentir más dolor por ello, más bien, disfrutando de haber logrado sacar algo bueno de lo malo. Estudié mucho en la universidad y aprendí mi oficio a base de esfuerzo y dedicación, pero fue la marihuana la que me abrió las puertas a la belleza del poema y el camino hacia el alivio del sufrimiento.

EL DIOS DE LA HIERBA

Esto es terapéutico en un sentido amplio. Como joven estudiante de arte, solía gritar en las fiestas: "No existe Dios sino la marihuana". Sabía entonces, aunque solo la fumaba los sábados por la noche (estaba muy ocupado trabajando y estudiando), que me ofrecía un mundo en el que podía ser sensible, reflexivo y bueno con los demás y conmigo mismo, que alimentaba mi imaginación y suavizaba mis sentimientos y me proporcionaba un estallido de energía, calor humano y laboriosidad que podía canalizar en una forma de arte que me elevaría y beneficiaría a mí y a la humanidad. Robert Frost escribió en *Into My Own*: "No me verán distinto a ese a quien conocieron, solo más seguro de que todo lo que pensé era verdad". Y eso se aplica a mí ahora, en mi madurez. Estoy en muy buena forma física, con el cuerpo de un hombre mucho más joven porque, creo, he fumado hierba en lugar de emborracharme toda la vida.

Creo que pronto, algún día, todo el país se dará cuenta de los beneficios de este suave estimulante que ha enriquecido mi vida en términos de mi profesión de escritor y como persona.

20

Abrir los canales
Perspectiva de una artista sobre el trabajo con cannabis

Svea Vatch

SVEA VATCH diseña y fabrica joyas artísticas en plata y oro con piedras preciosas y semipreciosas. Ha vendido sus obras en las mejores exposiciones de arte de Canadá y a clientes de todo el mundo desde los años setenta. Este breve ensayo ofrece un excelente testimonio sobre las profundidades espirituales a las que se puede acceder en la creación artística, cuando el cannabis se encuentra con el tipo de respeto y entrega que describe Svea.

◆ ◆ ◆

Me han interesado mucho los temas espirituales desde que tenía doce años. En aquel entonces leía libros como el *Tao Te Ching* y ciertos textos budistas. Sacaba cosas de los libros y creaba mis propios rituales de meditación. A los catorce años conocí el cannabis y, aunque lo consumíamos socialmente, sentí enseguida que abría cosas, que tenía una cualidad expansiva. Durante los años siguientes, la hierba sagrada fue ocupando su lugar de forma natural en mi vida, junto a otros aliados expansivos.

Siempre he creado cosas. Antes de dedicarme a la joyería, hacía trabajos artísticos con fibras, costura y bordado. Desde que empecé en la orfebrería a los veinte años, la hierba ha estado presente en mi estudio y ha sido un elemento clave en mi trabajo. En los primeros años compartía el estudio con cinco personas y todas fumábamos hierba. Tomábamos café en la mañana, poníamos música y a trabajar.

El uso de la hierba potencia la creatividad y la concentración, me atrae a mi trabajo y me invita a explorar. Hay una "bienvenida" consciente en el ritual de preparación de la hierba para fumar, una invitación respetuosa a participar tanto en la conexión interna como en los gestos de las manos.

Es útil tener una intención o una idea, la invitación o petición a la planta. Luego se obtiene la respuesta, la cual suele llegar con oleadas de energía y de ideas. La música abre los canales de comunicación entre el espíritu, la planta, la musa, los materiales y el creador. Metal, piedra, fuego, aire, agua y tierra: las naturalezas elementales unen sus energías con la humana. La música, la confianza y la cooperación hacen fluir los posibles diseños y comienza la transformación.

Trabajo a mano para honrar la mano, la mayor de todas las herramientas. Al comenzar un proyecto, con la música creando el ambiente y la marihuana como adorable asistente, los canales se abren y el cuerpo sirve de conducto para que la musa transfiera su energía. La hierba concentra y mantiene la atención por unas horas, permitiendo que la obra crezca y se defina. Trabajando con atención, pero más allá de la mente, creamos juntos con una sensación de juego y exploración.

ENTRAR AL ESPÍRITU DEL FUEGO

Una mujer sabia me dijo una vez que si no trabajaba con fuego me quemaría. La danza del fuego y del metal me permite expresar mi pasión interior y plasmarla en la pieza. Las ideas surgen en una "combustión espontánea" y, al entrar en modo creativo, visualizo una "llama encendida" que sale del tope de mi cabeza y una mano que saluda a través de ella. (¡Al fuego le encanta el teatro!)

El metal de la luna
se hace maleable con el fuego,
la plata canta con cada golpe de martillo,
cambiando de forma.

Mientras sueldo una pieza en la costura estructural principal, pido una bendición para que aporte alegría a quien la lleve. A continuación, entro en la zona de las piedras, donde comulgo con las almas antiguas y, en un proceso íntimo, configuro las piedras. Es una zona de calma zen, a la cual entro ajustando mis latidos al ritmo de los latidos de la piedra. Mediante una suave persuasión y una dulce conversación, las invito a un nuevo hogar, a un marco luminoso que refleje su belleza. Durante el proceso se origina una transferencia bidireccional de energías y una mezcla física de sudor, polvo, residuos materiales y, de vez en cuando, alguna gota de sangre.

Como en el mundo de la hierba existen diferentes niveles de potencia, es importante ser consciente de las reacciones físicas. Puede que una caladita sea suficiente. El ritmo cardíaco, tras una oleada de energía inicial, se apacigua. Se produce un ajuste en la visión y el tiempo de reacción. En general, los trabajos peligrosos, delicados o meticulosos es mejor hacerlos en estado de sobriedad, pues la falta de atención puede provocar lesiones o estropear la joya.

A cada proyecto se le dedica todo el respeto y el esfuerzo, pero se deja alguna cosita pequeña sin terminar, como reconocimiento a mis limitaciones humanas, por respeto al todo creativo superior. Al celebrar la finalización de una joya, aún siento alegría y asombro ante la expresión de lo trascendente. En cincuenta años de comunión con la benévola hierba, he aprendido mucho y aún me queda mucho por aprender.

21

Precauciones (y falsas precauciones), obstáculos, desvíos y objeciones

Stephen Gray

Puede convertirte en una especie de persona somnolienta, vaga y grosera. Por otro lado, puede permitirte trabajar muy duro durante periodos muy largos. Así pues, hay que gestionarlo, y mucha gente no aprende a hacerlo.

TERENCE MCKENNA,
"NOTES FROM THE PSYCHEDELIC SALON"

◆ ◆ ◆

DOMINAR EL CANNABIS

Desde hace algún tiempo considero el cannabis una planta engañosa, o al menos una planta difícil de dominar como aliada espiritual. Hay algunos puntos delicados en cuanto al desarrollo de una relación beneficiosa con ella. Como veremos en este capítulo, existen ciertos problemas que han de considerarse.

Como vimos en los capítulos sobre practicidad y prácticas, la dosificación y otros aspectos de los contextos interno y externo pueden marcar diferencias en la calidad y la intensidad de la experiencia. Las dosis fuertes pueden resultar desorientadoras, extrañas y aterradoras para algunos, en especial si son por ingestión oral. No faltan personas que reporten experiencias tremendamente angustiosas en fuertes viajes de cannabis que han tenido un impacto negativo y duradero, al menos en términos de su actitud hacia los estados alterados. Para mitigar las posibilidades de una experiencia negativa, ayuda como mínimo conocerte a ti mismo y a tus estados mentales y corporales actuales, conocer y sentirte cómodo en el lugar y conocer el material o la planta especifica con la que estás trabajando.

> *Estaba convencida de que había muerto y nadie me lo decía*
> Maureen Dowd, columnista del *New York Times*,
> después de haber ignorado advertencias de no
> ingerir caramelos de cannabis en exceso

Si no tienes experiencia con la planta, e incluso si la tienes, pero no con el material concreto que estás consumiendo y de nuevo, especialmente con la ingestión oral, es aconsejable empezar con pequeñas cantidades. Con comestibles y bebidas puede ser mucho menos de lo que imaginas. Si adquiero un nuevo lote de comestibles siempre lovaloro cuidadosamente con cantidades muy pequeñas en el primer encuentro.

En ciertas circunstancias, la cantidad de comida en el estómago puede tener un efecto distinto tanto en la intensidad como en el tiempo de aparición de los efectos. Te remitiré de nuevo al capítulo sobre dosis y cepas para anécdotas sobre los errores, a veces muy angustiantes, que puedes cometer con las dosis de ingestión oral. Mi anécdota sobre la experiencia desorientadora de mi amiga Anne, relatada en el capítulo 4, demuestra las posibles diferencias entre ingerir cannabis con el estómago vacío y con el estómago lleno.

Ciertamente se trata de un tema secundario en relación con el tipo de trabajo de despertar y exploración profunda que constituye el objetivo principal de este libro, pero quiero profundizar en el punto de lo engañoso de la planta. Como he señalado antes, cualquier persona razonablemente cuerda y madura será capaz de encontrar, con la experimentación, el nivel de frecuencia adecuado según sus propias características físicas, emocionales, mentales y espirituales.

Sin embargo, si se consume por sus efectos placenteros, el cannabis puede ser muy seductor, y el deseo de mejorar la experiencia puede hacer que se pierda el buen juicio. Cuando el encuentro va bien, a menudo lleva al buscador a un jardín de delicias. Hay una buena razón por la que el cannabis se describe a menudo como euforizante. La mente se agudiza, el corazón se ablanda y está más vivo, los sentidos se potencian. Puede surgir la alegría. ¿Quién no querría repetir una experiencia tan deliciosa y quizá pasar el mayor tiempo posible en un estado tan elevado?

Pero he ahí el detalle: a la hora de disfrutar de esas delicias, la experiencia, la observación y un sinfín de testimonios anecdóticos sugieren que cuanto más hambriento regreses a ella, buscando más de lo mismo, menor será la posibilidad de que se te ofrezca. Hay un componente psicológico y fisiológico en ese sentido.

Primero el componente psicológico, que en realidad es un principio psicoespiritual básico. Cuanto más persigues y ansías algo, más se aleja de ti. Y como Satyen Raja nos recuerda en el capítulo 11, a los *sadhus* evolucionados básicamente les daba igual tener cannabis o no. Las enseñanzas budistas también hacen hincapié en este tema, al recordarnos que no debemos caer en la ilusión de esto frente a aquello. El maestro budista Chögyam Trungpa lo llamaba "el sabor". Las personas iluminadas nos dicen que la fructificación del camino espiritual trae consigo la comprensión de que podemos hacer frente a todo, con una presencia mental alegre, compasiva y estable, libre de apegos.

Un cúmulo importante de pruebas confirma la realidad de un efecto de tolerancia fisiológica en el consumo intensivo de cannabis. Si has leído todo hasta aquí, sin duda te habrás topado con varias referencias a ese efecto. En cuanto a la misión principal de este libro (los beneficios espirituales del uso de cannabis), hay un amplio consenso en que el resultado del efecto de tolerancia es reducir significativamente el poder que tiene el cannabis de brindar una profunda experiencia espiritual.

UN VALIENTE INVENTARIO MORAL

Otro punto de vista relacionado con la cuestión de la seducción y el deseo: con la capacidad que tiene el cannabis para dar brillo a las cosas, puedes caer en la idea de que no puedes apreciar ciertas experiencias a menos que estés fumado. Cuando el estado de sobriedad parece palidecer frente al subidón, con el tiempo esto puede convertirse en una trampa, donde acabas por sabotearte a ti mismo.

Otro punto más respecto al tema seducción-deseo es ese brillo que la planta añade a la mezcla de la mente y que puede amplificar los deseos momento a momento. Cualquier actividad o placer anticipado atrae al cerebro influenciado por cannabinoides y hace que te centres en eso. Así, el cannabis no solo puede seducirte de forma sostenida y hacerte pensar que lo necesitas para poder disfrutar de cada experiencia sensorial, y esos deseos te seguirán sacando de la presencia y de sus profundidades enriquecedoras y reales.

Como siempre, no se trata de juzgar las complejidades del deseo y sus manifestaciones. Es simplemente esto. Si con el tiempo has notado que rara vez o nunca puedes dejar de consumir, se recomienda el programa "captura y liberación" para trabajar en los deseos o, más precisamente, en las narrativas que se crean en respuesta a los deseos.

La intención es clave. Esta planta es suficientemente amable como para concederte tu verdadera intención, tanto si eres consciente de ella como si no. Si tu intención, en cualquier punto del espectro consciente-inconsciente es escapar de la conciencia, de emociones y pensamientos problemáticos y evitar asumir total responsabilidad de tu situación, el cannabis puede estar dispuesto a ayudarte a comprender esas intenciones. Independientemente del patrón de frecuencia de consumo, la cuestión clave aquí es probablemente la dependencia (más adelante hablaremos sobre este tema).

La ironía de la que tengo que reírme al escribir esto es que es cierto que muchas experiencias se enriquecen con el subidón del cannabis, como escuchar música por ejemplo. Es solo que la dependencia y la expectativa pueden tener efectos contrarios y no deseados. Y, por supuesto, miles de millones de personas sienten gran placer al escuchar música y una amplia gama de otras actividades sin la ayuda del cannabis.

Ahora sabemos que los endocannabinoides son reguladores homeostáticos críticos para todos los sistemas del cuerpo y, quizá lo más importante, para el flujo de energía en general.
DR. ROBERT MELAMEDE, *ENDOCANNIBINOIDS*

Aunque puede haber un claro efecto de embotamiento por el consumo excesivo, para algunos esto se ve compensado por los efectos favorables de dicho consumo. En base a conversaciones con gente madura de consumo frecuente, he llegado a la conclusión de que el cannabis tiene la inusual capacidad de poner a algunas personas en la zona adecuada. Suaviza sus asperezas, calma los síntomas de ansiedad y el trastorno bipolar, profundiza su conexión con ciertas actividades y bien puede ser su mejor medicina. A menudo se trata de personas que son cualquier cosa menos holgazanes desmotivados.

Como habrás visto en la entrevista con los chamanes Sean Hamman y Steve Dyer en el capítulo 13, y en los ensayos sobre cannabis y creatividad de los artistas Floyd Salas y Svea Vatch en los capítulos 19 y 20, algunas personas son capaces de usar el efecto del cannabis con gran habilidad para fines específicos. Eso puede implicar periodos de consumo diario. Pero las personas que controlan eficazmente el consumo de hierba no dependen de ella en su vida en general. Pueden dejarla a un lado fácilmente cuando no necesitan de su ayuda. Sean y Steve, por ejemplo, fuman mucha hierba para profundizar su conexión cuando trabajan en ceremonias, pero en casa suelen dejarla durante semanas.

De nuevo, este problema es secundario en relación con el principal tema del libro. Lo ofrezco como algo que ha de tenerse en cuenta, ya que he conocido a buenas personas para las que el consumo frecuente ha significado un problema, amplificando ciertas tendencias poco funcionales. Si eres un consumidor empedernido, te convendría realizar periódicamente un autoexamen honesto en el que te hagas preguntas como: ¿Estoy implicado con el mundo de forma activa y creativa? ¿Me ocupo de mis responsabilidades? ¿Soy generalmente alegre y positivo y mis relaciones con mis semejantes son armoniosas? ¿Mi corazón se ha abierto y me preocupo por los demás?

Aunque salgas oliendo a rosas después de un inventario moral como este, si eres consumidor frecuente, cambiar las cosas puede ser una fructífera práctica de investigación. Ya mencioné antes que un amigo psicoterapeuta internacionalmente conocido, y que tiene un gran conocimiento sobre enteógenos, me dijo que cuando los consumidores frecuentes le preguntan sobre su consumo de cannabis, les sugiere que se desintoxiquen durante un par de meses para ver si notan alguna diferencia. En ese momento, sugiere, si todavía sienten que el consumo regular de cannabis les funciona mejor, entonces podrían seguir adelante y continuar como antes.

EL FENÓMENO DE LA PARANOIA

Parece que la mayoría de las personas ha experimentado paranoia bajo los efectos del cannabis al menos una vez. He oído que tiende a ocurrir con más frecuencia en los consumidores menos experimentados. Aunque no he realizado ningún estudio riguroso al respecto, tengo la firme sospecha de que también es menos probable que surja la paranoia dentro de los contextos interno y externo descritos en este libro, los cuales se pueden utilizar en las prácticas meditativas para el despertar.

La gente por lo general no sabe por qué experimenta esa paranoia, y por eso me gustaría ofrecer una hipótesis basada en la experiencia y la observación. Esto es importante porque el origen de la paranoia yace en el centro mismo de los problemas básicos del ego, de ausencia de ego y de nuestro potencial para despertar de la ilusión.

Sin embargo, antes de continuar, quiero hacer una salvedad: no estoy sugiriendo que la exposición del ego sea la única razón para experimentar paranoia. Puede haber otras causas asociadas al consumo de cannabis. Una de ellas es la predisposición a la ansiedad y a las enfermedades mentales. En la entrevista "Manifestar la presencia", Sean afirmaba que ciertos cannabis cultivados comercialmente también pueden desencadenar procesos de pensamiento paranoico. De hecho, he oído a varias personas, incluyendo a LLP (el cultivador de cannabis que aparece en este libro), afirmar que son el tipo de material específico y la actitud del cultivador los que influyen en el factor paranoia.

Ahora vamos con las hipótesis...

La paranoia es, en esencia, sinónimo de miedo, quizás una construcción muy elaborada, pero miedo al fin. El miedo es el esbirro del ego. La misión del ego es proteger la fortaleza. Tenemos miedo al espacio, miedo a lo desconocido, miedo a abandonar las estrategias de control, miedo a que muera la *persona* limitante que con tanto esfuerzo hemos construido durante años. La paranoia podría describirse como una decoración colorida de ese miedo central.

El cannabis puede considerarse como un suero de la verdad. Si eres sensible o indagas interiormente, puede quitar el telón y hacerte comprender tu comportamiento. Incluso el ablandamiento del corazón que puede manifestarse en el subidón del cannabis puede provocar una mirada humilde a tus errores y ofensas. Otra forma de decirlo es que el cannabis puede dejarte una sensación de estar expuesto y vulnerable. A mucha gente no le gusta esa sensación.

Contaré una anécdota de mis primeros años de vida adulta que ilustra este problema. En una fiesta ingerí un *brownie* de efecto muy fuerte. Pronto me abofeteó la cara el inevitable reconocimiento de que tenía una personalidad perfeccionada que sacaba a relucir habitualmente para consumo del público, una personalidad que escondía una humanidad más auténtica y accesible.

Con ese reconocimiento comprendí que no podía conectar con esa *persona* en ese momento. Podría parecer un hecho positivo, pero en realidad fue muy angustioso y deprimente, porque no tenía la experiencia ni la confianza para relacionarme con la gente sin usar ese personaje. Me sentía pequeño e indigno. Aquí es donde el factor paranoia es importante. Me sentía inútil en relación a los demás. Me sentía expuesto a ellos y pensaba que podían ver, a través de la farsa de la personalidad, al verdadero e indigno yo.

Mientras la gente interactuaba a mi alrededor, me senté desolado en una silla de la sala. Una amiga se dio cuenta y se acercó. Le confesé mi angustia y su respuesta fue: "me gustas más así", es decir, más auténtico y desprotegido, sin tratar de impresionar.

La razón para compartir esa pequeña anécdota podría resumirse con una especie de aforismo o ecuación. Cuanto más identificadas estén tu autoestima y estabilidad con el ego condicionado, que solo se siente bien cuando su juego funciona, más dificultades tendrás para cabalgar la acción de expansión y disolución del ego que posee la planta, especialmente cuando la dosis es fuerte.

Aquí es donde se produce el potencial de crecimiento y transformación y, de nuevo, es la razón por la que consumir cannabis en las condiciones de menor distracción probablemente produzca el mayor beneficio para ver la verdad y abrirse a un espacio más amplio donde el ego esté ausente. Chögyam Trungpa dijo una vez que la iluminación es un irritante siempre presente para el ego y que, por eso, mantener la ilusión del yo separado es un proceso activo de lucha continua. Trabajamos constantemente para evitar rendirnos a la realidad del momento.

La paranoia es ese miedo interior proyectado hacia fuera. El miedo a los demás es una proyección no reconocida del miedo central a la verdad incondicional de lo que las enseñanzas budistas llaman el estado de despertar, que ya existe por sí mismo y que está más allá de la ilusión del yo separado. En lugar de poder respirar, suelta y relájate, nosotros fabricamos las amenazas. No es real. Es la experiencia de la amenaza anticipada, el ego acudiendo a sus viejos trucos utilizando la gran astucia del miedo para contar sus mentiras autoprotectoras.

¿Y qué hacer si eso te pasa a ti? Muchos concluyen que el cannabis no es para ellos. Pero hay otro ángulo, potencialmente transformador, que consiste en no dejarse llevar por los procesos mentales y seguir practicando el tipo de técnicas descritas en este libro. Esto significa dejar que los pensamientos se vayan, dejar que la respiración sane y dejar que el cannabis haga su trabajo de sanación energética.

EXAGERACIÓN Y ENSIMISMAMIENTO

Volviendo al inventario moral propuesto, debido a su función de amplificación, hay un problema asociado que quizás sea menos grave que el de la paranoia: la tendencia al ensimismamiento. Cualquiera que haya estado consumiendo cannabis lo ha visto y posiblemente lo ha sufrido. Puedes perderte en el momento, sigues tus pensamientos con tanto interés que no te conectas bien con lo que pasa a tu alrededor. El "botón del yo" se queda atascado en la posición de encendido.

En una reseña que encontré una vez en la que se hacía un juicio tal vez duro sobre el subidón del cannabis, leí que el cannabis puede "glorificar lo trivial". Primero diré que la afirmación plantea preguntas sobre qué es trivial y quién es el árbitro de la trivialidad y la "relevancia". Si sintonizar y conectar con el mundo fenoménico es trivial según esa concepción, en realidad podría ser saludable en muchas situaciones. Si puedes enamorarte de una flor y mirarla maravillado por un rato, ¿eso puede ser perjudicial o trivial?

Voy a recurrir al gran escritor Henry Miller para que me apoye en este punto. Como implica la cita, ciertamente no necesitamos del cannabis para experimentar una concentración y una conexión profundas. Pero para muchos de nosotros, sí que puede ayudar.

Tan pronto uno se enfoca en algo, así sea en una brizna de hierba, eso se convierte en un mundo misterioso, asombroso, indescriptible y magnífico en sí mismo.

HENRY MILLER

No obstante, la creencia de que el cannabis hace que uno se asombre y se maraville ante las cosas tiende a ser fastidiosa. Dicha tendencia a dejarse llevar por la fascinación ante las cosas y a veces ante uno mismo viene de muy atrás. Hay una canción de Cab Calloway llamada *"Reefer Man"*, que se hizo famosa en la década de 1930, que satiriza de forma muy divertida dicha tendencia. Citaré un par de fragmentos de la canción.

> *Ah, ¿conociste al divertido hombre del porro?, ¿el hombre del porro?*
> *Si te dice que nadó hasta China y te vende Carolina del Sur*
> *Entonces sabrás que estás hablando con el tal hombre del porro.*

Esto nos lleva a la pregunta de quién no debería consumir cannabis, o, al menos, cuáles son los peligros que se han de tener en cuenta en personas sensibles. Aunque la ciencia en este punto no es suficientemente sustancial como para hacer afirmaciones definitivas, tal vez sea prudente informarse uno mismo e informar a los demás sobre los peligros potenciales.

> *La gente que prueba la marihuana y la rechaza, suele hacerlo porque se siente incómoda y confusa al experimentar una conciencia alterada y más plena. En lugar de vivir en la rigidez de los dogmas sociales, el mundo se hace más grande, más brillante, más pleno, aunque menos manejable, más impredecible y misterioso. Una mente acostumbrada a tener una carga baja o a un entorno sin luz, encuentra que la expansividad de la realidad está demasiado energizada.*
>
> JOAN BELLO, *THE BENEFITS OF MARIJUANA*

Todos tenemos voces en la cabeza. La mayoría de nosotros tenemos voces saboteadoras, voces de duda e inseguridad, aunque no las percibamos conscientemente. Si tu confianza es baja, si tiendes a ser duro contigo mismo, el cannabis puede amplificar esas voces y engañarte para que las tomes más en serio de lo que normalmente lo harías.

Es evidente que tomarse en serio esas voces negativas puede tener efectos perjudiciales. Las personas (y sobre todo los jóvenes, de lo cual hablaré más adelante) emocional y mentalmente inestables pueden estar haciéndose daño al consumir cannabis. Algunos han tratado de atribuir la aparición de enfermedades mentales como la esquizofrenia al consumo de cannabis, aunque hasta ahora no hay consenso científico en relación a este argumento. De hecho, como han señalado Clint Werner y otros investigadores, ha habido una explosión en el uso del cannabis por parte de las sociedades occidentales desde la década de 1960, mientras que el índice de esquizofrenia realmente no ha aumentado.

Sin embargo, quienes ya presenten una propensión a padecer enfermedades mentales deben tener mucha precaución. Werner también menciona estudios que indican que el consumo de cannabis, sobre todo en jóvenes, puede no influir en la probabilidad de desarrollar esquizofrenia, pero sí acelerar su aparición.

¿CUÁL ES LA EDAD APROPIADA PARA EL CONSUMO?

Algunos afirman que como el cerebro aún no está totalmente desarrollado en la adolescencia, el cannabis puede interferir en ese desarrollo y debería evitarse hasta la edad adulta. Los estudios que he encontrado indican que no hay consenso sobre este punto, y está claro que se puede usar un argumento como este para justificar una posición dogmática anticannabis. En su bien documentado y entretenido libro *Does Cannabis Inherently Harm Young People's Developing Minds?*, David Malmo-Levine y su equipo hacen un examen exhaustivo de los estudios sobre este tema y concluyen que: "Después de revisar la literatura científica sobre el cannabis y sus efectos en las mentes en desarrollo de los jóvenes, me queda claro que, al no haber un incremento de enfermedades mentales, al no haber una caída del coeficiente intelectual y al no haber ningún tipo de causalidad demostrada y entendida de cualquier problema médico, significa que la locura atribuida a los porros en la actualidad es un invento comparable al viejo cuento de la 'risa violenta e incontrolable' y del 'comportamiento impulsivo incontrolable'. Solo que es un poco más sofisticada"[1].

Exista o no una razón para alarmarse por el desarrollo del cerebro de los jóvenes, creo que es más importante preocuparse por la vulnerabilidad y el desarrollo del sentido del yo, un aspecto fundamental de la adolescencia. ¿Quién no recuerda los problemas emocionales de esos años? Mucha gente se alegra de haber superado la adolescencia. Hay sensibilidad, pasión, dudas y una búsqueda de identidad y dirección en esa etapa la vida. Según una encuesta de 2012 entre estudiantes de noveno y decimosegundo grado en los Estados Unidos, realizada por el Centro de Control de Enfermedades, un 16 % ha considerado seriamente el suicidio y un 8 % lo ha intentado. Las cualidades de amplificación y de espejo del cannabis sugieren que, bajo sus efectos, se pueden exagerar los pensamientos y sentimientos oscuros y angustiantes.

A pesar de estas posibles preocupaciones en torno a los efectos amplificadores de la planta en jóvenes sensibles y en desarrollo, hay que tener en cuenta otra perspectiva a medida que avanzamos hacia la normalización y legalización del cannabis como medicina. A los jóvenes se les prescriben tratamientos farmacéuticos a niveles sin precedentes, muchos de ellos con un potencial de daño importante. Mientras que los estudios científicos controlados se han visto muy limitados durante un largo periodo de restricciones por motivos políticos, gran cantidad de pruebas anecdóticas sugieren que, con su versatilidad y mínimos efectos secundarios, algunas formas de cannabis, como las variedades con menos THC y más CBD, pueden utilizarse de forma segura como complemento o incluso sustituto de muchos de estos fármacos fuertes y a menudo adictivos, para una serie de trastornos mentales de la infancia y la adolescencia. Como dijo el doctor Jeremy Spiegel: "En medicina, las pruebas anecdóticas suelen ser suficientes para guiar el tratamiento o, como mínimo, para iniciar una investigación más profunda. En el caso de la marihuana medicinal y, contrariamente a la creencia de muchos médicos, gran parte de esa investigación ya se ha realizado"[2].

Ahora bien, como el cannabis es tan fácil de conseguir y actualmente está en camino de ser mucho más aceptado cultural y legalmente, no habrá forma de alejarlo de las manos de jóvenes curiosos e impetuosos, y cualquier cosa que se parezca remotamente a los ridículos planteamientos de "simplemente, dile no" de décadas pasadas equivale, para muchos adolescentes, a arrojar carne fresca delante de un león hambriento. Solo hay que decir la verdad de forma equilibrada, respetuosa y sin engaños. Si los adultos tienen las bolas de reconocer los beneficios del cannabis, es muy probable que los jóvenes oigan cuando se les advierta de los posibles problemas.

¿EFECTO DE EMBOTAMIENTO?

Hay un tema con el consumo de cannabis que me ha llegado de varias partes. De nuevo, que yo sepa, no hay pruebas sólidas para tales preocupaciones y puede que algún dogma esté empañando la validez de algunas de estas percepciones Me refiero al posible efecto de embotamiento, especialmente en el caso de uso intensivo. Como primer ejemplo, hay expertos facilitadores de ceremonias de ayahuasca que se oponen al uso del cannabis. Un respetado chamán con quien participé en ceremonias en Perú afirma que a los consumidores frecuentes de cannabis se les nota una capacidad reducida para tener visiones con la ayahuasca. También se afirma en algunos sectores del mundo de la ayahuasca que el cannabis es "pegajoso", que se adhiere a tu sistema etéreo y físico y de alguna manera lo obstruye. A ojo de buen cubero, esa afirmación puede tener una base fisiológica. Al parecer, el cannabis puede ser detectado en el líquido cefalorraquídeo hasta después de un mes o más.

Un amigo mío es guía de ceremonias de oración con peyote de la Iglesia nativa americana. Este hombre, a quien llamaré Duane, tiene una larga y profunda conexión y comprensión del lenguaje vibracional de las plantas medicinales. Tampoco se opone de forma dogmática al cannabis. Me dijo que en su juventud tal vez se haya fumado un estadio de *hockey* lleno de marihuana.

Las zonas rurales de Columbia Británica –donde vive Duane– están llena de plantas de cannabis, y muchos de los jóvenes que van a sus ceremonias de oración con peyote son grandes consumidores. Duane ha observado, a lo largo de los años, que a menudo esas personas tienen dificultades para conectar, como si hubiera un velo entre ellos y el mundo fenoménico.

Duane me cuenta que ha notado ese efecto concretamente mientras entrenaba a algunos de estos jóvenes como tamborileros para acompañar las canciones de oración del peyote. Se pueden evocar y guiar energías refinadas y poderosas cuando la mente está conectada con el espíritu del tambor. He oído a tamborileros nativos decir que, cuando la medicina está fuerte y las energías claras, ellos pueden ver la energía del espíritu salir del tambor y alrededor del tipi. Duane ha observado que los consumidores habituales de cannabis tienen problemas para establecer esas conexiones.

Aunque es posible que este efecto no sea la norma para todo gran consumidor, anécdotas similares no son infrecuentes. Un amigo me contó que cuando dejó de fumar de golpe después de años de consumo frecuente, sus percepciones sensoriales se iluminaron. También recordarás la entrevista con Mariano da Silva en el capítulo 12, el chamán brasileño de la ayahuasca, cuya propia experiencia ha sido que los poderosos efectos espirituales del cannabis se pierden si se consume la planta a diario.

Dejemos ya los posibles problemas con el uso de cannabis. Estas preocupaciones y advertencias se ofrecen bajo la intención general del libro de educar sobre el consumo sabio y juicioso y no pretenden asustar a quienes quieran usar el cannabis como aliado en el viaje hacia el despertar.

TOLERANCIA Y ADICCIÓN

Estoy seguro de que algunos consumidores frecuentes pusieron el grito en el cielo al leer este subtítulo A mi entender, basado en estudios científicos (estudios no sesgados), en personas mentalmente sanas, ni la tolerancia, ni la adicción física, tienen consecuencias importantes. La frase clave en la oración anterior es: "mentalmente sanas".

Primero, la tolerancia. Se ha hablado en este libro de la posible pérdida de los efectos agudos para el trabajo profundo de apertura espiritual. Pero hay que confiar en que los individuos sanos hagan lo que mejor les funcione. La clave aquí es la autoconciencia y la responsabilidad personal. Y sí, hay un efecto de tolerancia, pero su importancia depende de la intención de cada uno al usar la planta. Mariano lo dejó muy claro en su análisis sobre los problemas con el consumo diario. Por supuesto, la gente utiliza el cannabis con fines muy distintos a los espirituales. Esta relación costo-beneficio probablemente no preocupe a quienes utilizan la planta con fines médicos para aliviar el dolor, reducir y eliminar síntomas, estimular el apetito y otras muchas afecciones físicas y psicológicas.

Además, la definición de *consumo intensivo* según algunos de los estudios se ajusta más a lo que la mayoría llamaría consumo excesivamente intensivo. Un estudio definió como uso intensivo el consumo de noventa y cuatro porros a la semana[3]. Por favor, amigos. Supón que le das cinco, ocho o nueve caladas a un porro. Estamos hablando de más de quinientas inhalaciones a la semana. A esos niveles, los receptores cannabinoides sufrirían un serio abuso (el término científico es "inhibición de receptores"). Mi opinión no científica sobre qué es uso intensivo, sobre todo con los niveles tan altos de THC del cannabis que hoy se cultiva, yo diría que por encima de veinte o treinta caladas a la semana.

El efecto de tolerancia es también, hasta cierto punto, una función del conocimiento propio. Cualquier cosa que hagas con frecuencia tiende a generar una experiencia de cotidianidad. El maestro zen Suzuki Roshi, en su libro *Mente zen, mente de principiante*, cuenta la historia de cómo, mientras vivía en un monasterio en Japón, el sonido diario del gong se convirtió en algo común, sin ningún impacto emocional. Años después, al regresar a su viejo monasterio, el sonido de la campana le produjo al instante un torrente de lágrimas. Nos suena, ¿verdad? Si fumas a diario, es obvio que los efectos te resultarán comunes.

He aquí una información interesante respecto a la tolerancia a los efectos del cannabis a medida que envejecemos. Resulta que puede haber un efecto de "tolerancia inversa" a largo plazo. Según Zimmer y Morgan en *Marijuana Myths Marijuana Facts*, "los cerebros más viejos generalmente son menos resilientes en su respuesta a las drogas que los más jóvenes. Ccomo resultado, la misma dosis produce efectos más espectaculares en los adultos que en los jóvenes"[4].

Ahora bien, con respecto a la adicción., si por adicción entendemos "adicción física", esta pertenece a la categoría de las falsas precauciones. Los estudios no muestran efectos de abstinencia graves más allá de los transitorios y leves. Millones de personas pasan por periodos, especialmente en la juventud, de consumo de cannabis que van de ocasional a intenso y en algún momento lo dejan sin problema. El síndrome de abstinencia del café suele ser más intenso y nadie se preocupa mucho por ello.

Como hemos dicho antes, no quiere decir que la dependencia psicológica no sea un problema para algunos. Hay mucho uso negligente y perjudicial de la hierba sagrada. Pero el uso excesivo en esos casos es quizá más un síntoma de problemas y una respuesta motivada por la evasión que la causa de aquéllos. Ese tipo de uso, espero que haya quedado muy claro a estas alturas del libro, es lo opuesto al tipo de uso que se describe y honra en *Cannabis y espiritualidad*.

RIESGOS PARA LA SALUD

Este es un breve y escueto sondeo para quienes no tengan tiempo o interés en escudriñar la bibliografía. Aunque muchas de las pruebas aún se están examinando, existen algunos riesgos potenciales para la salud que pueden generar cautela, especialmente entre ciertas poblaciones. Primero, un factor que no es de riesgo. Hay un término técnico que se utiliza para describir los efectos de los medicamentos: DL50, que significa "la dosis a la que muere el 50 por ciento de los pacientes". La DL50 para el cannabis es tan alta que no implica un motivo real de preocupación, tanto con el cannabis inhalado como con el ingerido.

Ahora un par de posibles factores de riesgo para la salud física: de nuevo, por lo que puedo discernir de la literatura, se trata de cuestiones complejas y hasta ahora ha sido difícil aislar los efectos del cannabis como factores causales. Ofrezco esta información para que la gente esté consciente de ella.

Las personas con problemas cardíacos probablemente deberían vigilar cuidadosamente su consumo de cannabis. Algunos estudios, por ejemplo, han sugerido que el THC puede provocar efectos en personas con angina de pecho estable[5]. El ligero aumento de la frecuencia cardíaca que suele producirse después de la inhalación podría generar estrés en corazones sensibles y la presión arterial podría subir, lo que sugiere tomar las precauciones pertinentes.

La literatura científicahabla de posibles riesgos pulmonares o respiratorios. Te recuerdo que existen pruebas que indican que retener el humo no aumenta el subidón, pero sí aumenta la exposición a otras sustancias contenidas en el humo. Vapear también reduce bastante la cantidad de material provocado por la combustión que entra en los pulmones.

También se ha dicho que el cannabis está contraindicado durante el embarazo. Los estudios demuestran que "el THC atraviesa la placenta y entra en la circulación del feto en desarrollo"[6]. Algunas mujeres prefieren ir sobre seguro limitando o eliminando el consumo de cannabis durante el embarazo.

Sin embargo, según Zimmer y Morgan: "Docenas de estudios han comparado a los bebés recién nacidos de mujeres que consumieron marihuana durante el embarazo con los bebés de mujeres que no lo hicieron. La mayoría de estos estudios, incluido el más amplio realizado hasta la fecha con una muestra de más de doce mil mujeres, no ha encontrado diferencias. Los resultados han sido similares cuando los niños fueron examinados posteriormente"[7].

◆ ◆ ◆

Ya que me he arriesgado a confundirte con todos estos puntos de "por un lado sí, pero por otro, no", solo puedo dejarte al final de este capítulo sobre precauciones con mi típico consejo sabio y favorito de acercarte a la información con un escepticismo de mente abierta y probar las hipótesis por ti mismo. Afortunadamente, la planta del pueblo es suficientemente segura como para hacer ese tipo de trabajo de investigación personal y hay una gran cantidad de literatura disponible para que los interesados la escudriñen con detectores de mentiras bien afinados.

Conclusión

Hacia una amplia transformación de conciencia

Stephen Gray

HACE UN PAR de años tuve una conversación con una anciana de la Iglesia nativa americana, una mujer a la que respeto mucho. En aquel momento yo estaba trabajando en una "declaración de misión" para la Conferencia sobre Medicina de Plantas Espirituales en Vancouver, Columbia Británica. Le pregunté a la anciana cuál creía que debía ser el foco central de nuestra intención para la conferencia. Me respondió que, definitivamente, no se trataba de las medicinas sacramentales, sino de la urgente necesidad de que la humanidad se reconectara con lo que realmente somos y con nuestra relación con todo. Hay una razón por la que los pueblos nativos de Norteamérica dicen: "todos mis parientes" y, en un sentido similar, por la que se dice que los mayas tradicionales de Centroamérica tienen un saludo especial entre ellos, *in Lak'ech*, que significa "yo soy otro tú".

Los guías de la sabiduría nos recuerdan que necesitamos y somos plenamente capaces de manifestar grandes visiones motivadas por el amor. Tenemos que creer, como dijo el obispo Desmond Tutu, en "la posibilidad de la posibilidad". Tenemos que tener esperanza en que la trayectoria de la vida en el hermoso planeta azul, pueda dar un giro hacia la brillante promesa que siempre ha sido nuestro mayor destino.

El cannabis es una planta muy antigua. *Homo sapiens* y la planta de cannabis mantienen una relación muy estrecha desde hace mucho tiempo. No es un accidente de la naturaleza que nuestros cerebros, y gran parte del resto de nuestros cuerpos, tengan abundantes receptores cannabinoides. Como has visto en *Cannabis y espiritualidad*, cuando se utiliza con destreza, esta compleja y beneficiosa planta puede ayudarnos a despertar a lo que somos. Ese es el propósito más alto, sin dobles sentidos, de nuestro trabajo con el cannabis.

Si está surgiendo una revolución para transformar la conciencia del planeta, y muchos sentimos que la hay, un componente clave de esa transformación es la comprensión de que tenemos todas las herramientas necesarias, que todos estamos despiertos por naturaleza y no restringidos por las historias limitantes que hemos asumido. Las medicinas sacramentales están aquí para ayudarnos a expandir nuestra conciencia y conectar, conectar, conectar. Mi ferviente plegaria es que el cannabis ocupe el lugar que le corresponde como uno de esos aliados honrados y sabiamente utilizados.

Que estén bien, hermanos y hermanas. Aho.

Notas

Introducción: El renacer de la planta del pueblo

1. Campbell, "On the religion of Hemp", 75.
2. McPartland y Guy, "The Evolution of Cannabis and Coevolution with the Cannabinoid receptor—a Hypothesis", 73.
3. Bey y Zug, *Orgies of the Hemp Eaters*.
4. De una conversación con el autor.
5. Jackson, *Cannabis and Meditation,* 258–59.

Diez términos frecuentemente usados

1. Loy, *The Great Awakening,* 25.

Capítulo 2: Tradiciones venerables

1. MacRae, "Santo Daime and Santa Maria".
2. Ibid.
3. Hallet y Pelle, *Pygmy Kitabu,* 474–75.
4. Hartsuiker, *Sadhus.*
5. Sherratt, "Alcohol and its Alternatives", 27.
6. Li, "The Origin and Use of Cannabis," 57.
7. Needham et al., *Science and Civilisation in China,* 152.
8. Langenheim, *Plant Resins,* 34.
9. Li, "The Origin and Use of Cannabis", 57.
10. Schultes, Hofmann, and Rätsch, *Plants of the Gods* (ed. rev.), 94.

11. Schultes y Hofmann, *Plants of the Gods*, 95.

12. Eliade, *History of Religious Ideas*, vol. 2, 31.

13. Needham et al., *Science and Civilisation in China*, 152.

14. Ibid., 213.

15. Ibid.

16. Shaked et al., *Quests and Visionary Journeys in Sasanian Iran*, 74.

17. Eliade, *History of Religious Ideas*, vol. 1, 308.

18. Denkird 7.4.83–6.

19. Chakraberty, *Literary History*.

20. Chakraberty, *Our Cultural Heritage*, 81; Chakraberty, *Sex Life*.

21. Chakraberty, *Racial History*, 288.

22. Ibid., 90.

23. Vikramasimha, *Glimpses*, 103.

24. Campbell, "On the religion of Hemp", en *Orgies of the Hemp Eaters*, 75–76.

25. Morningstar, en *Orgies of the Hemp Eaters*, 144.

26. Hartsuiker, *Sadhus*, 137.

27. Carus, *Gospel of Buddha*, 27.

28. Puh y Beal, "Text and Commentary of the Memorial of Sakya Buddha Tathagata", 135–220.

29. Parker y Lux, *Psychoactive Plants*, 6.

30. Ibid., 7.

31. Ibid., 10.

32. Ibid.

33. Ibid.

34. Ibid., 7.

35. Young, ed., *Indian Hemp Drugs Commission Report*, 163–64.

36. Eastwick y Murray, *Handbook of the Punjab*, 8.

37. Beck y Worden, *GCSE Religious Studies*, 64.

38. Tribune News Service, "Nihangs 'not to accept' Ban on Bhang". www.tribuneindia.com/2001/20010326/pujabi.htm, consultado el 18 de junio de 2016.

39. Benet, "Early Diffusions and Folk Uses of Hemp," en *Cannabis and Culture,* Rubin ed. 40–45.

40. Ibid., 40.

41. Malyon y Henman, *New Scientist,* 433.

42. Ruck, affidavit en Bennett v. *the Attorney General*, 1–2.

43. Russo, entrevista con Chris Bennett, 18 de febrero de 2003.

44. Meissner y Wissenschaft, *Die Kultur*, citado en Benet, "Early Diffusions" en *Cannabis and Culture*, Rubin ed., 40.

45. Barber, *Prehistoric Textiles*, 38.

46. Waterman, *Royal Correspondence*, 257.

47. Russo, "Clinical Cannabis" (trabajo inédito), 19.

48. Johnson, *History of the Jews*, 51.

49. Benet, "Early Diffusions," en *Cannabis and Culture*, Rubin ed., 44.

Capítulo 3: La marihuana y el cuerpo-mente

1. Lad, "The Yoga of Herbs," en Bello, *Benefits of Marijuana* (2008), 122.

2. Howlett, "Regulation of Adenylate Cyclase",

Capítulo 4: Aspectos básicos.

1. Chardin, en Bello, *Benefits of Marijuana*, 69.

2. Young, *Waging Heavy Peace*, 426.

3. Mars, "Marijuana Use and Abuse", www.planetherbs.com/specific-herbs/marijuana-use-and-abuse.html, consultado el 3 de junio de 2016.

4. Smith, "Blowing Up the Big Myths about indica v. Sativa Strains", www.alternet.org/drugs/indicas-sativas-myrcene, consultado el 3 de junio de 2016.

5. Cozzi, "Effects of Water Filtration on Marijuana Smoke", www.ukcia.org/research/EffectsOfWaterFiltrationOnMarijuanaSmoke.php, consultado el 1 de febrero de 2015.

6. Zacny y Chait, "Breathhold Duration and Response"; Zacny and Chait, "Response to Marijuana as a Function of Potency and Breathhold Duration".

7. Wanjek, "The Real Dope". www.washingtonpost.com/archive/lifestyle/wellness/2002/06/04/the-real-dope/033febc9-4fa0-4ecc-afc5-a7cf-9b4578ef/, consultado el 3 de junio de 2016.

Capítulo 5: Espiritualidad del cannabis en las prácticas

1. Campbell, "On the Religion of Hemp". en *Orgies of the Hemp Eaters*, 20.

2. McKenna, *Psychedelic Healing*, 8.

3. Holland, *The Pot Book*, 388.

4. Campbell, "On the religion of Hemp". en *Orgies of the Hemp Eaters*, 203–204.

5. Buber, citado en "Art and Spirituality". Brady, www.ru.org/index.php/arts-and-culture/119-art-and-spirituality, consultado el 20 de junio de 2016.

6. MacRae, "Santo Daime and Santa Maria".

Capítulo 10: Uso ritual y religioso del *ganja* en Jamaica

1. Rätsch, *Marijuana Medicine*, 138.

2. Booth, *Cannabis: A History*, 261.

3. Maxine Stowe, comunicación personal con Stephen Gray, 12 de diciembre de 2014.

4. Josephus, *Antiquities of the Jews*, Book 8, capítulo 3, 8.

5. Andrews, en Rush, *Entheogens and the Development of Culture*, 75.

6. Young, ed., *Indian Hemp Drugs Commission Report*, 252.

7. *The New Encyclopaedia Britannica*, vol. 26, 588, s.v. "Mysticism".

8. Baudelaire, *Prose and Poetry*, 275.

9. The *New Encyclopedia Britannica: Macropaedia*, 292, s.v. "Roman Catholicism".

Capítulo 15: Reflexiones sobre la hierba, parte II.

1. Yeats, citado en McLuhan, *Understanding Media*, 46.

2. Sulak, "Introduction to the Endocannabinoid System". http://norml.org/library/item/introduction-to-the-endocannabinoid-system, consultado el 26 de junio de 2016.

3. Orwell, "Notes on the Way," en *Time and Tide*, 30 de marzo y 6 de abril de 1940, en http://orwell.ru/library/articles/notes/english/e_notew, consultado el 26 de Junio de 2015.

4. Einstein, citado en Moritz, *Lifting the Veil*, 97.

Capítulo 18: Cannabis y creatividad

1. Hertsgaard, "We all Want to Change the World". http://marijuana-uses.com/we-all-want-to-change-the-world-drugs-politics-and-spirituality-by-mark-hertsgaard/, consultado el 3 de junio de 2016.

Capítulo 19: El cannabis, la escritura
y el espíritu universal del amor

1. Rimbaud, *Complete Works*, 102.

Capítulo 21: Precauciones (y falsas precauciones), obstáculos,
desvíos y objeciones

1. Malmo-Levine, "Does Cannabis inherently Harm Young People's Minds?", 77.
2. Spiegel, "Medical Marijuana for Psychiatric Disorders". www.psychology-today. com/blog/mind-tapas/201303/medical-marijuana-psychiatric-disorders, consultado el 13 de septiembre de 2016.
3. Bolla et al. study, "Dose-related neurocognitive Effects". 1337–43.
4. Zimmer y Morgan, *Marijuana Myths Marijuana Facts*, 140.
5. Aronow y Cassidy, "Effect of Smoking Marihuana and of a High- nicotine Cigarette". 549–54.
6. Holubeck, "Medical Risks and Toxicology". 149.
7. Zimmer y Morgan, *Marijuana Myths*, 100.

Bibliografía

Andrews, George, y Simon Vinkenoog. *The Book of Grass: An Anthology of Indian Hemp*. Nueva York: Grove Press, 1967.

Aronow, W. S., y J. C. Cassidy. "Effect of Smoking Marihuana and of a High-nicotine Cigarette on Angina Pectoris". *Clinical Pharmacology and Therapeutics* 17 (1975): 549–54.

Barber, E. J. W. *Prehistoric Textiles: The Development of Cloth in the Neolithic and Bronze Ages with Special Reference to the Aegean*. Princeton, N.J.: Princeton University Press, 1991.

Barrett, Leonard E. Sr. *The Rastafarians*. Edición revisada. Boston: Beacon Press, 1997.

Baudelaire, Charles, y Symons, Arthur. *Baudelaire Prose and Poetry*. n.p.: Albert & Charles Boni, 1926.

Beck, Richard, y David Worden. *GCSE Religious Studies for AQA: Truth, Spirituality and Contemporary Issues*. Portsmouth, N.H.: Heinemann Educational Publishers, 2001.

Bello, Joan. *The Benefits of Marijuana: Physical, Psychological, and Spiritual*. Cottonwood, California: Sweetlight Books, 1996.

———. *The Benefits of Marijuana: Physical, Psychological, and Spiritual*. Edición Final. Susquehanna, Pa.: Lifeservices Press, 2008.

Benet, Sula (también conocida como Sara Benetowa). "Early Diffusions and Folk Uses of Hemp". En *Cannabis and Culture*, editado por Vera Rubin. La Haya, Países Bajos: Mouton, 1975.

———. "Tracing One Word through Different Languages". En *The Book of Grass*, de George Andrews y Simon Vinkenoog. Londres: Peter Owen Publishers, 1967.

Bennett, Chris. "Cannabis, a Healing and Magical Balm". *Cannabis Culture* (2006).

———. *Cannabis and the Soma Solution*. Waterville, Ore.: Trine Day, 2010.

Bennett, Chris, Lynn Osburn, y Judy Osburn. *Green Gold the Tree of Life: Marijuana in Magic and Religion*. Fraser Park, California: Access Unlimited, 1995.

Bennett, Chris, y Neil McQueen. *Sex, Drugs, Violence and the Bible*. Estados Unidos: Forbidden Fruit Publishing, 2001.

Bey, Hakim, y Abel Zug, editores. *Orgies of the Hemp Eaters*. Brooklyn, N.Y.: Autonomedia, 2004.

Bleeck, Arthur Henry, y Friedrich von Spiegel. *Avesta: The Religious Books of the Parsees 1864*. Londres: Facsimile Publisher, 2015.

Bolla, K. I., K. Brown, D. Eldrech, et. al. "Dose-related Neurocognitive Effects of Marijuana Use". *Neurology* 59 (2002): 1337–43.

Booth, Martin. *Cannabis: A History*. Londres: Doubleday, 2003.

Brady, Veronica. "Art and Spirituality". Sitio web: ru.org. Consultado el 20 de junio de 2016. Ya no es accesible.

Brown, Jeff, y Ethiopian Zion Coptic Church. *Marijuana and the Bible*. Edición Kindle. Clermont, Fla.: Createspace, 2012. Publicado originalmente en 1985.

Buber, Martin. En "Art and Spirituality" por Veronica Brady, Sitio web: ru.org. Consultado el 20 de junio de 2016. Ya no es accesible.

Buhner, Stephen Harrod. *Medicina con plantas sagradas*. Rochester, Vt.: Inner Traditions en Español, 2010.

Campbell, George L. *Compendium of the World's Languages: Ladakhi to Zuni*. Edición revisada. Abingdon, U.K.: Taylor and Francis, 2000.

Campbell, J. M. "On the Religion of Hemp". en *Orgies of the Hemp Eaters*, editado por Hakim Bey y Abel Zug. Brooklyn, N.Y.: Autonomedia, 2004. Publicado originalmente en Indian Hemp Drugs Commission Report. n.p.: Government Central Printing Office, 1894.

Carus, Paul. *The Gospel of Buddha*. Chicago: Open Court Publishing, 1894 .

Chakraberty, Chandra. *Literary History of Ancient India in Relation to Its Racial and Linguistic Affiliations*. Calcuta, India: Vijaya Krishna Bros., 1952.

———. *Our Cultural Heritage*. India: Firma K. L. Mukhopadhyay, 1967.

———. *The Racial History of India*. Calcuta, India: Vijaya Krishna Brothers, 1944.

————. *Sex Life in Ancient India: An Explanatory and Comparative Study*. India: Firma K. L. Mukhopadhyay, 1963.

Chopra, R. N., y G. S. Chopra. *The Present Position of Hemp-Drug Addiction*. Indian Medical Research Memoirs. Calcuta, India: Thacker, Spink and Co., 1939.

Ciarrocchi, Joseph W. *A Minister's Handbook of Mental Disorders*. Mahwah, N.J.: Paulist Press, 1993.

Coomaraswamy, Ananda K, y Sister Nivedita. *Myths of the Hindus and Buddhists*. Edinburgo, Escocia: Harrap, 1914.

Cotterell, Arthur. *World Mythology*. Apple Valley, Minnesota: Windward Books, 1979.

Coulter, Russell, y Patricia Turner. *Dictionary of Ancient Deities*. Oxford: Oxford University Press, 2000.

Cozzi, Nicholas. "Effects of Water Filtration on Marijuana Smoke: a Literature review". Sitio web: ukcia.org. Consultado el 1 de febrero de 2015.

Dannaway, Frederick R. "Strange Fires, Weird Smokes, and Psychoactive Combustibles: Entheogens and Incense in Ancient Traditions", *Journal of Psychoactive Drugs*, 42 (4) (diciembre 2010): 485–97.

Darmesteter, James. *The Zend Avesta*. Oxford: Clarendon Press, 1883–1885.

Daryoush, Jahanian, Dr. "Medicine in Avesta and Ancient Iran". *FEZANA* (Primavera de 2005).

De Jong, Albert. *Traditions of the Magi: Zoroastrianism in Greek and Latin Literature*. Boston: Brill, 1997.

Dobroruka, V. "Chemically-Induced Visions in the Fourth Book of Ezra in Light of Comparative Persian Material". *Jewish Studies Quarterly* 13, No. 1 (2006).

Duncan, James. *The City as Text: The Politics of Landscape Interpretation in the Kandyan Kingdom*. Cambridge: Cambridge University Press, 1990.

Eastwick, Edward Backhouse, y John Murray. *Handbook of the Punjab, Western Rajputana*, Kashmir, and Upper Sindh. Jammu y Kashmir, India: N.P., 1883.

Eliade, Mircea. *A History of Religious Ideas*. Vol. 1. Chicago: University of Chicago Press, 1978.

————. A *History of Religious Ideas*. Vol. 2. Chicago: University of Chicago Press, 1982.

Ellens, J. Harold, ed. *Seeking the Sacred with Psychoactive Substances*. Vol. 1. Santa Barbara, California: Praeger, 2014.

Garden, Herb. "Ganja The Musicmaker". Sitio web: marijuana-uses.com. Consultado el 3 de junio de 2016.

Gaskin, Stephen. *Cannabis Spirituality*. Nueva York: High Times Books, 1996.

Geiwitz, James, PhD, and the Ad Hoc Committee on Hemp Risks. *THC in Hemp Foods and Cosmetics: The Appropriate Risk Assessment*. Enero 15, 2001. Sitio web: drugpolicy.org. Consultado el 3 de junio de 2016.

Glass-Coffin, Bonnie, y Oscar Miro-Quesada. *Lessons in Courage: Peruvian Shamanic Wisdom for Everyday Life*. Faber, Va.: Rainbow Ridge Books, 2013.

Gnoli, G. *Bang* (1979). Sitio web: iranicaonline.org. Consultado el 3 de junio de 2016.

Goldsmith, Neal. *Psychedelic Healing*. Kindle Edition. Rochester, Vt.: Healing Arts Press, 2010.

Grierson, G. A. "The Hemp Plant in Sanskrit and Hindi Literature". *Indian Antiquary* (septiembre 1894).

Hager, Steven. *Magic, Religion and Cannabis*. Kindle Edition. N.P.: Create Space Independent Publishing Platform, 2014.

Hallet, Jean-Pierre, y Alex Pelle. *Pygmy Kitabu*. n.p.: Fawcett Crest Publishers, 1975.

Hardy, Rev. Spence. Prefatory remarks, Royal Asiatic Society of Great Britain and Ireland, 1863. En *Text and Commentary of the Memorial of Sakya Buddha Tathagata* de Wong Pch, traducción del chino por el Rev. S. Beal. *Journal of the Royal Asiatic Society of Great Britain and Ireland,* vol. 20.

Hartsuiker, Dolf. *Sadhus: India's Mystic Holy Men*. Rochester, Vt.: Inner Traditions, 1993.

Hasan, Khwaja. "Social aspects of the Use of Cannabis in India". in *Cannabis and Culture*, editado por Vera Rubin. La Haya, Países Bajos: Mouton, 1975.

Hassan, Badur-ul. *The Drink and Drug Evil in India*. n.p.: Ganesh and Company, 1922.

Haug, Martin. *The Aitereya Brahamana of the Rig-Veda, Edited, Translated, and Explained*. Dos volúmenes. Bombay, India, 1863.

Hemphill, Brian E., y J. P. Mallory. "Horse-Mounted invaders from the Russo-Kazakh Steppe or Agricultural Colonists from Western Central Asia? A Craniometric Investigation of the Bronze Age Settlement of Xinjiang". *American Journal of Physical Anthropology* 124, no. 3 (2004): 199–222.

Herer, Jack. *El Emperador está desnudo. El cáñamo y la conspiración de la marihuana*. 2ª edición. Barcelona, España. Edición Castellarte, 2003.

Hertsgaard, Mark. "We all Want to Change the World". En *A Day in the Life: The Music and Artistry of the Beatles*. Sitio web: marijuana-uses.com. Consultado el 3 de junio de 2016.

Hewitt, James Francis Katherinus. *History and Chronology of the Myth-Making Age*. Londres: James Parker and Company, 1901.

Holland, Julie, editor. *The Pot Book: A Complete Guide to Cannabis*. Rochester, Vt.: Park Street Press, 2010.

Holubeck, William. "Medical Risks and Toxicology". in The Pot Book: *A Complete Guide to Cannabis*, editado por Julie Holland, 141–152. Rochester, Vt.: Park Street Press, 2010.

Houtsma, M., et. al., editores. *E. J. Brill's First Encyclopaedia of Isla*m. 9 volúmenes. Boston: Brill, 1987.

Howlett, Allyn C. "Regulation of Adenylate Cyclase in a Cultured Neuronal Cell Line by Marijuana Constituents, Metabolities of Delta-9 Tetrahydrocannabinoid and Synthetic Analogs Having Psychoactivity". *Neuropharmacology* 26, no. 5 (May 1987): 507–12.

Jackson, Simon. *Cannabis and Meditation: An Explorer's Guide*. Kindle Edition. n.p., Inglaterra: Headstuff Books, 2007.

Jarmusch, Jim. "Things I've Learned". Sitio web: moviemaker.com. Consultado el 1 de agosto de 2015.

Jiang, et. al. "A new insight into Cannabis Sativa (Cannabaceae) Utilization from 2500-Year-Old Yanghai Tombs, Xinjiang, China". *Journal of Ethnopharmacology* 108, no. 3 (2006): 414–22.

Jiang, et. al. "The Discovery of Capparis Spinosa L. (Capparidaceae) in the Yanghai Tombs (2800 Years B.P.) NW China, and Its Medicinal Implications". *Journal of Ethnopharmacology* 113, no. 3 (2007): 409–20.

Johnson, Paul. *A History of the Jews*. Nueva York: Harper and Row, 1987.

Josephus, Flavius. *Antiquities of the Jews*. Traducido por W. Whiston. Londres: Ward & Lock, 1907.

Kaplan, Aryeh. *The Living Torah*. Nueva York: Moznaim, 1981.

La Barre, Weston. *Culture in Context; Selected Writings of Weston La Barre*. Durham, N.C.: Duke University Press, 1980.

Lad, Vesant. "The Yoga of Herbs". *Ayurvedic Wellness Journal*. Life Sciences 56, no. 23/24: 2097–2107.

Langenheim, Jean H. *Plant Resins: Chemistry, Evolution, Ecology, and Ethnobotany*. Portland, Ore.: Timber Press, 2003.

Li, Hu-Lin. "The Origin and Use of Cannabis in Eastern Asia: Their Linguistic-Cultural Implications". En *Cannabis and Culture*, editado por Vera Rubin. La Haya, Países Bajos: Mouton, 1975.

Loy, David R. *The Great Awakening: A Buddhist Social Theory*. Somerville, Mass.: Wisdom Publications, 2003.

MacRae, Edward. "Santo Daime and Santa Maria—The Licit Ritual Use of Ayahuasca and the Illicit Use of Cannabis in a Brazilian Amazonian Religion". Sitio web: encod.org. Consultado el 13 de junio de 2016.

Maitra A. K. ed. *Tārātantra, author Taranatha* (1600). Rajshahi, Bangladesh: Varendra Res. Society, 1983.

Malmo-Levine, David. "Does Cannabis inherently Harm Young People's Developing Minds?". Sitio web: cannabisculture.com. Consultado el 3 de junio de 2016.

Malyon, Tim, y Anthony Henman. "No Marihuana But Plenty of Hemp". *New Scientist* 86, no. 1227 (1980): 422-35.

Mars, Brigitte. "Marijuana Use and Abuse". Sitio web: planetherbs.com. Consultado el 1 de febrero de 2015.

McKenna, Terence. "Notes from the Psychedelic Salon", Podcast 124. Sitio web: psychedelicsalon.com. Consultado el 13 de junio de 2016.

———. En *Psychedelic Healing* de Neal Goldsmith. Kindle Edition. Rochester, Vt.: Healing Arts Press, 2010.

McKim, William A. *Drugs and Behavior: An Introduction to Behavioral Pharmacology*. Upper Saddle River, N.J.: Prentice-Hall, 1986.

McLuhan, Marshall. *Understanding Media: The Extensions of Man*. Nueva York: New American Library, 1964.

McPartland, John, y Geoffrey Guy. "The Evolution of Cannabis and Coevolution with the Cannabinoid Receptor—a Hypothesis". En *The Medicinal Uses of Cannabis and Cannabinoids*, editado por Geoffrey W. Guy, Brian A. Whittle, y Philip J. Robson. Londres: Pharmaceutical Press, 2004.

Meissner, Bruno. *Die Kultur Babyloniens und Assyriens*. Leipzig, Alemania: Quelle & Meyer, 1925.

Melamede, Robert. "Endocannibinaoids.: Multi-Scaled, Global Homeostatic Regulators of Cells and Society". En *Unifying Themes in Complex Systems*, volumen 6, editado por Ali Minai, et. al., 219–26. Proceedings of the Sixth annual international Conference on Complex Systems, 2008. Sitio web: necsi.edu. Consultado el 13 de junio de 2016.

Moritz, Andreas. *Lifting the Veil of Duality*. Estados Unidos: Ener-chi Wellness Press, 2002.

Morningstar, Patricia J. "Thandai and Chilam, Traditional Hindu Beliefs about the Proper Use of Cannabis". En Orgies of the Hemp Eaters, editado por Hakim Bey y Abel Zug. Brooklyn, N.Y.: Autonomedia, 2004. Publicado originalmente en *Indian Hemp Drugs Commission Report*. np: Government Central Printing Office, 1894.

Morrisette, Alanis. "The Land of Alanis". Entrevista en *High Times*, 21 de diciembre de 2009.

Mozeson, Isaac E. *The Word: The Dictionary That Reveals the Hebrew Source of English*. n.p.: Shapolsky Publishers, 1989.

Mukherjee, B. L., "The Soma Plant," *Journal of the Royal Asiatic Society of Great Britain and Ireland* (1921), 192.

———. "The Soma Plant". *The Journal of the Royal Asiatic Society of Great Britain and Ireland Calcutta* 55, no. 3 (1922): 437–438.

Needham, Joseph. *Science and Civilisation in China*. Vol. 5, parte 2. Nueva York: Cambridge University Press, 1974.

Nyberg, Henrik Samuel. *Irans forntida religioner*. Traducido por Hans Heinrich Schaeder como *Die Religionen des Alten Iran*. Mitteilungen der Vorderasiatisch- aegyptischen Gesellschaft 43. Leipzig, Alemania, 1938.

Oliver, Prof. Revilo P. *The Origins of Christianity*. Uckfield, U.K.: Historical Review Press, 1994.

Orwell, George. "Notes on the Way". at orwell.ru. Consultado el 26 de junio de 2016.

Parker, R. C., y Lux. "Psychoactive Plants in Tantric Buddhism; Cannabis and Datura Use in Indo-Tibetan Esoteric Buddhism". *Erowid Extracts* (junio 2008):6–11. Sitio web: erowid.org. Consultado el 13 de junio de 2016.

Pourshariati, Parvaneh. *Decline and Fall of the Sasanian Empire: The Sasanian- Parthian Confederacy and the Arab Conquest of Iran*. Londres: I. B. Tauris, 2008.

Puh, Wong, y Rev. S. Beal. "Text and Commentary of the Memorial of Sakya Buddha Tathagata". *Journal of the Royal Asiatic Society of Great Britain and Ireland* 20 (enero 1863): 135–220. Sitio web: dx.doi.org.

Ramachandran, M., e Irāman, Mativāṉan. *The Spring of the Indus Civilisation*. n.p.: Prasanna Pathippagam, 1991.

Rimbaud, Arthur. *Complete Works*. Nueva York: Harper Collins, 2000.

Rampuri. *Autobiography of a Sadhu*. Rochester, Vt.: Destiny Books, 2005.

Rapaka, Rao, y Makryiannis, Alexandros, editores. "Structure-activity relationships of the Cannabinoids". NIDA *Research Monograph* 79 (1987).

Rätsch, Christian. *Marijuana Medicine*. Rochester, Vt.: Healing Arts Press, 2001.

Ray, Joseph Chandra. "Soma Plant". *Indian Historical Quarterly* 15, no. 2 (Junio 1939).

Robinson, Rowan. *The Great Book of Hemp*. Rochester, Vt.: Park Street Press, 1996.

Ruck, Carl. Affidávit en *Bennett v. the Attorney General for Canada and the Minister of Health for Canada* (2009).

Rudenko, Sergei I. *Frozen Tombs of Siberia: The Pazyryk Burials of Iron-Age Horsemen*. Oakland, California: The University of California Press, 1970.

Rumi, Jelaluddin. En *Unseen Rain: Quatrains of Rumi*. Traducido por John Moyne y Coleman Barks. Putney, Vt.: Threshold Books, 1986.

Rush, John A., editor. *Entheogens and the Development of Culture*. Berkeley: North Atlantic Books, 2013.

Russo, Ethan , M.D. "Clinical Cannabis in ancient Mesopotamia: a Historical Survey with Supporting Scientific Evidence". Trabajo inédito, 2005.

———. "History of Cannabis and Its Preparations in Saga, Science, and Sobriquet". *Chemistry and Biodiversity* 4, no. 8 (2007): 2624-48.

———. Entrevista con Chris Bennett en pot.tv (2003). Sitio web: pot.tv. Consultado el 30 de junio de 2016.

Samuelson, James. *The History of Drink: A Review, Social, Scientific, and Political*. Londres: Trubner and Company, 1880.

Sarianidi Victor. *Margiana and Protozoroastrism*. Traducido por Inna Sariandi. Atenas: Kapon Editions, 1998.

Schultes, Richard Evans, y Albert Hofmann. *Plants of the Gods: Their Sacred, Healing and Hallucinogenic Powers*. Rochester, Vt.: Healing Arts Press, 1992.

Schultes, Richard Evans, Albert Hofmann, y Christian Rätsch. *Plants of the Gods: Their Sacred, Healing, and Hallucinogenic Powers*. Edición revisada y ampliada. Rochester, Vt.: Healing Arts Press, 2001.

Shaked, Shaul. *Quests and Visionary Journeys in Sassanian Iran, Transformations of the Inner Self in Ancient Religions*. Editado por Jan Assmann and Guy G. Stroumsa. Boston: Brill, 1999.

Sherratt, Andrew G. "Alcohol and Its Alternatives: Symbol and Substance in Pre-Industrial Cultures". En *Consuming Habits: Drugs in History and Anthropology,* editado por Jordan Goodman, Paul E. Lovejoy, y Andrew Sherratt. Londres: Routledge, 1995.

———. "Introduction: Peculiar Substances". En *Consuming Habits: Drugs in History and Anthropology,* editado por Jordan Goodman, Paul E. Lovejoy, y Andrew Sherratt. Routledge: Londres y Nueva York, 1995.

———. "Sacred and Profane Substances: The Ritual Use of Narcotics in Later Neolithic Europe". En *Sacred and Profane: Proceedings of a Conference on Archaeology, Ritual and Religion,* editado por E. Garwood, D. Jennings, R. Skeates, y J. Toms. Oxford: Oxford University Committee for Archaeology Monographs, 1995.

Shrirama, e Indra Deva. *Society and Culture in India: Their Dynamics through the Ages.* Jaipur, India: Rawat Publications, 1999.

Smith, Phillip, "Blowing Up the Big Myths about Indica v. Sativa Strains of Marijuana". Sitio web: alternet.org. Consultado el 3 de junio de 2016

Spiegel, Jeremy. "Medical Marijuana for Psychiatric Disorders". *Psychology Today,* marzo 11, 2013. Sitio web: psychologytoday.com. Consultado el 13 de septiembre de 2016.

Subramuniyaswami, Satguru Sivaya, y los editores de *Hinduism Today.* "What is Hinduism?: Modern Adventures into a Profound Global Faith". Kapaa, Hawaii: Himalayan Academy, 2007.

Swamy, B. G. L. "The Rg Vedic Soma Plant" *Indian Journal of History of Science* 11, no. 1 (mayo 1976).

Sulak, Dustin, D.O. "Introduction to the Endocannabinoid System". Sitio web: norml.org. Consultado el 26 de junio de 2016.

Touw, Mia. "The Religious and Medicinal Uses of Cannabis in China, India, and Tibet". *Journal of Psychoactive Drugs* 13, no. 1 (enero-marzo 1981).

Tribune News Service. "Nihangs 'not to accept' Ban on Bhang." *Tribune of India.* Marzo 25, 2001. Sitio web: tribuneindia.com. Consultado el 18 de junio de 2016.

Trungpa, Chögyam. *The Art of Calligraphy: Joining Heaven and Earth.* Boston: Shambhala, 1994.

Van Baaren, Theodorus Petrus, y Sven S. Hartman. *Iconography of Religions.* Boston: Brill, 1980.

Vigorito, Tony. *Nine Kinds of Naked.* Boston: Harcourt, 2008.

Vikramasimha. *Glimpses of Indian Culture*. Nueva Delhi, India: Kitab Mahal, 1967.

Wanjek, Christopher. "The Real Dope". *Washington Post*. Junio 4, 2002. Sitio web: washingtonpost.com. Consultado el 3 de junio de 2016.

Waradpande, M. R., Dr. *The Rgvedic Soma*. Nagpur, India: Sanskrit Bhasha Pracharini Sabha, 1995.

Waterman, L. *Royal Correspondence of the Assyrian Empire*. Ann Arbor: University of Michigan Press, 1936.

White D. G. *The Alchemical Body: Siddha Traditions of Medieval India*. Chicago: University of Chicago Press, 1996.

Widengren, Geo. *Die Religionen Irans*. Stuttgart, Alemania: Kohlhammer, 1965.

Young, M., editor. *Indian Hemp Drugs Commission Report*. n.p: Government Central Printing Office, 1894.

Young, Neil. *Waging Heavy Peace*. Nueva York: Penguin Group, 2012.

Zacny, J. P., y L. D. Chait. "Breathhold Duration and response to Marijuana Smoke". *Pharmacol. Biochem. Behav.* 33, no. 2 (1989): 481–484.

Zacny, J. P. , y L. D. Chait. "Response to Marijuana as a Function of Potency and Breathold Duration". *Psychopharmacology* (Berl.) 103, no. 2 (1991): 223–26.

Zimmer, Lynn, y John Morgan. *Marijuana Myths Marijuana Facts*. Nueva York: The Lindesmith Center, 1997.